KB202959

| 이정배 교수의 **신학적 설교집** |

차라리, 한 마리
길 잃은 양이 되라

이정배 교수의 **신학적 설교집**

차라리, 한 마리 길 잃은 양이 되라

2016년 2월 1일 초판 1쇄 인쇄
2016년 2월 5일 초판 1쇄 발행

지은이 | 이정배
펴낸이 | 김영호
펴낸곳 | 도서출판 동연
등 록 | 제1-1383호(1992. 6. 12)
주 소 | 서울시 마포구 월드컵로 163-3
전 화 | (02)335-2630
전 송 | (02)335-2640
이메일 | yh4321@gmail.com

ISBN 978-89-6447-299-6 03200

| 이정배 교수의 **신학적 설교집** |

차라리, 한 마리
길 잃은 양이 되라

이정배 지음

동연

40년 넘게 신학을 공부하면서 잘했다 싶은 것 중 하나는 비교적 많은 설교를 하며 살았다는 사실이다. 때론 설교가 긴 논문 한 편 쓰기보다 어려운 적도 있었으나 설교하기를 즐겨(?) 했던 것 같다. 논문과 달리 설교는 우선 자신에 대해 말을 거는 일이라 여긴 탓이다. 성서의 빛에서 나의 삶이 읽히는 사건이라 생각했던 것이다. 논리를 세워 논문을 완성하는 기쁨도 컸으나 마음 다해 준비한 설교 한편이 주는 감동 역시 그에 못지않았다. 설교자 자신의 마음이 먼저 감동되지 못하면 청중들 마음 역시 움직일 수 없다는 것도 깨달았다. 때론 상처받고 고통스러운 마음으로 글을 써 말씀을 힘겹게 선포한 적도 있었다. 그때마다 교우들은 설교자의 마음 상태를 꿰뚫어 보았다. 설교자만 성도를 위한게 아니라 교우들 역시 목회자의 설교를 나름 이해하며 들어 주었던 것이다. 설교 행위가 결코 일방적일 수 없다는 사실을 여실히 배울 수 있었다. 어느 순간부터 내게는 대학에서 가르치는 신학과 교회에서 전하는 설교가 둘이 될 수 없었다. 물론 신학의 역할과 사명이 목회적 차원을 훌쩍 넘어서기에 의당 차이는 있겠으나 필자는 언제든 신학을 설교 속에 담고자 했다. 질문하는 힘과 사랑하는 마음을 확장시킬 목적에서였다. 신앙이란 이름하에 초/비합리의 경계가 실종되는 것을 걱정스럽게 지켜본 탓도 있겠다.

그럴수록 필자의 설교를 듣고 마음을 보태준 교우들과 학생들이 더없이 고맙다. 긴 세월 동안 설교의 장場이 주어졌기에, 믿음을 공유한 교우들의 경청敬聽 덕에 머리글을 쓰는 이 순간을 맞게 된 것이다. 논문보다도 설교가 더욱 상호 소통의 결과물인 것을 실감하면서 이 글을 쓴다.

그동안 필자가 거쳐 갔던, 아니 필자를 지켜준, 필자가 설교를 했던 교회들을 주마등 스치듯 떠올려 본다. 중학교 3학년부터 신학생을 거쳐 전도사시절을 보냈던 평동교회, 그곳에서 장기천 목사님을 만났고 설교가 주는 감동을 느꼈다. 스위스 유학시절, 베른 한인교회에서 매주 설교했던 것도 내겐 크나큰 축복으로 기억된다. 아이를 키우며 부부가 함께 공부하던 어려운 시절이었으나 설교를 준비하고 예배하는 과정에서 오히려 큰 힘을 얻었다. 귀국 후 김철손 교수님의 주선으로 우성교회 담임 설교자가 되었다. 대학과 교회를 오가며 3년간 열심히 책임 있게 설교를 준비했고 예배를 성심껏 드렸다. 이제 막 학위를 끝낸 풋내기 신학자의 자존심을 걸었던 때였다. 30대를 막 넘긴 당시의 풋풋한 설교들이 오래전 『진리에 이르기까지』란 한 권의 책으로 묶어져 있다. 당시 교우들이 필자에게 대학을 그만두고 오히려 교회를 전담해 줄 것을 원했고, 이를 학장에게 청원했던 사실도 아직 잊지 않고 있다. 이후 변선환 선생님과 함께 지금은 없어진 감신 내 대학교회를 이끌었던 시절이 있었다. 선생님으로부터 풍부한 내용을 지닌 열정적 설교를 듣고 배운 시간이었다. 지금도 내 연구실에는 활자화되지 못한 선생님의 설교 노트가 수북이 쌓여있다. 필자의 설교가 옛적 선생님을 빼닮았다는 이야기를 당시를 경험한 제자들로부터 전해 듣는다. 정말 그리 느꼈다면 감사한 일이다. 무엇보다 지난 10년간 필자는 평신도들 교회인 겨자씨 공동체에서 많은 설교를 했다. 창립 초기 처음 3개월간 설교로서 돕기로 했던 것이 올해로 10년의 세월이 지났다. 지금까지 그곳에서 했던 설교문들이 대략 200편 남짓 모아진 것 같다. 오랫동안 필자만이 알아볼 수 있는 문체로 설교 노트에 적어 놓은 것들이다. 필자가 설교를 활자화시켜 문서로 남기기 시작한 것은 불과 2-3년 전의 일이었다. 당시 막 3주기를 지난 고故 오재식 선생님의 격려가 남달랐다. 늘 상 맨 앞자리에 앉으셨고, 설교를 메모하셨으며, 소감을 전해 주셨다. 에큐메니칼 운동에 있어 한국교회의 거목인 선생님의 격려가 큰 힘이 되었다. 필자의 설교를 책으로 엮어내라는 당부도 살아생전 교우들에게 수차례 하셨단다. 이외에도 지난 30년 동안 감신 채플에서도 수십 번의 설교를 했던 것 같다. 놀랍게도 강의 내용을 통해서라기보다 설교를 통해 필자를 추억하는 제자들이 제법 많아졌다. 평소 설교를 20분의 예술이라 가르쳤던 탓에 필자 역시 성심껏 설교를 준비했고, 사자후獅子吼를 토한 결과라 믿고 싶다. 그동안 이 교회 저 교회에서 설교할 기회를 얻은 것도 감사한 일이다. 필자가 소속한 아현교회 강단에서도 수차례 말씀을 증거한 경험이 있다. 교수 생활 끝자락에 접어들며 '거리의 신학자'란 별명이 붙여질 만큼 거리 설교 횟수가 부쩍 늘어났다. 특별히 세월호 참사를 겪으면서 필자의 신학적 방향이 달라졌고, 설교가 세상을 향한 돌의 소리처럼 된 것이다. 이는 역사적 예수 연구에 대한 이해가 깊어졌고, 메시아적 사유로부터 비롯한 정치 신학이 영향을 준 탓이다. 정의에 대한 감각이 뒤늦게 깨어났던 결과라 할 것이다. 쌍용차 현장, 밀양 송전탑과 세월호 현장, 인터넷 언론을 통해 하늘의 말들을 쏟아 내었다. 문학평론가 황현산의 '말로서 세상을 흔들지 못하면 세상은 한 치도 앞을 향할 수 없다'는 것에 크게 공감하면서 말이다. 이런 결과로 이은선 선생과 더불어 세월호에 대한 증언을 모아 사건 1주기에 맞춰 한 권의 책,『묻는다, 이것이 공동체인가?』를 엮어내기도 했다. 지금은 "생명평화마당" 공동대표로 일하면서 '작은 교회가 희망'인 이유를 말하기 시작했고, 종교개혁 500년을 앞둔 시점에서 두 번째 종교개혁을 향한 열망을 표출하는 중이며, 학내사태에 절망하며 종교가 권력이 된 교계 현실을 염려하는 글들을 쓰고 있다.

2016년 모두에 내놓는 두 권의 책, 설교집『차라리, 한 마리 길 잃은 양이 되라』와 신앙 에세이 형식의『그래, 결국 한 사람이다』는 오랜 세월 모아두었던 설교문들의 1/3에 해당하는 분량이다. 아마도 2000년 이후 10여 년간 교회 및 학교 그리고 현장에서 설교했던 글 중에서 가독성 있는 것을 추린 것이라 보면 좋을 것 같다. 이 중에서 필자가 직접 문서화한 것도 상당수 있으나 더 많은 경우 예배 중 녹취한 것을 풀어낸 것들이다. 일차적 작업은 겨자씨교회가 담당해 주었고, 박사과정 중에 있는 제자 김광현 전도사의 손에서 재차 수정되었다. 하지만 구술된 설교를 문어체로 바꾼다는 것은 참으로 지난한 일이었다. 필자 역시 세 차례에 걸쳐 문장을 다듬고 꼼꼼하게 교정하지 않을 수 없었다. 이렇듯 지난한 과정 탓에 편집자의 수고가 너무 컸다. 지금 이 순간까지도 좀 더 문장을 고쳤으면 하는 아쉬움이 남아있다. 하지만 이보다 더욱 송구한 것이 있다. 10년 이상의 시차를 두고 썼던 글들이기에 오늘의 현실에 낯설어진 것이 있고, 연차적 배열을 하지 않았기에 선후가 바뀐 경우도 다수 눈에 띄며, 무엇보다 필자 자신의 신학적 변화 탓에 동일한 텍스트가 달리 해석되는 경우도 있기 때문이다. 또 바울을 보는 관점이 10년 세월 속에 많이 달라져 있었다. 역사적 예수 연구 성과물은 물론 벤야민을 비롯한 바디유, 지젝, 아감벤과 같은 좌파 철학자들의 생각을 배웠던 탓이다.

이처럼 이 책은 전체 내용을 일관된 하나의 논리로 엮지 못한 한계를 여실히 드러낸다. 그럼에도 불구하고 매 설교 속에는 언제든 신학이 중요한 역할을 했고, 성서를 읽고 풀어냄에 있어 새로운 관觀이 작동했다. 때로는 그것이 다석多夕으로부터 배운 동양적 시각이겠고 이신李信으로부터 배운 상상력(환상)일 것이며, 여성신학자와 함께 살았던 결과이겠고, 정치 혹은 생태신학적 틀일 수 있겠다. 또한 신학을 가르치는 학자가 교회에서 함부로 혹은 부흥사처럼 설교할 수는 없는 노릇이었다. 그렇기에 교우들이 맞닥뜨려야 할 주제들을 적실히 선택하지 않을 수 없었다. 교회 공동체가 왜 필요한 것인지, 밖의 세상과 교회는 무엇이 달라야 하는지, 왜 교리가 아니고 영성을 추구해야 하는지, 평신도성이 중요한 이유가 무엇인지, 복음이 정치와 어찌 관계되는 것인지, 이웃 종교인들과 만나야 할 이유가 어디에 있는지, 생태 및 원전의 문제가 신앙과 무슨 관계가 있는 것인지, 죽어서 간다는 천국, 하늘나라가 도대체 무엇인지, 세월호 아이들을 물속에 가둬놓고 '예수 사셨다'는 부활의 노래를 부를 수 있는지를 묻고 대답하고자 했다. 비정규직이 천만을 넘는 반인반수半人半獸 시대에 있어 성탄이 뜻하는 바가 무엇인지를 여실히 묻고자 한 것이다. 교회가 주는 물에 목말라 하지 않는 사람들을 탓하기에 앞서 우리들 자신이 정말로 갈급한가를 되묻고 싶었던 것이다. 복음이 단지 훈화나 율법 그리고 철 지난 예화와 동일시되지 않고 우리들 삶에서 사건이 될 수 있기를 바라서였다. 이 모두는 설교가 사람들 가슴에 돌덩이가 아니라 생명의 빵 한 조각이 되어야 한다는 절박함으로부터 비롯한 것이다.

원고 뭉치를 전달한 후, 책에 대한 의견을 나누는 중에 편집자는 백 편 가까운 설교를 두 권의 책으로 나눠 출판할 것을 제안했다. 글의 성격에 따라 한 권은 『그래, 결국 한 사람이다』란 제목의 '신앙 에세이' 형태로, 다른 한 권은 『차라리, 한 마리 길 잃은 양이 되라』란 제하의 '신학적 설교집'으로 하자는 것이었다. 필자 역시 이 제안을 고민 없이 쾌히 받아들였다. 편집자가 분류한 내용을 보니 앞의 책 속에는 철학·신학적 내용의 설교가 상대적으로 많았고, 후자의 경우, 성서와 씨름하며 그 뜻을 새롭게 풀고자 한 흔적들로 가득 차 있었기 때문이다. 이처럼 많은 설교를 짧은 시간 내에 적합하게 분류한 편집자의 안목이 참으로 경이롭게 느껴졌다. 신학적 설교집은 주로 절기 설교들로 구성되었다. 성탄과 부활, 성령강림, 구원, 은총, 영성, 감사, 교회 개혁, 사회 등을 주제 삼았던 설교문들이다. 주제마다 여러 편의 설교가 있으나 각기 다른 시각에서 부활과 성탄 본문을 풀어냈고, 예수 및 구원과 영성 등에 대해서 새롭게 언급하였다. 기본적으로 전통적인 신학적 주제를 현대적 감각으로 풀어내려고 노력한 결과물이다. 신앙 에세이 역시 글 하나하나의 제목 속에서 시대와 공감하려는 신학자의 통찰과 고뇌를 감지할 수 있을 것이다. 설교를 에세이 형태로 구조변경을 시킨 것은 세상과 긴밀하게 소통하려는 필자의 노력이라 여겨주면 좋겠다. 설교가 교회 안에서만 유통되는 특별한 것이 아니라 세상을 위한 것, 세상이 들어야 할 소리인 것을 알리고 싶었던 것이다. 여하튼 필자의 40년 신학 여정이 녹아든 이 두 권의 책, 설교집과 신앙 에세이가 후학들 앞날에 조그마한 도움이라도 될 수 있기를 소망한다. 이 책을 통한 배움이 향후 교회와 세상에서 자신의 몫을 옳게, 제대로 감당함에 있어 한 줌 밑거름이 되었으면 좋겠다.

실로 2015년 한 해는 참 힘들었다. 감신사태로 인해 몸과 마음이 한없이 피폐해진 시간이었다. 글 쓰고 강의하며 시민단체들과 더불어 활동하는 것을 사명이자 과제로 알고 평생 이 일을 반복해왔을 뿐인데, 어느덧 교회 현실에 부적응자가 된 것만 같다. 교회 안팎이 복음의 정신, 십자가와 멀어져도 한없이 멀어진 상황을 온몸으로 경험했다. 동시에 힘들게 목회하는 제자들, 후학들의 목회 현실에 가까이 다가가지 못한 나 자신의 부족한 모습도 여실히 깨달았다. 목회 현장의 어려움을 학문 세계에 파묻혀 배려치 못한 잘못을 일정 부분 참회한다. 그럼에도 망가진 교회 현실, 종교권력자가 되어버린 성직자들이 용서되지 않는다. 모두가 힘을 합해 2017년 종교개혁 500년을 앞두고 교회의 거듭남을 위해 목숨 걸어도 부족할 터인데 저마다 자기 욕심 채우기에 급급하니 우리의 앞날에 희망이 찾아올지 모를 일이다. 감신이 참으로 위태롭게 되었다. 신학대학 곳곳이 어렵다고 아우성이나 우리 대학의 몰락 속도가 너무 빠른 듯싶어 걱정이 많다. 이런 정황에서 대학을 뒤로하게 되었으니 마음이 한없이 무겁고 미안하다. 특별히 필자를 바라보며 대학을 지키려 했던 제자들에게 죄인 된 심정이다. 바라기는 'All for One', 교수들을 비롯한 학내 구성원들 모두가 오로지 어머니 감신을 먼저 생각하며 처신해 주기를 바란다. 이는 학생의 눈을 두렵게 여길 때 가능한 일이다. 이것이 지난 세월 감신의 학문성과 학내 민주화를 위해 헌신했던 교수로서 학내 구성원들에게 남기는 충언이다. 필자 역시 대학 밖에서 학생들, 제자들을 위하는 길을 모색하며 이후의 삶을 살 작정이다. 이곳을 떠나도 감신을 위한 역할은 지속될 것이다.

　　마지막으로 고마운 마음을 전할 분들이 있다. 앞서 말했듯 설교문을 책자로 내자고 처음 제안하신 분이 오재식 선생님이었다. 필자로서는 아주 늦은 나이에 또 한 분의 선생님을 만난 것이다. 그분 앞에서 긴 세월 동안 설교했다는 것이 죄송스러울 뿐이다. 그분이 남긴, 필자 마음속에 남겨진 서너 차례의 설교를 아직도 잊을 수 없다. 이 땅의 노동 현실을 자신의 몸을 바쳐 증언했던 전태일을 우리 시대의 예수라 말한 이가 오재식 선생이었음을 후학들을 위해 밝힌다. 그는 고통스러운 삶의 현장이 자신에게 꽃으로 다가왔다는 자서전을 남기고 세상을 떠나셨다. 이미 고인 되었기에 직접 책자를 전할 수 없겠으나 필자는 설교집『차라리, 한 마리 길 잃은 양이 되라』를 오재식 선생님의 영전에 바친다. 이울러 신앙 에세이『그래, 결국 한사람이다』를 학교를 지키고자 마음을 모아준 감신 제자들에게 바치고 싶다. 이들이 항차 민족과 교계를 살리는 마지막 한 사람이 되기를 바라서이다. 지난 10년간 필자를 설교 목사로서 불러준 겨자씨 교우들께도 감사의 마음을 전한다. 쉽지 않은 설교였기에 때론 고민했고, 갈등이 많았을 터인데 잘 감당해 주었다. 구술된 설교를 활자화해낸 교우들의 수고가 없었다면 이 두 책은 빛을 볼 수 없었을 것이다. 그럴수록 창립 10주년을 맞는 겨자씨교회가 여럿 중의 하나가 아니라 마땅히 있어야 할 '하나'로서 자리하길 기도할 것이다. 모름지기 설교란 성서 지식이 많다고 잘할 수 있는 것이 아니다. 성서를 읽고, 보는 관觀이 명확해야 성서가 살아있는 말씀이 될 수 있는 법이다. 이 점에서 앞서 말했듯이 다석多夕과 김흥호 선생님으로부터 성서를 보는 눈을 얻었다 할 것이다. 장인이신 고故 이신李信 박사님의 신학적 화두인 '상상력'과 '환상' 역시 필자에게 소중한 신학적 자산이 되었다. 30여 년 함께 책을 읽고 생각을 나눈 아내 이은선의 역할 역시 작지 않았다. 함께 신학을 공부했으나 성직 대신 평신도 학자로서 살았고, 책 읽기를 좋아한 그로부터 언제든 넘치는 지혜와 지식을 얻었다. 이들 책 속의 내용 상당 부분이 그와의 대화를 통해 얻은 만큼 이 자리를 빌려 감사의 마음을 전한다. 연극 연출자로서 시대가 요구하는 역할을 옳게 감당해준 경성과 선한 뜻을 갖고 의전醫專에 입학하여 4년이란 지난한 과정을 잘 마친 융화에게도 아빠로서 고마운 말을 남긴다. 끝으로 필자의 책을 가장 많이, 언제든 기쁜 마음으로 출판해준 동연의 김영호 장로께 감사를 전한다. 대학 떠나는 것을 가슴 아파하며 현직교수로서의 마지막 책을 정성을 다해 편집해 주었다. 필자 역시 이전에 저술했던 수십 권의 책들보다도 본 에세이집과 설교집에 대한 애정이 깊다. 모든 신학은 결국 한편의 설교로 표현되어야 한다는 옛 신학자들의 말을 잊지 않았기 때문이다. 이 두 권의 책이 30년 재직했던 감신을 옛 스승처럼 아픈 마음으로 떠나는 이의 마지막 선물이라 여겨주었으면 고맙겠다. 이 순간 내게서 배운 수많은 제자들의 얼굴을 떠올려 본다. 대학에 안주하여 자네들의 어려운 삶을 제대로 살피지 못한 것에 용서를 구하면서 말이다. 그럴수록 이 책들이 곳곳에서 힘겹게 목회하며 설교하는 제자들에게 생각의 씨앗이 될 수 있기를 바랄 뿐이다. 자네들로 인해 교계가 달라질 것을 기대하며 자네들과의 인연을 행복하게 기억할 것이다. 지금까지는 선생이 있어 제자가 있었겠으나 이제는 제자들이 있어 선생이 있는 법이니 부디 훌륭한 제자들 되어 주길 바란다. 역사는 처음이 있어 마지막이 있지 않고, 마지막이 있어 처음이 있다 했기에 교계의 앞날을 위해 후학들에게 남겨진 몫이 너무 크고 중하다. 그렇기에 힘들어도 지쳐 쓰러지더라도 우리 모두 예수 가신 그 길, '호도스Hodos'에서 한 치도 벗어나지 않았으면 좋겠다.

2015년 12월 24일 성탄 전야에
부암동 현장(顯藏) 아카데미에서
이정배 삼가 모심

차례

반인반수(半人半獸) 시대의 성탄절

마태복음 1:22~23

　얼마 전 한 후배 목사가 이 땅에 살기 위해 찾아온 이주 노동자를 도
울 목적으로 교우들과 더불어 기다림의 초를 만들어 파는 것을 알게 되
었습니다. 서너 개 구입하여 이웃에게 선물로 주고 하나를 집에 펼쳐 놓
았습니다. 대강절 4주차가 성탄절이기에 매주 촛불 하나씩을 밝히며 간
절히 성탄을 기다려 보고자 하였으나 정작 하나의 촛불도 제대로 켜지
못한 채 오늘 성탄절 예배에 이르고 말았습니다. 분주한 탓도 있었겠으
나 촛불을 켤 수 있는 마음이 준비되지 못한 까닭이었습니다. 무엇을 기
다리며 그날을 준비할 것인지, 정말 마음속에 그분 탄생을 원하는 절실
함이 있는지에 대해 스스로 답을 주지 못한 탓입니다. 성탄절 아침, 교
회로 발걸음을 옮기기 전, 하나의 촛불도 켜지 못한 채 장식품으로 변해
있는 기다림의 초를 보면서 강단에서 설교하는 제 모습을 상상해 봤습
니다. 위선과 초라함, 이 두 단어가 머릿속에 떠올랐습니다. 설교가 점점
어려워지고 피하고 싶은 일이 되었으니 그럴수록 저 자신을 돌이키는
것이 급선무라 할 것입니다. 절박한 기다림도 없이 맞는 성탄절, 그러나
이런 우리와 달리 세상에는 정말 하나님 아들의 탄생을 목 놓아 기다리
며 삶이 달라지고 세상이 변할 것을 원하는 사람들이 참으로 많습니다.
추운 밤을 양들과 함께 들판에서 보내야만 했던 당시의 목자들처럼, 그리고 세상이 변할 징조를 보고 진리를 찾아 먼 길을 단숨에 달려온 박사들과 같은 이들이 적지 않습니다. 성탄절은 분명 가진 것 없는 목자들은 물론 배워 아는 것 많은 동방박사에게도 기다림의 날이었고 뜻깊은 날일 것이며 모두가 다른 세상을 꿈꿀 수 있는 신비, 축제의 날이라 할 것입니다.

12월 초 나눔문화 후원의 밤 행사일에 요즘 젊은이들에게 사랑의 의미를 진솔하게 가르치는 늙은 노부부의 삶을 다룬 영화 "님아, 그 강을 건너지 마오"를 만든 감독을 만나 이야기를 나눈 적이 있습니다. 그 영화 촬영지가 저와 연고가 있는 강원도 횡성이었기에 그곳 풍경을 물었고 할아버지가 돌아가신 후 할머니의 근황을 전해 들으면서 워낭소리 이후 다큐 독립영화의 의미 있는 흥행을 함께 기뻐했습니다. 대화 중 감독이 진담 반 농담 반으로 이런 말을 남겼습니다. 수년에 걸쳐 만사 제쳐 놓고 이 영화를 만들고 보니 세상과 사람이 전혀 다르게 보이더라는 것입니다. 영화관에서 영화가 상영된 이후 자신의 눈엔 사람들이 영화를 본 사람과 안 본 사람으로 양분되더라 했습니다. 영화를 본 사람의 세상과 보지 못한 이들의 세상이 전혀 다를 것이란 생각도 든다 하였습니다. 복잡한 세상을 극장을 찾은 이와 그렇지 못한 이로 단순하게 양분한 자신의 시각이 스스로 놀랍다고도 했습니다. 농이 섞인 대화였으나 그와 이야기를 나누며 세상을 보는 우리의 눈은 어떨까를 생각해 보았습니다. 감독이 자신의 자리에서 세상을 보았듯 오늘 우리들 삶의 자리에서 세상은 어떻게 구분되며 바라봐지는 것인지 묻고 싶었습니다. 사람은 자신의 자리에서 세상을 읽고 남을 판단하기 마련입니다. 자동차를 타고 있을 때는 횡단보도를 더디게 지나가는 사람들이 불편하게 느껴질 것이며, 거리를 걷고 있을 때는 기다려주지 않고 달리는 차들이 미워질 수밖에 없습니다. 따뜻한 안방에서 바라보는 눈 오는 창밖의 세상과 신문지를 깔개 삼아 매일 밤을 거리에서 맞는 이들의 눈은 같은 것이로되 동이 서에서 먼 것처럼 크게 다를 수밖에 없겠지요. 이렇듯 세상을 전혀 달리 보는 사람들 탓에 세상살이가 많이 불편하고 힘들어졌고 갈등하고 있습니다. 예수님 당시도 이미 그랬고 지금도 그러합니다. 첫 번째 성탄 역시도 그런 정황 속에서 일어난 사건이었습니다. 하지만 성탄은 우리에게 제3의 눈(觀)이 있음을 보여주는 사건이었습니다. 신神이 인간이 된 사건, 그래서 하늘에 영광이고 땅에 평화가 된 이 사건은 더 이상 자기 자리에서 세상을 읽거나 보지 말고 전혀 새로운 시각(觀)으로 세상을 보라고 명령하고 있습니다. 동양적으로 말하면 '천명지위성天命之謂性', 곧 하늘이 우리게 명령한 것, 즉 본성(바탈)을 불사르며 살라는 것이겠지요. 한마디로 우리에게 역지사지易地思之의 삶을 살아보라는 것입니다. 유대인의 율법과 헬라적 지혜를 모두 소유했으나 그것을 고집하지 않고 때론 빈자貧者처럼 혹은 지혜 없는 자처럼, 때론 종의 신분이 되어 누구에게나 그들의 방식대로 삶을 살아 내었던 바울의 부활(다메섹) 체험도 본질에서 이와 다를 수 없습니다. 자기 삶의 자리를 절대화하고 자기 눈을 붙박아 놓는 사람들에겐 성탄의 신비는 발생하지 않을 것입니다. 우리의 마음 밭이 예수가 누울 구유가 되지 못한 탓에 기다림의 초에 불을 밝히지 못했고 갓 태어난 예수는 지금 우리 밖에서 추위에 떨고 있을 뿐입니다.

오늘의 본문 말씀을 생각해 봅니다. 동정녀에게서 탄생한 아기, 본래 신神이었으나 천상에 머물지 않고 연약한 여인에게서 태어나 우리와 같은 인간이 된 그 아기에게 붙여진 이름은 '임마누엘'이었습니다. 그리고 그것이 '하나님이 언제든 우리와 함께 있다'는 뜻이라 하였습니다. 일본 교토학파 철학자들은 이런 임마누엘의 기독교적 자각을 불교의 견성見性과 동일시했고 인간 속에 거주하는 하나님을 보편적 인간 이해의 토대라 여겼습니다. 인간 속에 불성佛性이 있다는 것과 인간과 함께하는 신을 의미상 같게 볼 수 있다는 것입니다. 신이 인간이 됨으로써 우리 인간이 신이 될 수 있다는 것으로 인간의 존엄성이 깊고 넓어졌다는 의미라 하겠습니다. 직업이나 신분, 노소, 성별에 관계없이 누구나 말입니다. 신이 인간이 된 탓에 인간이 이렇듯 귀한 존재가 되었다는 것이 우리가 기뻐해야 할 성탄의 본뜻이라면 인간을 온전한 신은커녕 인간도 아닌 반인반수半人半獸로 만들고 있는 현실을 직시해야 옳습니다. 그렇기에 성탄절은 어찌 보면 성탄의 본뜻을 왜곡하고 반감시키는 오늘의 현실과 맞설 것을 요구받는 날일 수도 있겠습니다. 우리가 선뜻 이날을 기다리지 못하고 촛불 켜기를 두려워하는 것도 이런 뜻을 지키기가 힘겨운 탓인지도 모르겠습니다.

목하 경험하듯 지금 우리 사회는 소위 비정규직의 세상이 되어 가고 있습니다. 그들을 위한 영화도 절찬리 상영되었고 종편의 한 드라마도 이를 주제로 애환을 그려냅니다. 비정규직 일천만 명 시대란 것은 한국 사회의 불안한 실상을 적시합니다. 비정규직으로부터 정규직에로의 전환 가능성이 OECD 국가 중에서 가장 희박한 나라가 이 땅 한국이라 하니 미래에 대한 희망조차 실종되어 버렸습니다. 이렇듯 다수의 삶이 불안해지면 공동체성 역시 위협받으며 인간의 존엄성 또한 지켜지기 어렵습니다. 나라 전체가 어려워 이런 경우가 발생한다면 견딜 일이겠으나 인간 얼굴을 포기한 소수 대기업, 甲의 탐욕에서 비롯했다면 이들은 갓 태어난 예수를 죽이고자 했던 우리 시대의 헤롯왕과 다를 수 없습니다. 세월호 참사로 세상 관심이 온통 그리 쏠릴 때에도 거리로 내몰린 '재능교육'의 직원들이 있었고, 삼성전자에서 내몰린 하청 수리공의 고통역시 멈추지 않았으며, 70m 높이의 굴뚝(망대)에서 사투를 벌이는 쌍용차의 가족들도 있었습니다. 대학 사회 역시도 마찬가지입니다. 강사들이 담당하는 수업 비율이 절반에 이름에도 그들의 존엄성을 지키는 일에 대학 사회는 한없이 인색합니다. 방학이라도 되면 강의가 없어 막노동을 하며 삶을 버티고 있는 이들이 적지 않아 고통스럽습니다. 교회의 현실 역시 다르지 않습니다. 대형 교회들의 온갖 방해에도 불구하고 상영되었던 '쿼바디스' 영화가 말하듯 70-80%에 이르는 교회와 목회자들이 자립할 수 없어 대리 운전기사로, 퀵 서비스 기사로 내몰리는 실정에서 3,000억짜리 교회가 생겨나고 자식들에게 편법 세습되는 일들이 지속되고 있습니다. '갑질'이란 신조어가 만들어질 만큼 그 병폐가 깊어진 현실에서, 인간 공동체성과 존엄성이 한없이 피폐해진 상황에서, 우리는 성탄을 맞고 있습니다. 대중의 사랑을 받고 있는 가수 이효리가 이런 말을 했답니다. 영하 20도의 추위를 견디며 높은 망대 위에 올라 호소하는 쌍용차의 직원들이 복직될 경우 자신은 비키니 차림으로 거리에서 춤을 추겠다고 말입니다. 모두가 외면하고 있는 현실에 이렇듯 마음을 써주는 그녀가 참으로 고맙습니다. 그녀의 따뜻한 온기만이 '기다림의 초'에 불을 켤 수 있을 것입니다. 아니 그녀야말로 한낱 대중가수가 아니라 임마누엘을 알리는 천사가 된 것이지요. 한국을 경험한 세계적 철학자 지젝 역시 성탄의 절기에 망대에 오른 쌍용차의 주인공들에게 이런 편지를 보냈다 합니다. "당신들이 오른 망대가 세상의 미래를 비추는 등대가될 것"이라고 말입니다. 그들의 절망을 이처럼 희망으로 승화시키는 철학자 지젝 역시 기다림의 초에 불을 밝힌 사람이라 말해도 좋겠습니다.

박노해의 시집을 읽다가 오늘 설교 제목의 영감을 얻었습니다. '반인
반수^{半人半獸}'란 시였습니다. 그 시^詩 전문 중 일부를 소개할까 합니다. 누구
에게나 하나님이 함께 계시다는 임마누엘의 기쁨을 알리는 것이 성탄절
의 할 일이라면 한번 곱씹으며 읽을 내용이라 생각했습니다.

> 똑같은 현장에서 똑같은 일을 해도 나는 반 토막.
> 임금도 반 토막, 권리도 반 토막 인격도 반 토막.
> 반 토막 난 내 삶은 짐승이 되어간다.
>
> 나는 반인반수의 비정규직,
> 언제든 잘려나가고 언제든 정리당하고
> 문자 메시지 한 줄로 다시 쫓겨 나는 나라
> 정의도, 민주주의도, 헌법도, 인권도
> 내 앞에선 멈춰서는 나라
> 내 나라는 반인반수의 나라이다.
>
> 이 땅에서 내 인간은 반 토막이다.
> 정당한 제 밥그릇을 반 토막 낸 자가
> 어디에서 무엇으로 온전한 생이겠는가?
> 나는 반인반수의 비정규직….

논문이 아니고 시인의 감수성에서 나온 글이기에 우리는 이 시의 내

용을 분석 비판하기에 앞서 그냥 그대로 느끼면 좋을 것입니다. 같이 살아야 할 공간에서 이런 설움을 느끼며 사는 억울한 존재들이 있다는 것을 인정해야 옳은 일입니다. 바로 이들이 메시아의 탄생을 절실하게 기다렸던 우리 시대의 목자들이 아닐는지요. 누구보다 타는 목마름으로 '임마누엘' 메시지의 실현을 기다리는 존재들이 바로 그들입니다. 일생을 정규직으로, 소위 갑甲의 자리에 머물면 비정규직의 설움과 불안을 옳게 느끼고 수용할 수 없을지도 모르겠습니다. 일생을 승용차 안에 머물며 거리 행인을 바라보는 이에게 행인의 불편함은 알 바가 아닐 수도 있겠습니다. 하지만 그렇기에 성탄의 신비가 가르치듯 역지사지易地思之의 마음이 필요한 때입니다. 세상 누구나가 하나님을 모신 존엄한 임마누엘의 존재인 것을, 우리 모두가 결코 나닐 수 없는 존재인 것을, 나아가 우리 모두가 통째로 하나님의 사람인 것을 말하는 것이 성탄절을 예배하는 우리들의 책무라 할 것입니다. 세월호 참사를 겪으며 백성들은 '이것이 국가인가?'를 물었고 교인 유족들은 '이것이 교회인가?'를 엄중히 물었습니다. 우리 사회 내에 모두를 품을만한 공동체성이 실종된 것을 백성들 모두가 여실히 경험한 것입니다.

세상은 1월이 되어야 새해를 시작한다 하지만 우리는 한 해의 끝자락에 있는 성탄절기로부터 새해를 맞습니다. 새해에는 우리의 가슴을 치는 슬픈 소식이 없기를 바랍니다. 그러려면 자신과 다른 입장의 사람들에게 우리의 마음을 다하며(mindfulness) 살아 보십시다. 그것도 한두 번이 아니라 지속적으로 그렇게. 이 시대를 '공감의 시대'라 하고, 인간을 '공감하는 존재'(Homo empathicus)라 하는 이때 우리 모두가 시대정신, 공감, 역지사지를 가르치는 성탄의 화신化身들이 되기를 바랍니다.

I 부

- 태어남과 다시 삶 -
삶과 죽음이 하나인 자리

베드로를 통해 본
우리들의 자화상

마태복음 16:13-28, 요한복음 21:15-19

국가적으로 개인사적으로 큰 슬픔을 겪었기에 2015년은 지난해와 달리 고통과 눈물이 사라지기를 모두가 바라고 있습니다. 모두가 기쁘고 행복하게 살았으면 좋겠습니다. 하지만 혼자만, 소수만 잘살면 그 또한 재미없을 것입니다. 을미년乙未年은 다른 어느 해보다 정치, 경제 영역에서의 소용돌이가 예상됩니다. 불안정, 갈등이 시대의 주정표가 될 것이라 합니다. 전문가 집단의 한 조사에서 85%가 나라의 향방이 잘못되었다 하였고, 일반 서민 대중들 절반이 성장과 권위에 저항하며 빈부 격차를 줄이고 사회보장제를 정착시킬 것을 소망했으니, 기존 정책과의 가치충돌이 클 것입니다. 빚더미에 올라 미래를 저당 잡힌 N포 세대라 일컫는 청년들 숫자가 일백만 명에 가깝다는 소식도 있습니다. 이렇듯 어려운 상황에서 종교 역시 자폐증 혹

은 영적 치매에 걸려 세상을 잊고 그와 단절되어 있으니 큰일입니다. 양
ᄒ의 해인 올해 뭇 양들의 목자이신 예수를 더욱 그리워하며 살아야 할
이유가 생겼습니다. 더더욱 2017년 종교개혁 500년이 목전인 상황에서
숫자가 주는 무게감과 위기의식을 잘 감당하려면 말입니다.

흔히 출판계는 시대 및 사회의 징조를 제일 먼저 가늠하는 곤충의 더
듬이 역할을 한다고 합니다. 많은 책을 팔기 위해 현실을 분석하고 독자
들의 요구를 가늠하여 출판 계획을 세우기 때문이지요. 〈독서일기〉를 연
재하고 있는 작가 장정일은 2014년 한 해 동안 우리 출판계에 히틀러나
나치 관련 서적이 눈에 띄게 많았음을 지적했습니다. 그가 대표적으로
꼽은 책 수만도 대 여섯 권이나 되었습니다. 장정일은 크게 두 가지 이
유로 이런 상관성을 설명합니다. 첫째는 히틀러 생애에서 우리 대통령
의 모습이 읽혀졌던 까닭입니다. 민족을 비상시키겠다는 원대한 포부를
갖고 있었으나 정작 자신들은 결핍된 존재였던 것이지요. 한 인간으로
서 경험해야 할 직업, 우정, 사랑, 결혼, 부모 노릇 등 '바닥 짐'을 한 번도
져본 존재들이 아니었다는 것입니다. 그렇기에 이들은 백성들의 아픔에
눈물을 흘릴 수 없었습니다. 둘째는 정작 히틀러를 추종하는 나찌 당원
은 극소수였으나 자신들 실리를 찾아 대세를 거스르지 않고 자기검열에
익숙한 평범한 사람들, 소위 '평범한' 나치들의 삶이 오늘 우리들의 자화
상을 빼닮았기 때문입니다. '바닥짐' 없이 영웅적 포부를 앞세운 비민주
적 지도자와 그 속에서 삶의 유/불리를 저울질하며 살아가며 악ᄒ을 평
범하게 만드는 우리의 일상이 독일의 과거사와 이 땅의 현실을 중첩시
키는 탓에 이런 출판이 가능했다고 본 것입니다.

이런 이유로 〈대학신문〉에서는 법치의 죽음을 선포하며 검찰조직을 고발했던 한 부장 판사를 기억하며 사마천의『사기』에 나오는 지록위마^指鹿爲馬를 2015년의 화두로 뽑았습니다. 위정자의 권세에 눌려 '사슴을 사슴이라 말하지 못하고 말이라' 했던 과거 역사에 비춰 2015년 한 해를 반성코자 했던 것이지요. 성서 말씀대로라면 '너희는 오로지 예 할 것은 예 하고, 아니오 할 것은 아니오 하라'는 것이겠습니다. 최근 미국에서 중국문학을 가르치는 한 교수께서 이에 사견을 덧붙여 주었습니다. 본래 진나라 시절 진시황의 죽음을 은폐하며 환관정치를 지속했던 '조고'의 권력 앞에서 모두가 '지록위마'를 강요당했을 때 세 부류의 사람들이 있었다고 합니다. 침묵한 자, 아부한 자 그리고 죽임을 당한 자. 2015년을 지록위마란 사자성어로 시작한 이 땅의 지성인들은 과연 죽음을 각오하고─물론 죽지도 않겠으나─이런 말을 했는가를 반문하고 있습니다. 평소 침묵과 아부로 일관하다 가방끈 길다는 이유로 좋은 말을 앞세우는 지식인의 자기기만을 그칠 수 있는가를 엄중히 물었던 것입니다. 왜냐면 '지록위마'란 말이 회자된 이후 진나라는 곧바로 망했기 때문입니다. '지록위마'란 말은 나라를 구하려는 절박한 심정으로 죽음을 각오한 자의 입에서 나올 수 있는 말인 것입니다. 그럴 수 없다면 차라리 '단장지통'斷腸之痛'이란 말로 새해를 열었으면 좋겠다고 했습니다. 새끼를 빼앗긴 원숭이의 창자가 한 치 간격으로 끊어지는 아픔을 말하는 것이 이 말이 뜻하는 바입니다. 세월호 특별법이 논의, 제정되는 올해, 이 땅의 무책임한 위정자들, 입만 열면 학식을 자랑하는 지식인들이 자신들 습속을 끊고 '단장지통'의 마음으로 백성들과 소통했으면 좋겠습니다. 그러고 보니 지난 연말 정치가도 학자들도 아닌 이 땅 연기자들로부터 이런 마음을 보고 느낄 수 있었습니다. 연기상 시상식 자리에서 최민수는 슬픔이 너무 큰 사람들이 있기에 염치없어 수상을 거부한다고 했고, 이미 불편의 상징이 된 노랑 리본을 옷깃에 달고 나온 한 신인상 수상자도 있었습니다. 새해 첫날 광화문 광장에서 만난 민우 아빠는 이들 이야기가 자신들에게 새해를 시작할 수 있는 실로 큰 힘이 되었다고 고백했습니다.

한 권의 책 이야기를 더 한 후에 오늘의 본문 말씀을 생각해 보겠습니다. 엄기호의 저서 『단속사회斷續社會』란 책입니다. 한국사회를 진단하는 여러 코드, 실마리들이 30여 개나 회자되고 있었습니다. '위험사회', '학벌사회', '계급사회', '피로사회', '잉여사회' 심지어 교회들이 이렇듯 많은데도 '신神 없는 사회' 역시 우리 사회를 이해하는 실마리(端緖) 중 하나였습니다. 이 단어들은 제각기 우리 사회가 어렵고 힘들다는 사실을 보여줍니다. 그중에서 사람들은 '단속斷續' 사회란 말을 우리 현실과 가장 적합한 말이라 여기는 것 같습니다. 단속斷續이란 '같고 비슷한 것에는 끊임없이 접속해 있으나 낯선 이의 고통처럼 자신과 다른 것을 철저히 차단하고 외면하며 상관치 않으려'는 우리 사회 내 만연된 모순을 적시합니다. 그렇기에 단속 사회는 '우는 자와 함께 울라'는 성서의 가르침과는 동이 서에서 멀 듯 이질적입니다. 이런 사회를 일컬어 국민일보에서 종교 면을 담당하는 기자가 '신 없는 사회'라 부른 것은 너무도 적절합니다.

주지하듯 예수 사후 기독교 전통 속에서 그의 세 제자들이 각각 기독교의 수장들이 되었습니다. 가톨릭의 베드로, 바울의 개신교 그리고 정교회의 요한이 바로 그들입니다. 오늘 본문은 베드로에게 교회를 위임하는 내용으로서 교회의 존재 근거를 보여 주는바, 가톨릭교회가 특히 좋아하는 내용입니다. 하지만 저는 오늘 본문에서 우리 사회가 단속 사회, '신 없는 사회'가 된 이유를 찾고자 합니다. 예수께서 베드로에게 '복이 있다' 하며 최고의 찬사를 보냈음에도 불구하고 동시에 그를 사탄의 자식이라 내치셨는가를 생각해 보고 싶은 것입니다. 아울러 예수는 왜 베드로가 깨친 엄청난 진리를 누구에게도 발설치 말라고 주의를 시켰을까를 묻고자 합니다. 본래 이 본문은 신학적으로 '메시아 비밀'과 관계된 것으로 학자들마다 다른 해석을 하고 있기에 풀기가 쉽지 않고 난해하나 저 역시 생각을 보태 본문을 나름대로 달리 해석해 볼 것입니다.

예루살렘을 향해 가던 중 가이사랴 빌립보 지역에 이르렀을 때 예수는 따르던 제자들에게 돌연 '너희는 나를 누구라 생각하는가?'를 물으셨습니다. 갑작스러운 질문에 제자들은 몹시도 당황했을 것입니다. 우리 역시도 이런 질문 앞에서 할 말이 많지 않을 듯싶습니다. 수많은 사람들이 예수를 따랐고, 그중 열두제자와 함께 공생애 끝자락에 이르렀으나 예수는 정말 이들이 자신을 어찌 생각하는지를 알고 싶었습니다. 저마다 이런저런 방식으로 예수를 믿고 따랐으며, 길을 같이 걷고 있으나 동상이몽을 하고 있다는 생각을 했던 것이지요. 하여 뭇 사람들이 아닌 제자들의 생각을 정확히 듣고자 하였습니다. 당시 사람들은 예수를 세례 요한, 엘리야, 예레미야와 같은 예언자라 여겼으나 베드로는 전혀 차원을 달리한 답변을 내놓았습니다. "주는 그리스도시요 살아계신 하나님 아들입니다"라는 고백입니다. 예수도 깜짝 놀란 대답이었습니다. 네 생각이 아니라 하늘의 생각이란 찬사가 바로 그것이었고 장차 이런 고백 위에 교회가 세워질 것을 약속하셨습니다. 늘 경험하며 같이 살던 사람, 눈물 흘리며 애통해 했고 같이 먹고 자던 눈앞의 존재를 하나님 아들, 나아가 그리스도라 고백하는 일은 누구에게도 낯선 놀라운 사건이자 큰 깨침의 결과라 하겠습니다. 예수는 이 믿음이 하늘과 땅을 소통케 할 것이며 교회의 존재 근거가 될 것이라 말씀했습니다. 이런 고백과 깨침이 있다면 우리 역시도 하늘과 소통 가능한 하나님의 성전이 될 수 있을 것입니다. 그러나 이런 깨침과 찬사에도 불구하고 예수는 베드로에게 자신의 고백을 발설치 말라 했습니다. 아직은 때가 아니라 했습니다. 왜 그리하셨을까를 생각해 봅니다.

베드로의 믿음을 확인한 후 예수는 자신감을 갖고 자신이 예루살렘에 오르는 목적을 명확하게 언급하기 시작하셨습니다. 소위 메시아의 비밀을 솔직하게 제자들에게 선포한 것입니다. 자신이 종교지도자들에게 잡혀 고난을 받고 죽을 것이며 이후 부활할 것을 말씀한 것이지요. 하지만 이것은 제자들의 생각과 전혀 달랐습니다. 베드로에게 이것은 결코 발생해서도 용납될 수도 없는 천부당만부당한 사건이었습니다. 그가 죽어서는 아니 될 일이었지요. 그와 함께 한 시간이 얼마인데, 그에게서 기대할 것이 한둘이 아닌 까닭에 그는 결코 죽어서는 아니 될 존재였습니다. 그렇기에 그는 예수의 말씀을 가로막았고 이런 베드로를 향해 예수는 혹독하게 사탄이라 꾸짖으셨습니다. 메시아 비밀 앞에서 베드로에 대한 예수의 찬사가 단숨에 무력해진 것입니다. '지록위마指鹿爲馬'(머리)만 있고 '단장지통斷腸之痛'(가슴)이 없는 종교적 깨침과 고백의 무력함이 여실히 드러난 것이지요. 하나님의 아들과 사탄은 백지장 하나의 차이였던 것입니다. 베드로의 입에서 '지록위마'는 토吐해졌으나 그 마음속에는 '단장지통'이 없었습니다. 결국 베드로의 고백은 사람의 생각이었을 뿐(解悟) 하늘의 가르침(頓悟)이 아닌 것으로 판명 났습니다. 머리로 이해했겠으나 몸으로 깨쳐 알지 못한 탓이었습니다. 고백(교리)은 있었으나 행위(영성)는 없었습니다. 그렇기에 그는 예수의 처형 현장을 누구보다 먼저 떠났고 자신을 알아본 소녀 앞에서 예수를 모른다고 부인했던 것이지요. 예수께서 베드로의 고백을 멈추게 했던 이유도 바로 여기에 있지 않았을까요? 한국교회 역시 베드로의 고백이 없어 잘못되지 않았을 것입니다. 예수는 베드로의 종교체험(고백)에 대해 철저하게 절망했습니다. 하지만 그럴수록 제자들에게 자신의 길 곧 십자가를 더욱 철저히 가르치기 시작했습니다. 그는 우리에게 자신의 남은 고난을 채우라 했고 자신의 길을 걷다 자신처럼 되라고, 길을 걷다 스스로 길이 될 것을 주문한 것입니다. 자기 십자가를 지라는 말씀이 바로 오늘 본문에서 수차례 강조됩니다. 자기를 잃는 사람, 단장지통할 수 있는 존재만이 세상과 공감하며 온 세상을 얻고 구할 수 있다 가르쳤습니다.

따라서 우리에게 두 번째 본문인 요한서의 증언이 없었다면 베드로를 신뢰할 수 없었을 것입니다. 부활한 예수와 만난 자리에서 베드로는 다시 혹독한 경험을 합니다. 예수께서는 집요하게 베드로를 향해 세 번씩이나 물었지요. '네가 나를 사랑하는가?'라고. 가이사랴 빌립보에서처럼 자신을 누구라 생각하느냐가 아니라, 나를 사랑하느냐고 고쳐 묻고 있는 것입니다. 이념이 아니라 실천을 물었던 것이지요. 이 물음 속에서 베드로는 비로소 이전 자신의 고백을 머리가 아닌 몸으로 다시 깨쳤습니다. '지록위마指鹿爲馬'의 뜻을 '단장지통斷腸之痛'하는 십자가의 길로 이룰 것을 다짐한 것입니다. 주님의 교회가 세워질 반석, 베드로란 이름을 하늘과 땅이 소통하는 공간으로 만들겠다는 것입니다. 자기중심적 종교성 혹은 악惡의 평범성을 살아온 신앙 양식을 벗고 '단장지통'의 마음으로 살겠다는 다짐이었습니다. 내 양을 먹이라는 예수의 말씀은 고통받는 이들의 '곁'이 되라는 당부일 것입니다. 바로 이런 깨침이 베드로의 온몸을 통해 다시 자각되었습니다. 하여, 십자가 없는 부활도 없겠으나 부활 없이는 십자가를 감당할 수도 없는 노릇입니다. 부활신앙이 반드시 필요한 이유일 것입니다. 하지만 이런 부활신앙은 결코 영/육을 나누지 않습니다. 부활신앙은 70m 망루에서 삶을 절규하는 이의 고통 속에서 신(초월)을 경험하는―유대 철학자 베냐민이 말하듯―유물론적 신앙일 수밖에 없습니다. 세상 속 고통받는 이들의 뭇 절규 속에서 하나님, 성령의 탄식을 듣고 그 고통과 하나 되는 것이 바로 주님을 사랑하는 유일부이한 길입니다. 그런 신앙만이 단속斷續 사회를 극복할 수 있고 '편'을 넘어 '곁'이 되도록 우리를 구제할 것이며 새로운 기독교를 탄생시킬 수 있습니다 이를 위해 새로운 한 해가 우리에게 주어졌습니다. 사탄이라 칭稱해진 베드로가 부활의 주님을 만나 자신의 고백을 몸으로 깨쳐 알았듯이 우리 역시 죽어 다시 사는 부활의 종교 앞에 옳게 서야 합니다. 세상의 고통과 '곁' 하는 일이 주님을 사랑하는 길이라는 신앙을 갖고서 말입니다. 우리가 그리워해야 될 미래가 있고 그것을 위해 살고자 한다면 그리고 종교개혁 500년을 앞둔 기독교 미래를 염려한다면, 단장지통斷腸之痛 바로 그것이 초월 경험이자 神을 발견하며 세상을 구원하는 기독교의 길인 것을 믿어야 할 것입니다.

안녕치 못한 이들의 성탄

마태복음 10:34-35, 11:16-19, 누가복음 4:16-22

성탄, 한 아기의 거룩한 탄생이 어제 있었던 과거의 사건이 아니라 지금 우리 시대의 현실로서 재현되어야 한다는 것이 성탄절 예배를 드리는 이유일 것입니다. 위대한 존재의 탄생을 제삿날 기억하듯 회상하는 것만이 아니라 그것을 오늘 우리의 흉중에서 사건화시킬 수 있는 날이어야 한다는 것이지요. 하여, 우리 기독교인들에게 성탄은 한 해의 끝자락에 있지 않고 언제든 새로운 시작의 의미를 갖습니다. 우리는 위 본문들을 통하여 성탄聖誕이 어떤 방식으로 지속되어야 할 사건인가를 새롭게 배울 수 있습니다. 성서 본문을 옳게 이해하기 위해 먼저 우리 시대를 고발하는 '여러분 안녕들 하십니까?'란 화두를 갖고 말을 건네 보겠습니다.

얼마 전 주진우라는 한 대학생이 이 시대를 사는 익명의 다수를 향해 '여러분 안녕들 하십니까?'란 제목의 대자보를 게시하였지요. 이렇게 던져진 질문은 지금 고등학생들에 이르기까지 사회 전반으로 확산되면서 안녕치 못한 현실을 고발하는 저항 언어로 진화되고 있습니다. 흥미로운 것은 정부가 나서서 '안녕들 하신가?'의 질문을 차단코자 모든 교육기관에 지침을 내리고 있다는 사실입니다. 이는 안녕치 않은 이들에게 안녕을 상요하는 것으로서 꼴사나운 일입니다. 감신내 게시판에도 고맙게도 신학과 교회적 차원에서의 안녕 여부를 묻는 대자보가 길게 나붙어 있습니다. 신학생으로서, 그리스도인으로서 아파하고 눈물짓는 이들을 외면하면서 자신의 영혼만 안녕한 것은 골고다의 예수 발자국을 더럽히는 것이며 그래서 지금 자신의 영혼이 안녕치 못함을 토로한 내용이었습니다. 이렇듯 '여러분 안녕들 하십니까?'의 말 속에는 다음 두 차원의 물음이 내포되어 있습니다. 하나는 공적 차원의 안녕에 눈감은 채 사적 공간으로 숨어들어 홀로 평안했던 삶, 성서의 표현대로라면 거짓된 평화에 대한 고발이며 다른 하나는 안정을 잃은 삶의 공간에서 진정 서로의 안녕을 묻고 모두가 안녕하기를 바라는 염원일 것입니다. 그래서 이들은 지금 자신만의 안녕을 말하는 것을 오히려 불순하다 여기며 앞으로도 더욱 불순해지기를 바라고 있습니다. 어쩔 수 없다 여기며 수용했던 이전의 안녕과 참으로 굿바이(안녕)하려는 것이지요. 첫아기를 낳은 30대 중반의 한 가정주부는 최면에 걸려 살았던 자신의 삶과 이렇게 안녕합니다. "친구의 장례식에서 나는 그가 세상을 떠난 이유를 감히 묻지 못했다…. 우리가 살고 있는 이 세계가 혼자만 노력해서 잘 살 수 없는 곳임에도 스스로를 잘 챙겨 살라는 무기력한 말 밖에 못한 내가 한없이 원망스러웠다"고. 대학생들이 즐겨 부르는 〈졸업〉이란 노래의 "난 어느 곳에도 없는 나의 자리를 찾으려 헤매었지만 갈 곳이 없고… 이 미친 세상을 믿지 않을게"라는 가사 역시 지금의 세상이 안녕치 못한 이들의 절규로 가득 찬 것을 보여 줍니다. 이처럼 거짓된 안녕과 안녕(굿바이)하려는 아우성이 2013년의 성탄을 직면한 우리 사회의 현실이자 자화상의 일면일 것입니다.

이런 차원에서 저는 2014년을 맞는 성탄 메시지의 본문으로 마태복음 10장에 담긴 난해한 '역설'의 말씀을 택했습니다. 예수께서 오신 것은 이 땅의 평화를 위한 것이 아니라 칼을 주기 위함이라는 말씀입니다. 이 말씀은 외형상 우리가 알고 있는 평화의 왕, 예수의 탄생 이야기와 너무도 엄청난 거리가 있습니다. 부모와 맞서고 가족이 분쟁하며 심지어 고부간의 갈등을 불러일으키려고 예수가 이 땅에 오셨다 했기 때문입니다. 이처럼 오늘 본문은 예수 자신의 강림 목적이 평화가 아니라 칼을 주기 위함이라 명백히 증언합니다. 어렵고 감당키 버거운 말씀이긴 하나 저는 이 본문 역시 성탄절에 읽혀질 말씀으로서 부족함이 없다고 생각합니다. 더욱이 오늘 본문이 마가복음서에 없는 것으로 보아 그보다 먼저 쓰인 가장 근원적인 소위 Q문서에서 유래된 것이기에 예수 말씀으로서 그 진정성을 의심할 수 없습니다. 이어지는 본문에서 평화가 아니라 칼을 주러 오셨다는 그 의미가 밝혀집니다. '나보다 자기 부모, 자식, 가족을 사랑하는 자들은 예수 자신에게 적합하지 않다'는 것입니다. 예수처럼 자기 십자가를 지지 않는 사람에게 예수의 존재는 '칼'일뿐 평화의 뜻일 수 없다는 것이지요. 저는 이 말씀을 오늘 우리 시대의 물음인 '여러분 안녕들 하십니까?'의 맥락에서 읽고 해석할 수 있다고 여겼습니다. 길들여진 평화, 강요된 '안녕'의 프레임에 갇혀 사적 공간으로 숨어든 사람들을 향하여 하시는 말씀이란 것입니다. 저마다 자신의 선 자리에서 모순과 부조리를 어쩔 수 없다 여기며 스스로 안녕해왔던 우리를 향한 예수의 사자후獅子吼였던 것이지요. '칼'로서 오신 예수는 지금 우리에게 안녕하지 말 것을 요구합니다. 심지어 교회를 향해서도 안녕과 평화를 말하지 말 것을 주문합니다. 세상이 이처럼 아픈데 교회가 어찌 이토록 안녕을 설교하며 안녕한가를 반문하는 것이지요. 세상이 이렇게 힘든데 시詩가 술술 써지는 자신을 한탄한 윤동주의 고뇌를 떠올려 봐도 좋겠습니다. 이 점에서 안녕으로부터 결별하기 위한 지난한 과정이 바로 본문이 적시하는 갈등의 모습들입니다. 동시에 안녕으로부터의 결별이 바로 예수처럼 우리가 져야 할 십자가일 것입니다.

두 번째 읽은 본문은 이런 정황을 더욱 잘 설명해 줍니다. 역시 Q복음서에서 유래된 이 말씀은 이 시대의 모순성을 정확하게 비유로서 표현하고 있습니다. 이 시대 사람들을 일컬어 '피리를 불어도 춤추지 않고 애곡을 하여도 울지 않는' 존재들이라 한 것입니다. 이는 바로 사적 공간에 갇혀 버린 우리 자신의 모습이라 생각됩니다. 대학가느라, 스펙 쌓고 아르바이트하느라, 취직하느라, 야근하고 먼 거리 출퇴근하느라, 집 마련하느라, 아들딸 키워내느라, 연구비를 위해 글 쓰며 사느라 우리는 사회 곳곳에서 터져 나오는 신음과 절규를 듣지 않았습니다. 자기 소리만 크게 낸 탓에 이웃의 소리가 들리지 않았던 탓입니다. 지금껏 우리는 이처럼 사적 동굴 속에 갇혀 있는 것을 안녕이라 생각했습니다. 그러나 이제 사람들은 그것이 결코 안녕이 아닌 것을 깨닫기 시작하였습니다. 그 안녕으로부터 안녕하는 것이 생명의 길이자 예수에게 합당한 것임을 성서 역시도 증거하고 있는 탓입니다. 이를 위해 자신과도 싸워야 할 것이며 부모/자식 간은 물론, 고부간에도 '칼' 곧 분쟁이 필요합니다. 우리가 직면한 상황에 진실로 함께 춤추고 더불어 슬프하기 위함입니다. 구체적인 정황 속에서 희로애락喜怒哀樂을 비롯한 칠정七情의 감정이 과/불급 않게 표출되는 것이 인간의 바른 삶이라 옛 성인들 역시 가르쳤습니다. 하지만 안녕치 못한 이들에 대한 마음이 어느덧 메말라 버렸습니다. 우리 스스로 거짓된 안녕을 바랐기 때문입니다. 교회 공동체조차도 사적 공간이 되어 버린 탓도 큽니다. '에클레시아'란 어원을 지닌 교회는 본래 흩어진다는 뜻입니다. 잘 흩어지기 위하여 모이는 것이지 모이는 것 자체가 목적이 아닌 것이지요. 흩어진 우리의 '일상'이 거룩(안녕)해지지 않으면 우리의 공동체도 큰 의미를 갖기 어렵습니다. 모두가 참으로 안녕한 사회를 위해 2014년 성탄은 안녕치 못한 이들로 인해 우리 마음이 한없이 불편해야 할 것이며 이를 위해 자신과도 분쟁해야 옳습니다. 그리고 현 사회가 문제없다, 안녕하다 말하는 사람들을 향해 한없이 불온해질 필요가 있을 것입니다.

마지막 읽은 유명한 누가서의 본문, 이사야의 꿈을 빌어 자신의 존재 이유이자 사명을 찾았던 예수 이야기는 이렇듯 불온한 생각을 가진 사람들에게만 복음이 될 수 있을 것입니다. 이는 아기를 잉태하라는 하나님의 거친 호출을 수락한 마리아의 꿈을 살아내(보)겠다는 예수 자신의 다짐이라고도 하겠습니다. "주님의 영이 내게 내리셨다. 주님께서 내게 기름을 부으셔서 가난한 사람에게 기쁜 소식을 전하게 하셨다. 주님께서 나를 보내셔서 포로된 사람에게 해방을 선포하고 눈먼 사람에게 눈뜸을 선포하고 억눌린 사람들을 풀어주고 주님의 은혜의 해를 선포하게 하셨다"는 말씀은 모두를 놀라게 하였습니다. 이 점에서 안녕치 못했다는 자의식과 자기성찰이 고등학생들, 가정주부들에게까지 확산되는 현실에서 2013년의 성탄은 특별히 그들을 위한 사건이 되어야 마땅한 일입니다. 하지만 우리 역시도 참으로 안녕치 못했다는 사실을 고백할 경우, 성탄의 이야기는 비로소 우리 이야기로도 재탄생될 수 있을 것입니다. 지금은 모두가 참으로 안녕한 사회가 되기 위하여 예리한 '칼'의 힘이 필요한 때입니다. 거짓된 평화를 말하는 자들은 과거를 들먹이며 분쟁을 두려워하나 참된 안녕은 언제든 진정한 칼, 다가올 미래, 시대정신과 함께하는 까닭이지요. 가난한 사람에게 무엇이 기쁜 소식일까요? 억울하게 감옥에 갇힌 사람들에게 복음은 무엇을 뜻하는 것일까요? 성서가 말하는 억눌린 사람들은 오늘 누구를 지칭하는 것일까요? 보지 못하는 자들이 정말 원하는 것은 보는 일이겠지요. 그렇다면 예수께서 기쁜 소식을 전해주고자 했던 뭇사람들은 과연 오늘 우리의 현실에서 누구이겠습니까? 이처럼 예수 이야기, 성탄은 가장 구체적인 삶의 자리에서 그 본질이 드러납니다. 종교와 정치가 하나는 아니되 나뉠 수 없는 이유도 바로 여기에 있습니다. 법法이 불법不法이 되고 독재와 불통이 일상이 될 때 저항은 기독교인의 운명이자 실존이 된다는 말입니다. 이처럼 우리는 성탄의 신비가 추상적이지도, 결코 영적인 것만도 아닌 것을 인정해야 마땅한 일입니다. 그렇기에 2014년을 맞는 문턱에서 우리는 안녕치 못한 자들의 성탄을 축하하지 않을 수 없습니다. 성서는 항시 세상의 중심은 약자들에게 있다고 말하기 때문입니다. 안녕치 못한 이들을 위해 이 땅에 오신 예수는 결국 그 일을 이루다 죽으셨지요. 하지만 그 일이 성탄절을 맞는 우리들의 몫으로 여전히 남아있는 한—미정고未定稿— 그는 우리의 영원한 주님이십니다. 박노해의 시詩 한편으로 '안녕치 못한 이들의 성탄'이란 오늘의 설교를 매듭 짓겠습니다.

세상에서 쫓겨나는 사람은 오직 둘 뿐이다.

미래를 가로막는 과거의 사람이거나

오늘이 받아들이기 두려운 미래의 사람

과거의 사람을 쫓아내는 사람들은

자신이 무슨 일을 하고 있는지 안다

하지만 미래의 사람을 추방하는 자들은

지금 자신들이 무슨 일을 하고 있는지 모른다

미래에서 온 사람은 언제나

낯설고 불편하고 불온해 보이기에.

성탄 설교를 마치고 돌아오는 오후에 감신대 앞 육교 근처에서 대대적인 시위가 있음을 보았습니다. 안녕치 못한 현실을 성탄 주일 오후에 다시 목도한 것입니다. 우리 제자들의 연행 소식도 들었고 얼굴을 다쳐 고통스러워하는 모습도 보았습니다. 성탄절을 맞은 마음이 그래서 한없이 아프고 쓸쓸합니다. 아기 예수를 어느 곳에서 찾아야 할지 걱정이 앞섭니다.

성탄절 그 오늘의 의미

마리아의 자궁이 되라

누가복음 1:26-35, 46-55

어느덧 한 해의 마지막 달, 12월에 이르렀습니다. 어느 누구라도 망년회, 송년회란 이름으로 옛것과 새것이 교차되는 시점을 의미 있게 보내려 노력합니다. 그러나 때로는 지나온 삶에 대한 부족감을 느껴서 이 해의 남은 시간을 빨리 보내고 새해를 맞기만을 바랄 수도 있겠습니다. 그렇기에 짧게 남은 시간을 새로운 날에 대한 기대 속에서 무가치하게 방치하는 경향도 보이곤 하지요. 그러나 기독교 신앙인인 우리에게 있어 12월의 남은 몇 날은 이 해의 찌꺼기가 아니라 새싹을 잉태케 하는 그루터기입니다. 한 해의 말미에 있는 예수 탄생은 하나님의 자녀 된 우리가 세상 속에서 어떻게 살아야 하는가를 알리는 지표로서 새로운 시간을 숙성시키는 은총의 사건인 까닭입니다. 오 헨리의 소설『마지막 잎새』의 그 한 이파리처럼 시간의 끝에 매달려 살고 있는 우리에게 새 생명을 입도록 하는 사건이란 것이지요. 성탄은 이천 년 전 유대 땅 베들레헴에서 태어난 아기 예수를 기억하고 회상하는 것 이상입니다. 오히려 우리의 마음, 정신 속에서 재현, 반복되어야할 현재의 사건이 되는 것입니다. "오 주여! 이제는 여기에서 태어나소서"라고 우리는 노래해야만 할 것입니다.

수백 년을 거쳐 민족의 고난을 경험해온 이스라엘 민족들에게 있어서 약속된 메시아를 기다린다는 것은 피할 수 없는 일이었습니다. 로마지배하의 이스라엘 민족은 자신들의 해방을 위해 메시아 탄생을 간절히염원했던 것입니다. 그러나 실상 성서를 자세히 보면 이러한 기다림과더불어 몇 가지 분명히 해야 할 사실이 있습니다.

첫째는 메시아에 대한 대망이 민족 차원의 것이었음에도 이스라엘 백성 중에는 메시아 탄생을 원치 않았던 부류들이 있었다는 것입니다. 그들은 로마 정권에 빌붙어 자신들의 안락과 행복을 얻을 수 있었던 소위가진 자, 기득권층이었지요. 대표적인 사람으로 당시 이스라엘 왕 헤롯을 들 수 있는데, 그는 메시아 탄생 소식을 전해 듣고 자신의 자리를 염려한 나머지 두 살 아래 어린아이 2만 명을 죽였습니다. 예나 지금이나메시아를 기다리고 구원자를 바라는 사람들은 가난하며 억눌리고 부족한 사람들입니다. 세상에서 가질 것 다 가지고 부족한 것 모르고 자기 한계를 경험한 적이 없는 사람들에게 있어서 메시아는 거추장스러운 존재로 여겨질 것입니다. 자신의 안정, 권위, 소유를 흔들어 놓는 위험한 존재일 뿐입니다. 함께 더불어 살아가기보다는 어떻게 해서라도 남보다앞서려고 안달하는 오늘의 우리들에게, 하나님에 대한 신앙은 희미해지고 돈(물질)에 대한 신뢰만을 가슴에 가득 채우고 있는 시점에서, 네 것을 포기하라고, 너 자신을 희생하라고 말씀하시며 가난한 자, 낮은 자, 고통받는 자를 위해 오신 메시아가 혹시 우리에게도 거추장스러운 걸림돌이 되지 않을까 심히 염려됩니다.

둘째는 모두가 메시아를 기다렸음에도 불구하고 메시아 오심을 진정으로 원하고 바라며 매일 그 뜻을 묵상하고 그 징조를 알려고 노력하는 사람이 거의 없었다는 사실입니다. 당대의 사람들은 감나무에서 잘 익은 홍시가 떨어지듯 하늘로부터 메시아 탄생을 막연하게, 언젠가는 하며 기다렸지만 정작 그 시점과 의미를 확신 있게 알려고 하는 사람은 적었습니다. 그리스도의 탄생 시점에 이르러 유일하게 메시아 비밀을 알아차린 몇몇 사람들이 있었는데, 그들은 진리를 연구하던 동방박사와 밤새도록 양을 지켰던 가난한 목자들이었습니다.

동방박사란 요즘 말로는 학자들, 특히 철학자, 신학자를 일컫겠지요. 근자에 들어 학자들이 자신의 사명과 명예를 지키지 못한 채 추한 모습을 보이고 있지만 본래 신학자란 위의 것, 하늘의 징조와 변화, 시대의 의미를 예민하게 듣기 위해서 명상하며 연구하는 존재입니다. 시대 변화를 무감각하게 느끼는 사람들, 그들은 결코 하나님의 뜻을 알 수 없습니다. 하나님의 활동 무대는 인간이 숨 쉬고 먹고 살아가는 역사 한가운데이기 때문입니다. '시대의 징조를 알지 못하느냐'고 외치신 예수의 모습을 떠올려 봅니다. 그럼에도 자신의 생존문제, 질병, 가정 내의 대소사 등 실존적 문제에 사로잡혀 하늘의 변화, 역사의 징조들에 둔감한 채 하루하루를 살아갈 때가 다반사입니다. 깊은 명상과 기도 한 번 제대로 못하고, 신문과 책 한 권 제대로 읽지 못하여 현실 세계를 이해하고 분석하는 기회 한번 갖지 못한 채 살아가는 한 시대를 향한 성서의 메시지가 실종될 때가 많습니다. 그럴수록 오로지 하늘을 보며 진지眞知를 추구하던 동방박사들의 모습이 마냥 그리워집니다.

이와 함께 성서 안에서 우리는 성탄의 비밀을 터득한 목자들의 활약 상을 봅니다. 목자들이란 밤을 지새우며 양들을 이리떼로부터 보살펴야 하는 힘들고 어려운 직업일 것입니다. 요즘 말로 하면 가능한 한 피하고 싶은 더럽고, 힘들고 보수도 적은 3D 직업 중의 하나라 하겠지요. 그러 나 이들은 누가 보지 않더라도 졸지 않았고, 게으르지 않았으며 양들을 보호하는 일에 최선을 다했습니다. 정말 성실한 민중이요, 하나님의 백 성이었습니다. 모두가 자고 있던 밤에 이들을 통해 메시아 탄생의 징조 가 드러난 것입니다. 힘들고 고통을 당하면서도 자기 일에 최선을 다하 는 가난한 사람들, 쉽게 남을 속이거나 적당하게 거짓을 섞어가며 삶을 살지 않는 사람들 속에, 마음이 가난한 이들 속에서 하나님이 보일 수 있 었다는 사실입니다. 만약 메시아 탄생을 기다리는 우리에게 목자의 마 음이 있다면 우리의 꿈은, 믿음은 반드시 실현될 수 있을 것입니다.

셋째로, 이 글에서 결정적으로 말하고 싶은 사실은 동방박사나 목자 들마저도 성탄을 자기 밖에서 발생되는 객관적 사건으로만 이해하고 있 을 때 그 메시아를 자신 속에서 잉태하여 낸 사람이 있었다는 것입니다. 천사를 통해 예수 잉태 소식을 전해 들은 마리아, 그래서 그 낯선 현실과 더불어 내적으로 투쟁(struggle)하고 있는 마리아의 고뇌 곧 마리아의 성 탄에 관한 내용입니다. 아는 대로 마리아는 목수인 요셉이란 청년과 약 혼한 정숙한 여인이었습니다. 다윗의 족보를 지녔으나 가난했던 젊은 청년 요셉과의 결혼을 앞둔 마리아는 너무도 즐겁고 행복한 시간을 보 내고 있었습니다. 민족의 아픔, 메시아에 대한 대망도 잠시 잊은 채 자신 의 결혼에 대한 생각만으로 기뻤을 것입니다. 그러나 그 여인에게 청천 벽력과 같은 사건이 발생하였습니다. "네가 잉태하여 아기를 낳게 된다"

는 것이었습니다. 있을 수 없는 일이었습니다. 처녀가 아기를 낳는다는 것은 예나 지금이나 불편한 일입니다. 당시 가부장제 사회 속에서 처녀 잉태란 자신의 인격적 죽음은 물론이며 사랑하는 사람을 잃고 가족으로부터 등 돌림을 당하는 고통이 수반되는 일입니다. 그래서 마리아는 다음처럼 외칩니다. 아무리 이것이 하나님의 일이라 하더라도 '전혀 그런 일이 일어날 수 없노라고!', '그런 일이 자신에게서 일어날 수 없음'을 거듭 항변했었습니다. 옛적 어거스틴은 천사에 대한 마리아의 이런 반응을 당연한 것으로 여겼습니다. 하지만 어처구니없게도 자신의 처녀성에 대한 염려 때문이었다는 가부장적 시각에서 그리했습니다. 야고보서 외경에는 성령 잉태를 듣고 난 마리아가 하나님이 혹시 인간으로 변신하여 잠자는 사이 자신과 동침한 것이 아닌가 물었다는 기록도 있습니다. 그러나 저는 마리아의 항변을 이런 시각에서 이해하고 싶지 않습니다. 성서 안에는 이런 거부 의사가 한두 번 완곡하게 표현되어 있지만 제가 믿기에는 수십, 수백 번 "하나님 안돼요. 절대 그럴 수 없어요"라는 마리아의 절규가 있었을 것입니다. 성령의 역사라 하더라도 한 여인의 소박하고 아름다운 꿈을 이처럼 산산이 조각나게 할 수 있겠느냐는 마리아의 항변을 저는 온전히 이해할 수 있습니다. 모두가 메시아를 원했지만 정작 메시아가 이렇듯 자신에게 고통을 주고 자신의 계획을 송두리째 무산시키며, 핑계조차 할 수 없는 부끄러운 일로 다가왔을 때 마리아처럼 "안돼요"라고 외칠 수밖에 없으리라 생각됩니다. 그러나 마리아의 위대함은 그다음 말 속에 있습니다. 오랜 고통, 번민 그리고 내적인 투쟁 끝에 그녀는 "당신의 뜻이라면 그것이 나를 통해 이루어질 것입니다." 이것은 당시 가부장적 가치관에 대한 순종이 아니라 자신을 메시아 탄생의 도구가 되게 하겠다는 자기 확신의 표현입니다. 모두가 대망하는 메시아 탄생을 위해 자신을 기꺼이 바치겠다는 고백이었던 것이지요.

첫 번째 성탄은 이렇게 해서 가능했습니다. 자신의 운명을 바꿔 놓은 엄청난 충격의 사건을 자신 속에 품어 안음으로써 예수, 모두가 고대하던 구원자 그리스도가 탄생할 수 있었습니다. 저는 이것을 첫 번째 성탄이자, 마리아의 성탄이라고 부릅니다. 실제로 이러한 사건이 있은 후 마리아는 예전의 평범한 여인이 아니었습니다. 메시아를 탄생시킨 모태, 그 자궁은 정말 복이 있게 되었습니다. 지금까지 어느 누구도, 어떤 예언자도 말하지 못했던 하나님의 메시지를 전달하고 있는 까닭입니다. 전통적인 여인으로서는 감히 상상할 수 없는 진리를 말했습니다. "그의 팔로 힘을 보이사 생각이 교만한 자를 흩으셨고, 권세 있는 자들을 그 위에서 내리치셨으며, 비천한 자를 높이셨고 주리는 자를 좋은 것으로 배불리셨으며, 부자를 빈손으로 보내셨도다." 메시아 어머니로서 마리아는 공평치 못한 당시 사회 권력구조에 대한 희망의 메시지, 곧 메시아 예수가 이룩해야 할 사명에 대한 비전을 힘차게 이처럼 선포했던 것입니다.

그로부터 2,000년 이후를 살고 있는 신앙인으로서, 교회를 사랑하며 교회를 섬기고 있는 우리에게 있어서 성탄절은 적어도 그 옛날 대다수 사람들의 경우처럼, 메시아를 거추장스럽게 여긴 몇몇 사람들, 위에서 감 떨어지듯 기다렸던 사람들 그리고 자신 밖의 객관적 사건으로 생각했던 사람들의 경우와는 달라야 할 것을 가르치고 있습니다. 오히려 성탄은 우리 모두에게 감당하기 어려운, 기존의 생각으로는 불가능한, 지금까지 살아온 가치관으로서는 말도 되지 않는 엄청난 물음을 던지며 진리를, 메시아를 너의 가슴 속에서 잉태하라는 절체절명의 요구로 다가오고 있습니다. 우리들의 가슴이 진리를 잉태했던 마리아의 자궁이 되어야 한다는 것입니다. 이것은 지금까지 살아온 우리들의 삶, 자아의 죽음을 요청하는 말이기도 합니다. 지금까지 '절대'라고 믿고 의지해왔던 가치관을 훌훌 털어버리고 마치 자신의 모든 것을 팔아 보화가 묻힌 땅을 사는 농부와 같은 헌신을 요구합니다.

분명 예수의 교훈은 세상이 주는 교훈과는 다른 것이 너무도 많았습니다. 그래서 당시 사람들은 모두 놀랐습니다. 헐벗고 굶주렸으며 병들고 가난한 자들을 당시 유대 율법은 암하렛츠, 곧 하나님의 형벌을 받은 땅의 사람으로 규정하였지만 예수는 그들에게 밥 한 그릇, 물 한 모금 주는 것이 곧 자신(하나님)에게 하는 것임을 가르치셨던 것입니다.

얼마 전 타계한 모든 이의 어머니 테레사 수녀는 어느 성탄을 보내며 전 세계인들에게 다음과 같은 메시지를 남겼습니다. "We are called upon not to be successful, but to be faithful(우리는 성공하기 위해 불러진 존재가 아니라, 진실하도록 불러진 존재입니다)." 이런 메시지를 남기고 떠난 테레사 수녀의 손과 발, 그 거친 모습은 그녀의 삶 자체가 바로 마리아의 자궁이었음을 웅변하고 있습니다.

테레사 수녀보다 다소 먼저 세상을 떠난 버나딘 추기경이란 분이 있었습니다. 이 신부는 시카고 지역에서 소수 민족을 위해 살았던 추앙받는 성직자였습니다. 그 역시 오랜 기간 암과 싸우면서 다음처럼 죽음에 대한 생각거리를 남겨 주었습니다. 다음 내용은 「시카고트리뷴지」에 실렸던, 살아생전 버나딘 추기경이 써놓았던 죽음에 대한 기록입니다.

한 지성인이자 신앙의 사람으로서 내가 여러분들에게 말하고 싶고 말해야 하는 것은 나 자신이 죽음을 삶의 중심으로 받아들이기 시작했다는 것입니다. 이것은 나의 머리로 말하는 것이 아니요, 나의 마음으로부터 나오는 이야기입니다. 나는 전 생애 동안 신도들에게 어떻게 살아야 할 것인가를 가르쳐왔습니다. 그러나 이 순간 어떻게 죽어야 할까를 가르치는 것이 더욱 중요한 것임을 느낍니다. 우리가 죽음을 자신 밖으로 밀어내려고 하면 할수록 죽음에 대한 두려움은 더욱 강화될 뿐입니다. 죽는다는 것은 물론 센티멘탈한 감정의 사건이 아닙니다. 그것은 나 자신을 철저하게 복종시키기 위한 내적인 투쟁입니다. 성서가 말하는 영적인 존재로서의 인간이란 하나님에 대한, 진리에 대한 우리 자신을 포기할 수 있는 것이자, 죽음을 친구로 삼을 수 있는 능력과 불가분의 관계 속에 있다고 믿습니다. 이제 자신의 죽음을 친절하게 받아들이는 일과 다른 사람을 사랑하며 도와주는 것은 결코 다른 일이 아닙니다. 죽음만이 진정으로 자신에 대한 집착으로부터 자유롭게 해주기 때문입니다.

죽음에 대한 버나딘 추기경의 마지막 고백 속에서 저는 역설적으로 마리아의 성탄, 성탄의 오늘의 의미, 그 신비성을 발견하게 됩니다. 마리아에게서의 성탄은 자신의 죽음, 곧 지금까지 세상과 관계 맺어온 자신의 삶을 포기함으로써만 가능한 일이었습니다. 그러한 포기, 철저한 굴복이 있었기에 —주님의 뜻이라면 그것이 나를 통해 이루어지이다— 그녀는 여인으로서 마리아 찬가의 주인공이 될 수 있었던 것입니다.

한 해의 끝자락에서 맞은 성탄, 메시아의 탄생이 죽음과도 같은 마리아의 철저한 자기 굴복, 복종 속에서 가능한 일이었음을 기억할 수 있었으면 좋겠습니다. 이러한 죽음 속에서 비로소 우리는 새롭게 태어날 것이며, 자신 속에서 진리를 잉태할 수 있을 것이고, 이로써 좁게만 살아왔던 우리 마음이 마음껏 밖으로, 타인을 향해 넓혀질 수 있을 것입니다. 다른 사람들, 가난하고 소외된 형제들, 이주민들, 북녘 동포들, 그들에 대해 닫혀 있던 마음이 활짝 열릴 때 우리는 메시아 왕국을 살게 되는 것이 아닐까요? 다시 한 번 성탄의 절기에 하나님께서 말씀하시는 신비의 음성을 들으시기 바랍니다.

"너희의 가슴을 마리아의 자궁이 되게 하라"

예수 족보의
시각에서 본 성탄

마태복음 1:1-17

올해도 성탄절이 우리에게 은총으로 다가왔습니다. 기독교 신앙에 있어서 핵심은 예수의 탄생 신비라 할 것입니다. 하나님이 인간의 몸을 입고 세상의 구원을 위해 이 땅에 오신 성탄의 사건은 세상의 죽음을 무화無化시킨 부활 신앙의 존립 근거라 생각합니다. 그만큼 성탄의 신비는 기독교 신앙에 있어서 핵심입니다. 그간 기독교 교회는 예수님의 탄생 신비를 동정녀 마리아의 처녀 탄생의 틀을 사용하여 강조해왔습니다. 사도신경에서도 성령에 의해 잉태된 처녀 탄생에 대한 고백이 중심을 이루고 있지요. 마리아를 성모聖母라 칭하며 그에 근거하여 수녀제도를 세운 가톨릭의 경우 개신교보다 동정녀성이 한층 더 강조됩니다. 성서에 기록된 예수의 형제들 역시 실상 예수의 사촌들일 뿐 마리아의 친자녀가 아니라는 것입니다. 그러나 동정녀 탄생을 근거로 성탄의 신비를 주장하는 교리에 대해 교회 안팎에서 이견들이 표출됩니다. 신학자들조차도 동정녀 탄생을 신화적 언술로 이해합니다. 당시 헬라 문명권 내에서 처녀 탄생은 쉽게 접할 수 있는 이야기라는 것입니다. 어떤 성서 신학자들은 성서에 나타난 '처녀'라는 말을 '여인'으로 이해해야 옳다고 합니다. 마리아라는 한 '여인'이 예수를 낳았고 그 예수를 인류의 구원자로 키워냈다는 것입니다. 이런 의미에서 '처녀'가 아니고 '여인'이라 해도 성탄의 신비가 조금도 상처받지 않을 수 있습니다. 오히려 여성 신학자들 중에는 '처녀 탄생'을 가부장적 문화의 반영으로 보는 이들도 있습니다. 가부장적 체제일수록 여타 여성을 부정하고 처녀에게만 가치를 두는 특징을 갖기 때문입니다. 실제로 마리아를 성모로 칭하며 신격화시킨 이면에는 예수 부활의 최초 목격자로서 초대교회의 지도자로 활동했던 또 다른 여인 마리아의 지위를 격하시켰던 역사적 정황이 있었습니다. 성탄절 설교 서두에 이렇듯 부담되는 신학적 견해를 밝히는 것은 성탄의 신비를 역사적 사건으로서 제대로 이해하기 위함입니다.

오늘 우리는 마태복음 서두에 나오는 예수의 족보를 읽었습니다. 어릴 적 성서를 읽고자 했을 때 족보 이야기의 지루함 때문에 쉽게 포기했던 경험이 있을 것입니다. 그러나 지루했던 족보 이야기 속에 예수님 탄생의 역사적 의미가 간직되어 있는 줄은 꿈에도 몰랐습니다. 주지하듯 신약성서 내에는 예수 족보에 대한 기록이 두 곳 있습니다. 오늘 읽은 마태복음과 누가복음이지요. 하지만 이들의 족보에 대한 기록 방식이 서로 같지 않습니다. 마태복음은 믿음의 조상인 아브라함부터 시작하여 14대씩 끊어가며 예수까지 이르게 했고, 반면 누가복음은 예수로부터 시작하여 아브라함을 넘어 하나님에게로까지 그 영역을 확대했습니다. 이런 족보서술 방식의 차이는 복음서 자체가 나름의 독특한 신학적 입장을 갖고 있다는 반증입니다. 전자는 예수가 유대인의 메시아임을 강조하는 데 목적이 있었고, 후자는 유대인의 경계를 넘어선 이방인을 위한 예수의 존재를 말함에 역점을 두었던 까닭입니다. 그럼에도 마태복음의 족보 이야기를 본문으로 택한 것은 유독 여기에 다섯 명의 여인들 이름이 거명되었기 때문입니다. 성서가 쓰인 가부장제 문화권 하에서 여성의 이름이 기록된다는 것은 예사로운 일이 아니었습니다. 여성신학자들은 성서 안에서 잊혀진 여인들의 이름을 찾고자 애써 왔습니다. 피오렌자라는 신학자의 책 『그녀를 기억하며 In Memory of Her』가 한 예가 될 것입니다. 이에 더해 우리의 관심을 끄는 것은 이 여인들이 당대는 물론 오늘의 시점에서도 납득할 수 없는 신분의 소유자였다는 사실입니다. 보통 운명을 지닌 단순한 여성들이 아니었다는 것이지요. 처음 나오는 '다말'은 자신의 생존을 위해 술 취한 시아버지를 유혹하여 임신토록 한 여인이었습니다. 기생 '라합'으로 알려진 두 번째 여인 역시 사회 통념상 이해하기 어려운 존재였습니다. 가나안 정탐꾼을 도운 역할이 있었으나 그것으로 그녀의 존재 자체가 달라질 수는 없었습니다. 셋째로 '룻'이란 이방 여인이 있습니다. 선민의식에 휩싸인 이스라엘 민족 사회에서 이방인, 더더욱 여인으로 산다는 것은 상상하기조차 어려운 일일 것입니다. 네 번째의 여인에게는 이름조차 주어지질 않았습니다. 우리아의 아내로만 언급되었을 뿐입니다. 다윗 왕이 자기 부하였던 그녀의 남편을 죽이고 빼앗은 여인이었습니다. 얼마나 마음속에 분노와 한을 품고 인생을 살았겠습니까? 이런 여인들의 이름 끝에 마리아란 예수의 어머니 이름이 거명되고 있습니다. 이것이 뜻하는 바를 찾아 이해하는 것이 성탄절 설교의 핵심 주제입니다. 이 주제로 넘어가기 전에 좀 더 부연 설명해야 할 부분이 있습니다. 우리는 가부장적 시기에 여성의 이름이 족보에 기록되는 것이 예사롭지 않음을 말했습니다. 사실 족보라는 것 자체가 가부장제 문화의 소산일 것입니다. 사회 통념상 미천한 여인들의 이름을 말하는 것 자체가 어려웠던 상황이었습니다. 그러나 숨기며 감추고 싶은 이 여인들의 이름이 예수의 족보 속에 명백하게 기록되어 있습니다. 놀라운 일이 아닐 수 없습니다.『예수 왕조』라는 책에는 유대인들에게 예수의 족보가 너무도 잘 알려져 있었기에 마태가 그리했다고 하였습니다. 그러나 그것이 대답이 될 수는 없습니다. 누가복음이 여인들의 이름을 제거했던 충분한 해명이 아닌 까닭입니다. 오히려 여인들의 이야기를 통해 예수 탄생의 의미를 달리 살피는 것이 옳다고 믿습니다.

　주지하듯 하나님은 유리하던 가난한 백성, 히브리 민족을 택하여 당신의 정의로움(義)을 이루려 했습니다. 자신들의 천한 역사 속에서 하나님을 발견한 그들은 약속에 힘입어 훌륭한 민족을 이뤘습니다. 그러나 '거룩'을 빌미로 선민選民됨을 특권으로 알게 된 그들을 하나님은 이방 민족의 손에 맡겼습니다. 땅을 잃고 유리하며 고통받는 식민지 백성이 되도록 했던 것입니다. 유대인들은 이후 자신들 안에서 고통의 해방자, 곧 메시아의 도래를 고대하고 있습니다. 그러나 성서는 족보를 통해서 유대인 지평을 넘어선 보편적 존재로서의 메시아를 말합니다. 예수의 피에는 이미 룻과 우리아의 아내의 기록이 말하듯 유대주의를 넘어선 이질적 요소가 담지되어 있기 때문입니다. 유대적 세계관에 갇혀 민족과 세계를 바라볼 경우, 그것은 예수족보의 의미를 간과할 수 있습니다. 그렇기에 앞서 언급한 네 명 여인들의 이야기 속에서 성탄의 신비를 찾아야 할 것입니다. 먼저 '다말' 속에서 우리는 운명을 바꾸는 힘으로서 성탄의 신비를 새롭게 통찰할 수 있습니다. 생존을 위한 여인의 정당한 항변이 관습과 체제로부터의 일탈을 가져올 수 있습니다. 역으로 말하자면 주어진 체제 안에 안주하여 일상을 사는 한 우리는 성탄의 신비와 무관한 존재가 된다는 것이겠지요. 성탄은 오늘 우리에게 운명을 거역할 수 있는 힘으로 다가옵니다. 운명에 맡겨 사는 무기력한 삶으로부터의 탈출을 의미한다고 하겠습니다. 기생 '라합'은 신분의 천함을 뒤로 하고 나라와 민족 무엇보다 하나님의 눈으로 세상을 바라본 존재였습니다. 하나님 눈으로 세상을 보려면 죽음을 무릅쓴 용기가 필요합니다. 뜻이 유사한 볼 견見과 볼 관觀이란 두 한자어가 있습니다. 두 글자 모두가 보는 것을 뜻하지만 전자는 밝은 대낮에 누구나 볼 수 있는 것을 말한다면 후자는 아무도 볼 수 없는 어두운 밤에 유독 올빼미가 보듯 홀로 볼 줄 아는 눈을 적시합니다. 성탄은 볼 수 없는 것을 보는 눈(觀)을 가지라 합니다. 눈앞의 현실에 움츠러들지 말고 하나님과 함께하는 현실을 창출하라는 것이지요.

'룻'은 이방 여인이었습니다. 먹고 사는 문제를 염려해야 할 만큼 절박한 삶을 살았던 존재였습니다. 예수의 피 속에 이방 여인의 피가 있다는 것은 그들의 아픔이 예수 안에 녹아 있음을 뜻합니다. 그렇기에 종족, 민족, 혈족 등 생득적으로 얻은 신분을 그리스도 예수 안에서 철폐시켜야 옳습니다. 그러므로 이 땅에 살고 있는 일백만 명 이상의 이주노동자들을 형제자매로 인정하는 사랑과 배려가 필요합니다. 어느 누구도 홀로 아프고 홀로 기쁜 세상을 인정할 수 없기 때문입니다. 성탄의 신비는 이런 세상을 만들어 온 우리에게 새 삶의 도전장을 던지고 있습니다.

'우리야의 아내'로 평생 이름 없이 존재한 여인의 한을 생각해 볼까요. 얼마나 많은 이들이 역사 속에서 이름 없이 불 꺼지듯 사라져 갔을까요? 이름을 남긴 뭇 영웅의 존재도 귀하지만 이름 석 자 남김없이 살다 간 민초들의 삶을 기억할 필요가 있습니다. 나라를 위해 목숨 바친 이름 없는 존재들을 기억하고 그 공로를 기억하는 것은 살아남은 자들의 몫입니다. 이들의 삶이 밑거름되었기에 오늘의 우리가 존재함을 감사하며 그들의 이름을 역사화하는 일 또한 성탄설의 의미일 것입니다.

바로 이런 여인들의 선상에 마리아라는 예수 모母의 이야기가 기록되었습니다. 앞서 언급한 『예수의 족보』라는 책은 마리아 역시도 당시 이런 여인들의 모습으로 평가받았을 것이라 추정합니다. 오히려 마리아의 이런 신분을 정당화하는 방편으로 앞선 네 명의 여인들을 족보에 올려놓았다는 단언도 서슴지 않습니다. 그러나 이 책 역시도 성탄의 신비를 약화弱化 내지 무화無化시킬 의도로 그리 말한 것이 아닙니다. 존재론적, 형이상학적으로 예수의 신비를 교리화하기보다는 탄생 사건 이면에 축적된 개인, 가족 그리고 민족과 인류의 아픈 역사를 통해 메시아의 신비를 달리 느껴(感)보기를 바랐던 것이지요. 마태복음서가 이렇듯 네 명의 여인을 언급하면서 마리아의 존재를 말했고 성령이 임했음을 강조한 것은 예수라는 존재에게 역사가 해결치 못한 모든 문제를 해결하는 힘이 있음을 고백할 목적에서였습니다. 따라서 예수 탄생의 신비는 존재의 신비라기보다는 그가 해야 할 일, 역사적 사명에 대한 신비라고 보는 것이 옳습니다. 그렇기에 성탄절에 우리에게 필요한 것 역시도 성령의 임재라 하겠습니다. 그때 마리아에게 임했던 성령이 오늘 우리에게 임할 수 있기를 간절히 소망해야 할 것입니다. 이로써 우리 역시도 고통받는 역사를 새롭게 만드는 주체가 될 수 있습니다.

그루터기에서 나온 힘

이사야 11:11, 누가복음 2:14

한 해의 끝자락에 성탄 절기가 있어서 참 좋습니다. 세상의 시간으로는 한 해가 저물고 끝나는 시점이지만, 기독교 신앙인인 저희에게 이 절기는 한 해의 말미에 있는 어느 날이 아니라 기다림과 새로운 시작을 갈망케 하는 아름다운 때입니다. 예나 지금이나 성탄의 사건은 기다림과 짝하는 개념임이 틀림없습니다. 그러나 현실의 우리는 연말의 분주함 속에서 기다림을 잊고 말았습니다. 기다림의 의미가 실종된다면 성탄의 의미 역시 희미해질 것입니다. 본래 성탄은 기다림 속에서 찾아온 사건입니다. BC 586년 바벨론의 포로가 되었던 이스라엘의 민족에게 그날에 대한 기다림은 너무도 간절했고 절실했었습니다. 구약 성서 이사야서에는 성탄의 사건과 의미론적으로 연관되는 수많은 구절이 있습니다. 이사야 11장 이하의 많은 구절이 '그날이 오면'이라는 말로 시작하고 있습니다. 강대국의 종살이를 하면서 그들이 꿈꿨던 그날, 그러나 그들은 단순히 이스라엘 민족의 해방만을 꿈꾸지 않았습니다. 온 세상이 이롭게 되고, 인간과 자연이 함께 공존하는 아름다운 세상을 바랐던 것입니다. 누구도 홀로 눈물 흘리지 않는 세상, 사자와 어린아이가 함께 뛰어노는 세상, 독사의 굴에 손을 넣어도 해 받지 않는 현실이 그들이 꿈꾼 세상이고, 바벨론의 참혹한 상황 속에서도 바랐던 '그날'이었습니다.

오늘 읽었던 누가복음서도 이스라엘이 꿈꿨던 그날을 신약성서의 방식으로 아주 아름답게 표현하고 있습니다. '하나님께는 영광이고 땅에서는 평화', 바로 이것이 성탄절의 알파요 오메가입니다. 강보에 싸여 누워 있는 아기는 이 땅의 평화를 드러내 보이는 하나의 표시일 것입니다. 그날에 이르러 이루어질 현실, 영광과 평화의 징표인 것이지요. 성탄은 이렇듯 그날을 소망하며 그날을 간절히 바라는 사람들의 삶 속에 일어나야 할 사건입니다. '그날'을 소망하는 사람들의 삶에서 일어나야 할 사건이기에 기다림은 너무도 중요한 우리들의 몫이 되었습니다. 하지만 영광과 평화의 꿈은 누구나 꿀 수 있는 것이 아닙니다. 권력자들은 예나 지금이나 하나님의 평화를 소망하지 않기 때문이지요. 하나님께는 영광이고 땅에서는 평화가 되는, 모두가 정의로운 세상은 가난한 사람들, 마음이 가난한 사람들에게 주어지는 은총일 뿐입니다.

이사야 본문을 읽으면서 한 상징적인 표현에 주목하였습니다. 성경에는 뿌리라고 나와 있는데, 뿌리라는 말보다도 그의 순수 우리말인 '그루터기'라는 말을 떠올려 본 것입니다. 뿌리라는 말과 그루터기라는 말이 온전히 같지는 않습니다. 줄기와 잎과 가지가 다 잘리고 맨 밑바닥에 남겨진 나무의 밑동을 이야기할 때 그것을 그루터기라고 하지요. 그루터기보다 더 밑에 있는 크게 감추어진 부분이 뿌리이겠지요. 그들이 뿌리라는 말을 쓴 이유는 '그날'의 시작이 다 사라져 버려 아무것도 없는 뿌리에서부터 비롯한다는 확신 때문일 것입니다. 이사야 시기에 유대 민족 중 가치가 있는 사람들, 쓸 만한 사람들, 건강한 사람들, 능력이 조금이라도 남아있는 사람들은 모두 바벨론의 포로로 끌려가 종살이를 했습니다. 유대 땅에 남아있는 사람들은 그야말로 병든 자, 노인들, 소위 별 볼 일 없는 사람들뿐이었지요. 앞날에 대한, 민족의 미래에 대한, 하나님의 미래에 대한 희망이 도무지 있을 수 없었습니다. 그럼에도 이사야는 별 볼 일 없는 사람들, 쓸모없는 사람들, 포로로조차 끌려가지 못하고 고국에 남아 있는 늙고 병든 사람들을 뿌리, 그루터기라고 하면서 그로부터 잎이 나고, 줄기가 나며, 결국 '그날'이 도래할 것을 믿었습니다. 이것이 바로 이사야의 '남은 자' 사상입니다. 성서 시대 이후를 살고 있는 오늘의 기독교인들에게도 이런 '남은 자' 사상은 여전히 중요합니다. 죽은 듯 보이는 뿌리, 나무의 밑동, 생명의 흔적조차 찾아볼 수 없는 그루터기, '남은 자'들, 그 속에서 무언가 새로운 희망이 움틀 것이라는 이야기가 바로 이사야의 증언이었으며 여기에 예수 탄생의 이야기가 덧붙여진 것입니다.

여기서 먼저 나무의 밑동, 그루터기, 뿌리라는 은유를 한번 생각해볼 필요가 있습니다. 오래전에 읽혀졌던 『아낌없이 주는 나무』라는 동화책을 기억하실 것입니다. 이 책에서 나무는 친구인 사람에게 여름에는 무성한 잎으로 그늘을 주고 가을에는 열매를 주며 늙고 지친 몸으로 의탁할 곳 없을 때는 밑동을 줌으로 안식을 제공하는 무한한 사랑의 존재로 그려집니다. 아낌없이 주는 나무, 그것이 바로 우리의 부모님이고, 하나님이며, 예수라는 것을 우리에게 가르치는 아주 아름다운 책입니다. 모든 것을 다 주고 자신의 밑동까지, 그루터기까지 아낌없이 내어주는 나무의 이미지에서 많은 사람들은 예수를, 하나님을 읽었고 느꼈으며 감사했습니다. 하지만 성서에서 말하는 밑동, 그루터기, 뿌리는 이런 상징만 내포하지 않습니다. 밑동이 '아낌없이 주는 나무'나 무한한 하나님의 사랑을 상징하기에 앞서 종말론석인 이미지를 제공하는 까닭입니다. 말라빠진 뿌리에서 희망, 즉 역사의 희망을 말하는 종말론적인 사고입니다. 아무 가치가 없는 존재들이었으나 그들은 미래를 위해 자신들을 '남은 자'로 생각했습니다. 세상적 가치로는 형편없고 무가치한 존재들이지만, 잡혀간 동료들에 비해 한없이 초라한 모습을 하고 있지만, 하나님의 미래를 위해 자신들이 '남은 자'의 역할을 감당할 수 있다고 믿은 것입니다.

며칠 전 TV에서 방송, 정치, 경제 심지어는 영화산업까지 지배하고 있는 미국 거주 유대인들의 삶을 보여 주었습니다. 힘겹게 살던 그들이 이렇듯 모든 것을 지배하게 된 이면을 살펴보는 것이 주제였습니다. 그들에겐 조상 때부터 끊임없이 내려오는 '남은 자' 사상에 관한 지속적인 '스토리텔링storytelling'이 있었던 것입니다. 바로 그 이야기를 통해서 상상력이 발휘되었고 새로운 비전이 생겨났으며, 희망을 키울 수 있었습니다. 하나님의 명령을 받고 떠나는 출애굽의 이야기, 포로기의 억압, 그 억압 속에서도 살아남은 자들의 이야기들이 그들에게 스토리텔링의 방식으로 전해졌던바, 그것이 상상력을 자극했고 오늘 유대인의 현실적인 삶을 일궈낸 원동력이었습니다. 그 중심에 바로 '남은 자'의 이야기가 있었던 것이지요.

밖으로 드러난 화려한 것은 다 사라져 버렸습니다. 본래 그들 역시도 한때는 영광의 민족이었습니다. 다윗과 솔로몬의 영광된 시대가 있었으나 지금은 머나먼 과거의 이야기일 뿐입니다. 그럼에도 앙상하게 된 그루터기를 자신들의 실상으로 여기면서 그 속에서 생명력이 이어질 것을 믿었습니다. 말라빠진 그루터기와 같은 현실에서 '그날'에 대한 믿음이 생겨난 것은 참으로 놀라운 일입니다. 사실 그루터기란 더 이상 살아있다고 볼 수 없는 시체와도 같습니다. 그럴수록 그 속에서 싹이 나고, 줄기가 나며, 열매 맺을 것을 노래한 이사야의 믿음과 통찰이 놀랍습니다. 위대한 신학자 본회퍼는 십자가상의 마지막 절망의 순간에서도 하나님에 대한 믿음을 저버리지 않은 예수에게서 그의 위대함을 보았습니다. '내 영혼을 당신 손에 맡깁니다.'는 십자가상의 마지막 말에서 그의 위대함을 읽었던 것입니다. 이 말은 지금 '남은 자'로서의 유대인들에게도 해당되는 말입니다. 그들은 그루터기만 남은 자신들의 마지막 현실에서 '그날'을 보았고 믿었던 것이지요.

이사야서 11장 11절 내용이 바로 그것입니다. '그날'에 이새의 뿌리에서 한 싹이 나서 만민이 같이 설 것이요. 영광이 그에게로 돌아오리니 그가 더할 것이 영화로움이라 했습니다. 이 말은 "하늘에는 영광이요 땅에는 평화로다"라는 이야기와 다르지 않습니다. '그날'에 대한 이야기인 까닭입니다. 이제 본문 말씀을 우리 삶의 현실로 옮겨 보겠습니다. 성탄은 분명 세상의 평화를 가져온 사건입니다. 그러나 실상 우리 삶의 내적 현실은 전혀 평화롭지 못합니다. 우리 자신을 보더라도 생명력이 있다고 보기 어려울 만큼 말라빠진 그루터기의 모습을 하고 있습니다. 당시는 바벨론의 포로로 인해 암울했지만, 지금은 스스로 만든 욕심의 감옥, 욕망의 감옥, 시기, 경쟁의 감옥에 갇혀 있는 까닭입니다. 하지만 '남은 자'

로서 그날에 대한 꿈을 가지고 살고 있던 사람들에 비하면 오늘 우리의 상상력은 너무도 형편없이 초라해졌습니다. 우리의 생각 속에는 없어도 좋을 것으로 가득 차있기 때문입니다. 성서에는 마음이 가난한 자가 하나님을 볼 것이라고 했습니다. 하나님을 본다는 것은 상상력의 열매일 것입니다. 그러나 우리 속에는 하나님을 볼 수도, 예수가 꿈꿨던 평화도 품을 수 없을 만큼 헛된 것으로 가득 차 있습니다. 마음이 가난해야 올바른 꿈을 꿀 수 있고, '그날'을 그리워할 수 있으며, '남은 자'늘의 삶을 살아낼 수 있음에도 말이지요. 성탄절은 생명이 솟아날 것 같지 않은 암울한 현실에서 잎과 줄기가 나올 것을 믿고 기뻐하는 날입니다. '그날'을 마음에 품는 날이란 것입니다. 나 자신을 봐도, 세상을 둘러봐도 '그날'이 올 것 같지 않음에도 말입니다. 성탄은 우리에게 마음을 가난케 하여 하나님을 보라 하며 '그날'을 진정으로 그리워하라고 말하고 있습니다.

강보에 싸여 있는 아기 예수는 '그날'의 한 표시입니다. 그러나 표시보다 중요한 것은 새로운 삶을 자기 자신에게서 탄생시키는 일입니다. 그래서 성탄은 특정한 날이 아니라 일상 가운데 우리들 속에서 새롭게 아기가 태어난 날(A Child in new born)을 일컫습니다. 밑동, 그루터기처럼 말라버린 삶의 모습이지만, 거듭 실패하고, 좌절하고, 낙망하더라도 말라빠진 그루터기에서 '그날'을 기대하라는 것이지요. 부패한 상상력, 헛된 것으로 가득 채워져 있는 우리의 사고를 비워서 한 번도 가난해 본 적이 없는 우리의 마음을 열어젖혀 '그날'을 소생시키라고 성탄은 말하고 있습니다.

그 길(Hodos)!

갈라디아 2:19-20, 마가복음 8:34, 고린도후서 5:17

지금으로부터 130년 전 4월 5일 오늘도 부활절이었습니다. 130년 만에 부활의 날이 이처럼 겹친 것이 예사롭지 않아 보입니다. 그날 부활절 아침에 아펜셀러 선교사 부부와 총각 목사 언더우드가 인천 항구에 첫발을 내디뎠습니다. 좋은 것 뒤로 하고 자신들 삶을 셈하지 않은 채로 멀고 낯선 땅 한국에 기독교 진리를 위해 자신의 삶을 바치고자 한 까닭입니다. 부활은 물론 기독교(야소교) 란 말조차 생소했던 우리 민족에게 그들의 '발길'은 참으로 고맙고 귀한 일이었지요. 그로부터 130년이라는 긴 세월이 훌쩍 지났습니다. 그들 덕에 수백만 명의 신도를 거느려 장자 교단이 된 감리교회, 장로교회는 이들 선교사를 대단하게 기념할 모양입니다. 실로 그들로 인해 개화가 시작되었고, 부분적이긴 하나 독립의식이 싹텄으며, 후일 민주화, 경제화의 길이 열렸으니 그리해도 좋을 것입니다. 하지만 오늘의 교회는 그들이 걸었던 '길'에 대한 감각을 놓쳐버렸습니다. 그들을 기억할 자격을 잃은 것입니다. 혹자는 오늘 한국교회의 병폐로 영적 치매, 영적 자폐 그리고 영적 방종을 들고 있지요. 자신의 근원과 본분을 잊었고 자신 속에 안주했으며 자기 유지를 위해 하나님 영을 오용했기 때문입니다. 지금 부활의 절기에 그들 선교사를 기념코자 한다면 그들이 걸었던 '길', 그에 대한 감각부터 회복해야 옳을 것입니다. 당시로선 낯설고 물 설은 죽음의 길, 이 '길'에 자신을 던졌던 그들, 그들을 이 '길'로 추동한 하나님에 대해 다시 생각할 일입니다. 이들의 발길로 인해 부활은 분명 이 땅에 새롭고 충격적인 '사건'이 되었습니다. 그러나 오늘의 부활은 사건을 만들 수 없고 삶을 창조하지 못합니다. 죽은 부활절이 되고만 탓입니다. 그 '길'을 잃었고 잊었기에 부활은 교리이자 역사의 한 조각일 뿐 사건으로 재현되지 않고 있습니다. 그 '길'을 찾아 그 '길'을 걸을 때 비로소 부활은 우리 삶을 새롭게 구성, 창조하는 사건이 될 수 있을 것입니다. 그리스도 안에서 '새로운 피조물'이 되었다는 성서 말씀이 바로 그것이겠지요. 태초의 천지창조가 있었듯 부활 역시 우리를 새로운 피조물로 만드는 사건입니다. 하지만 우리 안에서 우리 자신을 달리 만들 수 없기에, 여전히 그날이 그날처럼 경험되는 탓에 우리의 신앙, 그것을 부활절에 되물을 일입니다. 두 선교사를 통해 이 땅, 이민족에게서 사건을 만들어준 130년 전의 부활절이 한없이 그립습니다. 그들로 하여금 이런 '길'을 걷게 한 부활의 아침을 우리도 맞고 싶습니다.

지금으로부터 정확히 70년 전 한 독일 신학자가 히틀러 치하의 감옥소에서 나치 정권에 의해 처형당했습니다. 그 이름은 본회퍼. 천재 신학자로 불렸던 그가 39살의 나이로 1945년 4월 9일에 아깝게 목숨을 잃은 것입니다. 당시 독일에 그가 없었다고 한다면 히틀러를 메시아로 고백한 다수 교회는 세상에, 역사 앞에 고개를 들 수 없었겠지요. 유대인에게 독일 시민권을 비롯한 일체 권리를 빼앗고 예수를 죽인 죄를 유대인에게 돌려 그들의 목숨마저 빼앗고자 하는 히틀러 광기에 독일 교회는 동조했으나, 본회퍼를 비롯한 극소수의 기독교인들만이 이에 저항했던 까닭입니다. 히틀러 정권에 맞서다 본회퍼는 저항의 화신으로서 천재 신학자의 삶을 마감해야만 했습니다. 그에게도 다른 길, 다른 선택이 가능했으나 본회퍼 그는 이 '길'을 피하지 않았습니다. 그의 재능을 알아보고 전체주의(파시즘) 체제로부터 그를 미국으로 피신시킨 신학자 그룹이 있었습니다. 라인홀드 니버를 비롯한 미국의 유명 신학자들이 그에게 1939년 미국 유니온 신학교에서 가르치고 연구할 기회를 주었던 것이지요. 새로운 경험을 하며 한순간 독일을 잊을 수 있었으나 본회퍼의 마음은 결코 편하지 않았습니다. 날로 악화되는 조국의 정치적 상황을 언론을 통해 접했기 때문입니다. 급기야 몇 개월 지나지 않아서 동료들의 만류에도 불구하고, 자신의 미래가 위험에 처할 것을 알면서도, 본회퍼는 귀국을 선택합니다. 이런 그의 결정 이면에는 다음과 같은 사건이 있었습니다. 어느 날 성서를 읽다가 본회퍼는 디모데후서의 한 말씀에 눈길을 멈추었습니다. 바울의 제자 디모데를 향한 교회의 간절한 청원을 담은 것으로 본문은 이렇습니다. "겨울 전에 너는 어서 오라…"(4:21). 본회퍼는 이 말씀을 독일 교회가 자신을 부르는 말씀으로 읽은 나머지 괴로워했습니다. 당시 그의 일기 한 토막을 소개합니다. "이 말씀은 온종일 나에게서 떠나지 않고 있다. 마치 잠시 휴가를 받아 고향에 머물다가 다시 전투에 임해야 하는 병사처럼…. '겨울 전에 너는 어서 오라.' 나는 이 말씀을 나 자신의 삶에 적용하더라도 한 치의 오류가 없을 것이라 확신하였다." 독일행 배 위에서 기록한 이런 말도 남아있습니다. "이 배를 타고나서부터는 나의 앞날에 대한 염려가 사라졌고, 미국 체류에 대한 아쉬움 역시 없어졌고, 후회가 되지 않았다." 미국에 체류했다면 39살의 나이에 죽을 이유가 없었을 본회퍼 목사, 그런 그에게 하나님은 이 '길'을 걷게 하셨습니다. 그의 죽음이 없었다면 교회가 죽어야 했던 탓에 하나님은 예수 생애 마지막 일주일에 예수가 걷던 그 '길'Hodos로 그를 몰아세운 것입니다. 그 '길'은 자신의 삶을 이해하지 못하는 제자들을 향해 피 토하듯 뱉으신 '누구든지 나를 좇고자 하면 자기를 부정하고 자기 십자가를 지고 좇으라' 했던 바로 그 '길'이었습니다. 예수 그리스도가 유일한 길과 진리라 성서가 말할 때 그 '길'은 바로 이 '길'과 같습니다. 그리스도가 유일한 '길'이란 말은 죽음을 각오한 본회퍼의 귀향길과 다를 수 없습니다. 이 길은 기독교인들 앞에 제시된 '새길'로서 국가에 맞서 개인을, 총칼에 맞서 양심을 살려낸 부활의 길이었습니다. 한 알의 밀알이 땅에서 죽었기에 새로운 생명이 움텄던 것입니다. 부활은 교리가 아니라 삶의 리얼리티입니다. 그렇기에 성서는 고난을 피하려는 우리에게 오히려 그것이 유익하다 감히 말하고 있습니다. 이것이 본회퍼가 고난을 주제로 한 '시편 명상'을 특히 좋아한 이유랍니다.

바로 1년 전, 그때는 부활절이 세월호 참사가 발생한 지 3일 지난 시점이었습니다. 올해는 세월호 1주기에 열흘 앞서 부활절이 찾아왔습니다. 앞으로도 세월호 참사와 이 땅의 부활절은 앞서거나 뒤서며 함께 생각될 수밖에 없는 운명이 될 것입니다. 지난해 우리는 304명의 생명을 바닷속 깊은 곳에 놓아둔 채 부활절 찬양을 불러야 했습니다. '사셨다, 사셨다, 예수 다시 사셨다'는 찬송이 그때처럼 무기력한 적도 없었습니다. 그 이후 소위 대형 교회를 중심으로 한 이 땅의 기독교 교회는 유족들에게 자신들의 민낯을 여실히 보여주었지요. 세월호 참사에 국가가 없었기에 시민들은 이것이 국가인가를 물었고, 지친 유족들이 교회의 힘을 요구하였을 때 기독교는 함께 분노하지도 그들 곁에 서 있지도 못했습니다. 자식의 죽음을 실시간 지켜보아야 했던 부모들의 고통은 십자가에 매달린 예수를 바라본 마리아의 심정과 견줘도 결코 지나치지 않았음에도 말입니다. 우리가 아는 대로 세월호 참사는 급성장한 이 땅의 총체적 부실의 실상이었습니다. 이것의 진실을 옳게 밝힐 수 없다면 대한민국은 한 치도 앞으로 나아갈 수 없다고 믿었습니다. 그렇기에 우리는 세월호 참사를 이 땅을 위한 하나님의 경고라 여겼고, 그들의 죽음을 헛되이 않고자 진실을 덮는 이들과의 싸움을 시작한 것입니다. 우리에게 이것은 특정 정당이나 이념을 편드는 정치 투쟁이 아니라, 기억을 지우려는 자들과 맞서는 진리 투쟁이었습니다. 주지하듯 정부와 언론은 구조 과정에서부터 거짓을 일삼았지요. 혹은 사람들의 피로감을 부추겨 그만할 것을 추동했습니다. 하지만 이 땅을 찾았던 교종은 아직 우리의 슬픔은 끝나지 않았다고 말해 주었습니다. 오히려 더욱 애도할 것을 주문했습니다. 최근에도 그는 교황청을 방문한 한국의 주교들에게 세월호 유족들의 근황을 물었다 합니다. 아직 우리는 너무도 많은 질문과 의문을 갖고 있습니다. 피곤키는커녕 알 권리를 침해당해 궁금할 뿐이며 그럴수록 분노가 그치지를 않습니다. 정부는 유병언을 희생시켜 세월호 참사를 묻고자 했지만 지금 그것이 얼마나 코미디였는지를 세상이 알고 있지 않습니까? 우리는 지금보다 더 많이 묻고 알아야 할 책임이 있습니다. '예/아니오'를 분명히 하라는 예수의 심중을 조금이라도 헤아린다면 우리 기독교인의 태도는 많이 달랐어야 했습니다. 다수 유족들이 자신들이 다니던 교회로부터 원치 않게 축출되었다 합니다. 그들 존재가 벌써 교회 내에서 불편해졌던 까닭입니다. '우는 자와 함께 울라'라는 성서의 말씀을 잊은 영적 치매, 영적 방종에 빠진 교회의 모습을 바로 여기서 봅니다. 우리 역시도 그들 '곁'에 다가서지 못했고, 세월호 기억을 잊은 채로 지난 1년을 살았고, 그때 그 부활절을 다시 맞고 있습니다. 니체가 기독교인들을 싫어한 이유 중 하나는 한두 차례 자비를 베풀며 그것으로 자신들의 책임을 다했다는 도덕적 우월의식 때문이었습니다. 우리도 예외가 아닐 것입니다. 우리는 강도 만난 자를 향한 선한 사마리아인의 이야기를 들어 잘 알고 있을 것입니다. 그 역시도 조상 대대로 원수지간인 강도 만난 '유대인'을 제사장이나 율법학자처럼 지나쳐 갈 수 있었으나 그리하지 않고 끝까지 책임졌지요. 예수는 이런 사마리아인의 삶을 영생이라 일컬었습니다. 이것은 바로 현장現場이 바로 내게 꽃으로 다가왔다는 오재식 선생님의 증언과 다르지 않습니다. 지난 1년간 유족들은 여러 면에서 대단한 삶을 살아냈습니다. 오히려 그들이 우리에게 새로운 '길'을 보여주었습니다. '돈(錢)'이냐 '참(眞)'이냐의 기로에서 그들은 '참'을 선택했기 때문입니다. 사건 사고가 발생하면 항시 돈이 개입되어 비인간적 상황을 초래합니다. 세월호 유족들도 벌써 수차례 이런 처지에 놓일 운명이었습니다. 지지하는 정당도 달랐고, 배운 정도도 같지 않았으며, 모두가 가난했지만 돈(錢) 때문에 흩어지지는 않았습니다. 1주기가 목전인 지금까지 정부는 돈으로 참사를 마무리 짓고자 하니 이 정부의 수준을 가늠할 수 있습니다. 한 유족이 보내온 글 한 편을 소개합니다.

예상했던 대로 돌아가네요. 진상조사 제대로 해달라고, 남은 이들 찾아 달라고 하는데 돈다발 집어 던지며 먹고 떨어지라고. 거기에다 온 국민의 욕도 보너스로 주겠다 하니 이게 나라인가요?

이렇듯 세월호 참사는 유족을 달리 만들었습니다. 다른 '길'을 걷게 한 것입니다. 자식의 죽음조차 돈이면 해결될 것이라 믿는 권력자들을 맘껏 비웃고 있습니다. 이 일은 결코 쉬운 일이 아닙니다. 지쳐 그만두고 싶으나 그만둘 수 없는 유족들, 그들은 자식의 죽음을 단연코 돈으로 바꾸지 않을 것입니다. 세월호 유족들, 어머니들마저 삭발 단식하며 이런 정부 행태에 저항하고 있습니다. 세월호 참사는 이처럼 유족들을 깨쳐 공적 삶으로 끌어냈습니다. 자기 일, 자기 집만 알고 살던 과거의 모습과는 너무도 달라져 있는 것이지요. 그들은 지금 이 땅을 지켰던 옛적의 의병과 닮았습니다. 분명 우리의 미래는 이들의 희생에 빚지게 될 것입니다. 일찍이 민중 신학자 안병무는 부활을 민중의 깨어남이라 했지요. 이렇듯 삶을 전혀 달리 만드는 사건을 경험했으니 그들이 우리보다 부활에 근접해 있습니다. 부활 이후 자신의 출발지였던 갈릴리로 제자들을 부르신 예수는 이런 방식으로 세상을 바꾸고자 했을 것입니다. 그런데 문제는 정작 우리 기독교인들이 이런 '길'에 눈길을 주지 않는다는 사실입니다. 우리에게 지금 그 '길'(호도스)이 실종된 것입니다. 예수의 꿈과 비전에 낯선 존재들이 되어 버린 것입니다.

초대교회 교우들에게 예수가 주님이란 고백은 로마제국이, 아니 그 어떤 군주라도 그가 주님이 될 수 없다는 뜻을 지녔다 합니다. 오늘 우리들에게도 그런지 묻고 싶습니다. 우리의 궁극적 관심이 진정 자식 잃은 부모들처럼 '참'(眞)에 있는 것인지 자문해야 할 것입니다. 그 '길'을 찾은 유족들은 부활했으나, 그들 '곁'에 머물지 못한 우리 기독교인들에겐 부활이 여전히 낯설어 보입니다. 강도 만난 사람 곁에 머물며 영생의 길에 들어선 새로운 삶, 부활의 존재가 될 것을 간절히 염원합니다.

2015년 부활절은 여러모로 특별합니다. 아펜젤러/언더우드의 길, 본 회퍼 목사의 길 그리고 세월호의 길이 함께 우리 앞에 제시되어 있는 탓입니다. 그 길이 분명 예수의 길(호도스)이었기에 우리 역시 따라 걸어야 할 길입니다. 예수께서는 2015년 부활절에 이 '길'을 걷다 우리 역시도 그 '길'이 될 것을 요구할 것입니다.

부활,
두려움일까 기쁨일까

마가복음 16:1-8

마가복음에 나와 있는 부활 기사를 택해 같이 읽었습니다. 지난주 도올 김용옥 선생으로부터 전화 한 통화를 받았습니다. 그간 Q복음서와 도마복음서를 집필하는 과정에서 도올과 더불어 몇 차례의 대화를 나눈 적이 있었습니다. 며칠 전, 책이 다 되었노라는 말과 함께 사람을 시켜 완성본을 직접 보내주었습니다. 그가 Q복음서와 도마복음서를 집필한 것은 그 속에 예수의 순수 어록이 기록되어 있기 때문입니다. Q복음서와 도마복음서는 내용적으로 30% 이상 겹쳐있다 합니다. 그러나 흥미롭게도 이들 문서 속에 부활기사가 담겨 있지 않았습니다. 주지하듯 복음서의 부활 기사는 오로지 바울서신에 토대했던 것입니다. 역사적으로 예수를 경험해 본 적이 없었기에 바울 서신들은 예수의 어록과 전혀 무관했습니다. 바울식으로 풀어낸 부활에 대한 증언만이 무수할 뿐입니다. 그럼에도 바울 서신이 먼저 쓰여졌고, 그 서신들을 기초로 최초의 복음서가 생겨났던 것은 틀림없습니다. 마가복음서가 쓰인 목적 중 하나가 어록이 담기지 않은 바울서신에 역사적으로 사셨던 예수의 삶을 덧입히는 것이었습니다. 복음서의 기록 방식이 바울서신과 달라진 이유입니다.

오늘 읽은 마가복음 뒷부분인 16장 9절부터 20절까지는 마가서가 처음 기록될 당시에는 없었던 부분이었습니다. AD.2세기경 부활신앙이 교회 내에 보편화되기 시작하면서 예수의 현현 기사로 보충된 9절 이하의 내용이 첨언 되었던 것입니다. 이것은 바울 서신과는 달리 애당초 마가에게 부활이 익숙한 개념이 아니었음을 반증합니다. 최초 예수 어록을 담지한 Q복음서와 도마복음서 등에 부활에 대한 언급이 전혀 없었다는 것도 사실입니다. 그럼에도 복음서기자들은 바울 서신을 근간 삼아 확산 중이던 부활개념을 수용했고 이를 자신들 복음서에 기록하기 시작했습니다. 최초의 복음서인 마가서에 부활 기사가 추후 보충된 것도 이런 배경에서였습니다. 이 과정에서 바울적인 부활 개념과 복음서 기자들의 부활 사상 간에 차이가 생겼고 강조점이 달라졌다는 것이 중론입니다. 오는 설교에서는 이점을 생각해 보렵니다.

일반적으로 예수의 부활은 양 극단 사이에서 이해되어왔습니다. 첫째는 죽었던 예수의 육체적 부활을 객관적인 사건으로 고백하는 시각입니다. 그래서 그들은 빈 무덤 설을 근거로 부활의 사실성을 강조했습니다. 무덤이 비어있었기에 예수의 육체적 부활이 객관적이란 것입니다. 두 번째는 부활을 예수의 죽음을 깊게 애도하던 제자들의 마음에서 일어났던 주관적인 사건으로 보는 입장입니다. 예수를 간절히 사모하고 안타까워하던 제자들의 마음속에서 생겨난 확신, 이것을 일컬어 부활이라 했습니다. 그러나 복음서 기자들의 부활 기사를 보면 객관적인 것, 주관적인 것만도 아닌 상실감의 고통 속에서 있었던 제자들에게서 일어난 주객 동시적인 사건으로 이해하는 것이 옳습니다. 예수의 부활은 곧 제자들의 부활이었고 제자들의 부활은 곧 동시에 예수의 부활이었다는 것입니다. 두려움에 떨었던 제자들이 무서움을 떨치고 예수를 다시 기억하며 가르침대로 살아내기 시작했다는 것 그것이 바로 부활의 실상이란 것입니다. 물론 예수의 부활이 없었으면 제자들 역시 다시 용기를 낼 수 없었을 것이 분명합니다. 따라서 제자들의 부활은 예수의 부활이었고 예수의 부활은 동시에 제자들의 부활이었습니다. 따라서 부활 사건의 핵심은 절망과 고통과 좌절 속에 있었던 제자들이 예수의 삶을 자신들 속에 체현시켜 온몸으로 살아냈다는 데 있습니다.

예수의 부활을 제자들의 예수살기와 연결시킬 때 몇 가지 질문과 대답이 필요합니다. 첫째는 예수의 부활이 무엇에 대한 부활이었는가 하는 것입니다. 예수는 자기 민족을 로마 하수인으로 만든 헤롯의 독재와 싸웠고, 사두개파, 바리새파인들의 종교적 허세와 맞섰으며 사람대접 못받는 이들에게 하나님의 나라를 가르쳤던 존재였습니다. 백사천난百死千難의 고통 속에서도 하나님 나라를 변절치 않고 끝까지 선포했고, 감람산에서 아버지의 뜻을 묻고 천명에 승복했던 분이었습니다. 그래서 예수는 권력자들과 종교인들에 의해 내란 음모자로서 십자가 극형에 처해졌습니다. 이런 예수를 전 인류를 위한 대속적인 죽음의 존재로 고백한 것은 후대의 일이었습니다. 십자가 처형 이후 제자들은 절망했고 예수와 함께했던 삶을 청산하고 숨었습니다. 예수의 죽음과 더불어 사실상 제자들도 죽었던 것입니다. 하지만 죽었던 예수가 다시 살아났다는 것이 성서의 증언입니다. 그렇다면, 예수의 부활을 선포한 사람이 누구였는가 하는 다음 질문이 중요합니다. 예수를 잡아 죽였던 그들이 예수의 부활을 선포했겠습니까. 당시 종교지도자들이 부활을 선포했겠습니까. 물론 아닐 것입니다. 예수의 죽음 이후 예수의 시신조차 지키지 못할 만큼 무기력한 존재였던 그들이 바로 예수의 부활을 선포했던 것입니다. 따라서 다음으로 중요한 것은 무기력했던 제자들에 의한 부활 선포의 의미에 관한 것입니다. 예수의 죽음과 함께 죽었던 제자들이 부활을 선포했다는 것이 뜻하는 바가 무엇일까요? 비겁했고 두려움에 떨었던 이들이 공개적으로 부활을 말하기 시작했다는 것은 예수가 전파했던 가르침과 그 삶을 계승하겠다는 자기 선언이었습니다. 예수의 죽음을 경험한 순간, 나약했고, 비굴했고, 무서워 도망쳤으나 이제 예수와 일치된 길을 걷겠다고 나선 것입니다. 이 점에서 부활한 예수는 부활을 선포하며 예수와 같은 길을 걸어가겠다고 하는 제자들과 다르지 않습니다. 제자 자신들이 바로 부활한 예수가 되었다 해도 뜻에 있어 잘못될 수 없습니다. 예수의 부활은 제자들의 부활과 같은 사건의 다른 표현일 뿐 객관적인 것도 순수 주관적인 것도 아니란 것이지요. 네 번째 마지막 질문입니다. 그렇다면 예수는 언제 어디에서 부활한 것일까요. 물론 성서는 예수께서 죽은 지 3일 뒤에 부활했다고 증언합니다. 여기서 3일이라고 하는 시간은 별로 중요하지 않습니다. 3일 동안 예수께서 음부에 내려가서 예수 이전에 죽었던 사람들을 구원하려 했다는 해석도 있으나 정작 성서에는 그런 말이 없습니다. 3이라고 하는 숫자에는 큰 의미가 실려 있지 않습니다. 숫자는 절망했던 제자들이 예수를 살아내려고 다짐한 특별한 시점을 가리킨다고 보아도 좋겠습니다. 오히려 부활한 예수가 제자들을 공생애의 출발지였던 갈릴리로 보냈던 것에 더욱 깊이 유념할 일입니다. 당대의 고통 받는 이들과 먹고 마시며 하늘나라를 선포했던 갈릴리에서 예수와 제자들이 함께, 다시 살아난 것입니다.

　절망과 좌절로부터 나도 그 길을 걷겠다고 하는 삶의 반전이 예수 죽은 후 3일 만에 일어났다면 이것은 대단히 빠른 진행이 아닐 수 없습니다. 제자들이 그만큼 빨리 정신을 차렸다고 하는 증거입니다. 이런 대 반전은 예수가 죽은 지 몇 년이 지났든 간에 지금도 일어날 수 있음을 적시합니다. 3일 만에 부활할 수도 있고, 10년 만에 부활할 수도 있고, 100년 만에 부활할 수도 있을 것입니다. 그러나 불행하게도 오늘 우리 시대에 부활을 자신의 삶으로 살아내는 이가 없는 것 같아 두렵습니다. 예수의 죽음 이후 그 가르침과 삶을 계승하려는 사람이 없어진 탓입니다. 삶의 반전을 꾀하는 사람들이 실종된 것입니다. 예수가 죽은 지 3일 만에 부활했다면 2,000년이 지난 지금 그 예수는 다시 부활해야 옳습니다. 언제든 예수는 부활할 수 있고 부활해야만 합니다. 그것이 부활절 예배를 드리는 우리들의 정직한 바람일 것입니다. 그 옛날 죽음의 공포를 딛고, 상실을 넘어서 예수의 가르침과 삶을 따라 예수사람이 된 제자들이 있었듯이 그런 존재들이 출현해야 옳습니다. 예수의 삶과 가르침, 그것을 이루어내는 일이 예수가 다시 살아났고 아직도 살아있는 뜻인 까닭입니다.

　우리는 종종 예수가 육체적으로 부활했다는 말을 강조합니다. 불교는 윤회전생輪廻轉生을 말하고, 유교는 초혼복백招魂復魄을 말하는 종교이며, 기독교는 부활영생復活永生을 고백하는 종교적 상징체계를 가지고 있습니다. 윤회전생, 초혼복백, 부활영생, 각자의 종교에서 이런 개념들이 발생하기 전에 '환생'이라는 공통분모가 있었다고 합니다. 어느 종교를 막론하고 기본적인 모티브는 환생이라는 것이지요. 몸은 죽어도 영혼이 죽지 않는다는 말이겠습니다. 육체는 죽어도 영혼은 죽지 않는다는 환생 사상이 모든 종교의 기본 모티브였으나 그것이 각각 다른 방식으로 전개되어 기독교의 경우 영혼의 불멸설을 넘어 육체적 부활이란 신념 체계로 발전되었다는 것입니다. 이에 더해 우리의 관심은 복음서 기자들에게 육체적 부활이 의미했던 바가 무엇인가 하는 데 있습니다. 예수가 육체적으로 부활했다는 것은 예수를 따랐던 제자들이 마음으로만 동의했다거나 오늘 우리처럼 교리(머리)로만 이해한 것이 아니라 그의 삶과 죽음 전체를 온몸으로 사랑했음을 뜻합니다. 그들에게 육체의 부활은 오로지 '내가 몸으로 예수의 삶을 이루겠다'는 고백이었던 것입니다. 이것이 바로 복음서기자들이 우리에게 가르치는 부활 이야기입니다. 온몸으로 예수를 살아내고자 하는 것, 이것이 몸의 부활을 믿는 기독교의 정신인 것이지요.

이 점에서 사도바울의 부활사상과 복음서의 부활사상 간에서 차이를 봅니다. 복음서에는 최후의 만찬 때 예수께서 잔을 먼저 들고 빵을 나중에 먹는 것으로 기록되어 있습니다. 잔을 든다고 하는 것은 나를 따르라는 의미일 것입니다. 바울에게서는 잔을 따르는 것에 앞서 빵을 떼는 것이 우선됩니다. 빵을 떼는 것은 모두가 그리스도 안에서 한 몸을 지닌 존재임을 각성시킬 목적에서입니다. 공동체적 일치(화해)에 무게중심을 둔 바울과 견줄 때 복음서는 이렇듯 온몸을 다 바쳐 '나를 따르라'는 십자가의 길을 강조합니다. 십자가를 짊어지는 것이 육체적 부활이라는 것이 복음서의 부활 증언입니다. 이렇듯 육체적인 부활은 교리적으로가 아니라 실제적으로 변화된 삶을 요구합니다. 육체부활이 남과 나를 가르는 하나의 교리로만 남아있는 것이 안타깝습니다. 육체적 부활이란 예수 삶을 온몸으로 살아내겠다는 우리의 다짐을 요구할 뿐입니다.

그렇기에 부활이 우리에게 기쁜 소식인가를 다시 반문해 봅니다. 실상 예수를 죽이는 일에 가담했던 당시 사람들에게 예수의 부활은 불길하고, 고통스럽고, 지우고 싶은 소식이었습니다. 그래서 그를 유언비어라고 폄하했을 것입니다. 복음서가 증언하는 예수 부활이 우리에게 무거운 멍에로 느껴지고 괴로울 수도 있을 것입니다. 온몸으로 예수살기를 요구하는 예수의 부활이 우리를 힘들게 하는 탓입니다. 교리 속에 안주하여 삶과 유리된 채로 육체의 부활을 편히 믿고, 아픈 현실을 잊고 싶을 것입니다. 그래서 다시금 묻습니다. '부활이 정말 기쁜 사건이 되었는가?'라고 말입니다. 부활을 강조하는 이유가 있습니다. 세상이 주는 기쁨에 우리 자신의 한계를 여실히 경험했기 때문입니다. 세상이 주는 기쁨은 결코 한 치 앞으로 자신의 발걸음을 내딛게 할 수 없습니다. 그러나 예수 살기는 힘들지만 우리에게 큰 기쁨을 줍니다. 전혀 다른 삶, 영생이라 불리는 삶을 알게 한 탓입니다. 그래서 감히 말씀드립니다. 우리의 부활이 없다면 예수 부활도 결코 우리의 것이 될 수 없다고 말입니다. 예수 부활은 우리 자신을 달리 만드는 사건일 뿐입니다.

엠마오 도상과 디베랴 호숫가에 나타나신 부활의 예수

누가복음 24:15-27, 요한복음 21:1-14

새봄과 함께 올해도 부활의 절기가 도래했습니다. 해마다 부활을 주제로 설교해야 하는 목사들로서는 이 절기가 괴로울 수도 있습니다. 성도들로서는 특별헌금을 해야 하는 부담스러운 주일일 수도 있을 것입니다. 기독교를 부활의 종교로 믿고 가르치는 교회들이 실상은 부활 사건을 진지하게 가르치지 못하는 것도 걱정스럽습니다. 고난 주간을 보내며 예수의 고통을 자신의 아픔과 동병상련하는 교인들은 있어도 부활을 삶의 리얼리티로 체험하는 사람들이 눈에 띄지 않습니다. 심지어는 이웃 종교 불교의 윤회전생설을 더 사실적인 것으로 받아들이는 사람들도 생겨나는 중입니다. 왜 부활의 의미가 이렇게 축소 내지는 간과되어 가는 것일까요? 그럴수록 안식 후 첫날 예수를 알던 모든 사람이 골고다 언덕과는 다른 방향으로 분주히 발을 옮기고 있을 때, 이른 새벽 홀로 예수 죽음의 현장으로 발길을 향하고 있었던 몇몇 여인들을 기억해 보아야 할 것입니다. 무엇이 그들로 하여금 두려움을 극복하고 골고다 언덕으로 발걸음을 옮기게 했을까요. 우리 역시도 성서가 증거하는 부활하신 예수의 모습을 새롭게 배움으로써 교회가 직면한 위기를 넘어가야 할 것입니다.

예수 부활을 증거하는 여러 본문 중 엠마오 도상의 이야기(눅 24:13-27)와 디베랴 호숫가의 사건(요 21:1-14)을 택해 읽고 이 본문들에 담긴 부활 메시지를 찾고자 합니다. 이 본문들은 죽음을 이기고 살아날 것이라는 예수의 약속을 잊은 채 공포에 질려 그에게서 멀어지려고 발길을 재촉했던 제자들의 이야기를 기록한 엠마오 도상과 사람을 낚는 어부로 불림을 받았지만, 스승을 잃은 절망 속에 다시금 고기 잡는 어부로 전락한 제자들의 생존 터인 디베랴 바닷가를 배경하고 있습니다. 이 두 공간은 부활의 실재를 만나지 못한 채 죽음을 두려워하며 일상적인 삶에 길들어 가는 우리 삶의 현장과 다르지 않습니다. 죽음을 이길 수 있는 장사가 없다는 것은 경험적 진리입니다. 어느 누구도 죽음과 맞서 죽음을 이겨낸 사람이 없습니다. 많은 경우 그것을 회피하거나 그에 대한 불철저한 이해를 했을 뿐입니다. 예수와 더불어 3년간 생활을 같이했고, 그 말씀이 범상치 않았고, 행한 기적들로 인해 마음을 빼앗기기도 했으나, 다시 살아나 갈릴리 해변에서 만나자는 예수의 말씀만큼은 도무지 믿을 수 없었던 것입니다. 골고다 언덕에 세워진 예수의 십자가가 너무도 처참하게 느껴졌을 뿐입니다. 예수를 죽이라는 동족의 목소리가 너무 커서 두려움에 떨어야만 했습니다. 혹자는 예수가 더 이상 자신들이 원하는 이스라엘의 해방자가 될 수 없다는 실망감에 아예 부활을 기대하지 않았을 수도 있습니다. 어느 경우든 예수를 따랐던 모두는 뿔뿔이 흩어져 제 살길로 접어들었습니다. 좌절과 두려움 또는 실망감이 너무 커서 이들은 신의를 저버린 것에 대한 일말의 죄책감도 느끼지 못했습니다. 디베랴 호숫가에서 다시 그물을 드리워 고기를 잡고 있는 베드로 형제들의 허탄한 심정을 이해할 수 있을 것 같습니다. 깊은 곳에 그물을 내리라는 상식 밖의 명령을 받고 만선의 기쁨을 누렸던 그 경험을 마음속에 담아 둔 그들이 아니었던가요? 그런 그들마서 지금 희망도, 기쁨도 없이 단지 생존을 위해, 배고픔을 달래기 위해 어부로 살고 있는 것입니다. 하지만 이것이 과연 삶일까요? 그렇게 산다고 해서 삶이 되는 것일까요? 삶이 아니라고는 할 수 없겠으나 부활하신 예수는 그런 삶으로 되돌아가도록 방치하지 않으셨습니다. 그럴수록 부활 사건이 우리 삶의 현장에서 계속되는 것임을 잊지 말아야 합니다. 부활이 기독교 신앙의 핵심인 이유도 바로 여기에 있습니다. 이미 교회 안에 들어와 있다고, 교회 경력이 십수 년이 된다고 자랑할 이유가 하나도 없습니다. 우리는 너무도 쉽게, 어떤 때는 자신도 모르게 엠마오 도상에 머물며, 디베랴 호숫가에서 반복적으로 그물을 던지고 있는 존재들이기 때문입니다. 문득 자신이 그렇다는 사실을 깨닫는 사람이라면 본문과 만나 진정한 삶을 찾아야 할 것입니다.

두 본문은 또 다른 핵심 사안을 보여 줍니다. 낙심하고 절망 중에 있던 제자들에게 부활하신 주님이 현현하지만 전혀 알아보지 못하는 방식으로 그들 곁을 지나셨다는 사실입니다. 엠마오의 길에서는 낯선 나그네의 모습으로, 디베랴 호숫가에서는 배고픈 존재로서 제자들에게 다가왔던 것입니다. 우리는 여기서 부활의 신비를 새롭게 접할 수 있습니다. 부활한 예수가 변장을 했다거나, 전혀 다른 모습으로 변모했다고 생각할 수 없습니다. 부활의 주님께서 자신의 손의 못 자국과 옆구리의 창 자국을 보여 주셨다는 기록도 있기 때문입니다. 그럴수록 우리의 관심은 성서 기자가 한 곳뿐 아니라 두서너 곳에서 제자들이 부활한 예수를 알아보지 못했다고 기록한 이유가 무엇일까 하는 데 있습니다. 3년간이나 예수를 따라다닌 그들이 예수를 몰라보았다는 것은 상식적으로 이해할 수 없는 대목입니다. 하지만 이를 이해할 수 있는 실마리가 없지 않습니다. 고기를 잡던 제자들이 자신에게 말 걸고 있는 예수를 처음에는 알아채지 못했으나 그들이 잡은 고기를 함께 나누고 빵을 뗄 때 비로소 눈이 밝아져 자신들과 대화하는 이가 예수인 줄 알게 되었다 했습니다. 엠마오의 도상에서도 함께 유숙하며 빵을 뗄 때에 눈이 밝아져 예수인 것을 알아보았다고 하였습니다. 이른 새벽 부활하신 주님을 만난 마리아 역시 그가 동산지기인 줄로만 알았다고 하는 기록을 남겼지요. 이렇듯 성서 기자들의 의도를 생각건대, 그들은 부활의 주님이 삶의 현장 곳곳에서 즉 때로는 목마른 자로, 때로는 지친 나그네로, 굶주린 이로, 학대받는 어린아이 또는 쪽방에서 몸 파는 여인의 모습으로 그리고 노동하러 이 땅에 온 외국인 근로자의 모습으로 나타날 수 있다고 가르치고 있습니다. 우리가 무심코 지나쳐서 인식하지 못할 뿐이지 마음을 다할 때 (Mindfulness), 그들은 내가 범접할 수 없는 신비로서의 타자가 된다는 사실입니다. 일상생활 속에서 마음을 다하지 않고 사는 경우가 허다합니다. 늘 옆에 있는 가족이지만 마음을 다하지 않으면 그들은 항상 있으나 없는 것과 마찬가지의 존재일 뿐입니다. 집에서 기르는 개 한 마리, 화초 하나에도 우리의 마음이 닿아야 그들이 존재할 수 있습니다. 자신의 주변에 수없는 존재들이 있으나 실상은 없는 것처럼 무심하게 살아가는 우리에게 부활의 신비는 경험되지 않을 것입니다. 살아생전 예수는 우리에게 다음과 같은 물음을 던지셨습니다. 내가 목마를 때 물을 주었고, 감옥에 갇혔을 때 찾아온 적이 있느냐고 말이지요. 약하고 힘든 그들에게 한 것이 자신에게 한 것이라고 가르친 것입니다.

올해도 부활의 신비는 우리 곁에 머물 것입니다. 낯선 나그네, 배고픈 거렁뱅이의 모습으로, 부활하신 그분은 우리 옆을 지나가실 것입니다. 문제는 우리 마음이 그들을 알아볼 준비가 되어 있는지, 나의 것을 나눌 준비가 되었는지 하는 데 있습니다. 더불어 빵을 뗄 용기가 있는가 하는 것이지요. 우리가 여전히 욕망이란 이름의 쳇바퀴 속에 갇혀 자신만을 바라볼 때 부활 사건은 발생하지 않습니다. 무수한 낯선 이들이 정작 예수인 것을 볼 수 없다는 말이겠습니다. 또 한 번의 헌금 내는 날, 자신이 믿지도 못한 채 남의 소리를 내는 날로 지나 버리고 말 것입니다. 우리는 기독교의 부활이 단지 생물학적 죽음에 대한 반대말이 아니라 사회에 만연하는 죽음의 문화, 곧 현실의 총체적 죽음에 대한 이의제기이자 그의 극복을 의미하는 것임을 믿습니다. 물론 기독교에 내세관이 없다고 하는 말이 아닙니다. 단지 기독교 부활 신앙 속에 다른 종교가 갖지 못한 사회적 측면이 강하게 내포되어 있음을 말하고 싶은 것입니다.

매해 맞는 부활절이지만 그럼에도 부활은 새로운 사건으로서만 존재합니다. 우리 옆을 스쳐 가는 수많은 사람 속에서 부활한 예수를 찾아 만나야 하는 까닭입니다. 이런 부활의 신비를 통해 낙심하며 무의미하게 그물을 던지는 초라한 우리의 모습을 떨쳐 버려야 합니다. 두려움에 허둥거리며 진리와 동떨어진 삶을 살고 있는 우리 인생을 다르게 계획해야 옳습니다.

부활은 우리 삶에
무엇을 명령하는가?

마가복음 15:29-32, 38-41, 요한복음 21:5-7, 17-18

봄과 함께 부활절을 맞이할 수 있다는 것은 축복입니다. 죽은 듯 보였던 가지에서 움이 트고 돌처럼 굳었던 흙이 부드러워졌으니 봄의 위력은 참으로 대단합니다. 예수의 부활 역시 제자들의 두려움을 내 몰았고 새로운 길을 걷게 했으며, 이천 년 동안 수많은 사람들 역시 이를 증거 했으니 그 힘이 매섭고 차디찬 겨울을 몰아낸 봄을 닮았습니다. 오늘 부활 절기를 축하하는 우리의 마음 또한 봄기운을 머금은 대지처럼 마냥 부드럽고 생명의 시작을 알리는 가지 끝 몽우리처럼 그렇게 아름다울 수 있기를 간절히 바랍니다. 봄이 계절의 여왕이듯 부활 역시 우리의 신앙에 있어 절정이라 믿는 까닭입니다.

하지만 이런 부활의 실상reality이 십자가 곧 혹독한 겨울과 마주했던 우리의 삶과 무관치 않다는 것을 성서가 증언합니다. 십자가와 옳게 대면하지 못할 때 예수의 부활이 자신 속에서 사건화될 수 없다는 것입니다. 오늘 처음 읽은 마가복음서는 십자가를 바라보는 각기 다른 두 시각을 병존시켰습니다. 대제사장들과 율법학자들의 경우 무지한 민중들과 더불어 십자가를 조롱거리로 만들어버렸습니다. 남을 구원하겠다고 설교하며 이적을 베풀던 예수가 정작 자신조차 구원치 못하고 십자가에 달린 것을 한없이 비웃은 것이지요. 그들에게 십자가는 무능과 패배의 상징처럼 읽혀졌던 것입니다. 하지만 십자가를 바라본 또 다른 시각이 있었습니다. 이방인이었던 로마 백부장은 십자가에 달려 죽은 예수를 보고 그가 하나님의 참 아들이었음을 고백했던 것이지요. 마지막 숨이 넘어가는 절체절명의 순간, 정작 사형집행인인 로마 관리를 통해 십자가의 또 다른 의미가 선포되었던 것입니다. 성서 저자인 마가는 우리에게 의당 백부장의 시각으로 십자가와 마주할 것을 요구하며 그때 비로소 예수 부활이 자신 속에서도 사건화될 수 있다고 말씀합니다.

로마 백부장의 십자가 체험은 부활의 의미를 되새기는 오늘 우리에게 여러 면에서 유익합니다. 또한 대제사장들의 몰이해 역시 부활 절기에 충분히 반면교사가 될 수 있습니다. 주지하듯 예수의 십자가 처형 이면에는 군중 봉기를 두렵게 여긴 로마와 그를 후견 삼아 성전 신학을 구축하여 전권을 휘둘렀던 종교지도자들의 담합이 있었습니다. 성전 안 제사장들의 고유 권한이었던 용서와 치유가 성전 밖에서 행해졌고, 안식일 법을 위시한 율법을 '사람을 위한 척도'로 바꾼 예수가 제사장과 율법학자들에게 자신의 위상을 헤치는 걸림돌이 되었으니, 그들은 정작 십자가상에서 예수의 무능력과 절망을 보고 기뻤을 것입니다. 그런 그들에게 십자가는 아무것도 아니었고 어떤 표증도 될 수 없었습니다. 십자가는 자신들의 종교적 기득권을 지킬 수 있는 유일한 정치적 행위였을 뿐입니다. 이들 종교인을 앞세워 유대 지역을 통치했던 로마 역시 민중들을 선동하는 예수를 없애는 것이 황제의 권위를 지키는 일이라 생각했겠습니다. 그래서 그들은 제사장들의 요청을 받아들여 십자가 처형을 허락했습니다. 이렇듯 예수의 십자가 처형으로 로마와 유대 제사장들이 이긴 듯 보였습니다. 하지만 마가복음서는 예수를 처형한 로마 백부장의 고백—"그는 참으로 하나님의 아들이었다"—을 통해 로마가 이긴 것이 아니라 그들이 죽인 예수가 오히려 그들 로마를 이겼다고 천명합니다. 십자가가 그들 소망대로 절망과 패배의 상징이 아니라, 세상을 이긴, 전혀 다른 세상을 보여준 사건이었음을 증언하고 있는 것입니다. 정작 대제사장들의 눈에 보이지 않았던 '성전 휘장의 찢겨짐'이 백부장에게서 현시되었다는 말입니다. 이는 성전 신학의 종결을 의미하는 것으로 하나님과 인간 사이의 중개자의 폐기는 물론 성속의 일치 그리고 성전 안에서의 일체 차별적 구조를 무화시킨 엄청난 변화를 적시합니다. 이는 결국 십자가가 앞으로 발생할 부활의 실상을 잉태하고 있었다는 말이기도 합니다. 그렇기에 예수는 생애 마지막 일주일 동안 예루살렘에 오르면서 제자들에게 자신의 마지막이 어찌 될 것인지를 알리고자 했습니다. 하지만 제자들은 누가 높은 자리를 얻을 것인가에 관심했고, 급기야 예수를 팔아넘겼으며, 십자가 처형을 보고 무서워 도망치고 말았습니다. 정작 예수가 달린 십자가에서 하나님의 아들의 죽음을 보고 새로운 세상의 징조를 본 것이 로마 백부장이었다는 사실은 역사의 신비이자 하나님의 놀라운 계획이었습니다. 부활절 아침에 우리는 지금 어느 십자가 앞에 서 있는가를 물어야 할 것입니다. 십자가 앞에서 하나님의 새로운 세상을 볼 것인지, 아니면 그때 제자들처럼 자신을 옭아매고 있는 두려움과 불편함을 볼 것인지, 이는 결국 우리들의 몫으로 남아있습니다.

두 번째 읽은 성서에서 우리는 부활한 예수와 맞닥트린 베드로의 모습을 접할 수 있습니다. 예수 처형을 목도하며 세 번씩이나 예수를 부정했던 베드로에게서 우리는 그가 살아생전 '주는 그리스도요, 살아계신 하나님의 아들'이라 했던 고백이 얼마나 허망했던가를 기억하며 인간적 연민을 느껴 봅니다. 실패한 제자로서 베드로 역시 로마 백부장의 십자가를 만날 수도, 볼 수도 없었습니다. 대제사장들과 군중들이 조롱하는 그 십자가 앞에서 그들은 지금 자신의 안위를 걱정할 만큼 한없이 초라해졌고, 나락에 빠져들었습니다. 그렇기에 디베랴 바닷가에서 본업이던 고기잡이를 하며 죄책감과 회한, 무기력을 느끼며 꿈도 희망도 없이 일상을 살 수밖에 없었겠지요. 오늘 본문은 바로 그런 그들에게 부활하신 예수께서 나타났음을 알려줍니다. 그러나 정작 그들은 부활한 예수를 보면서도 알아보지 못했고 3년간 들었던 그 음성을 기억지 못할 만큼 그들 스스로가 낯선 이들로 변해 있었습니다. 마가는 그 이유를 마음이 굳어져 있었기 때문이라 말합니다. 예수의 모습이 달라진 것이 아니라 그들 스스로가 변해 있었던 것입니다. 예수의 사랑을 받던 마리아조차도 부활한 주님을 동산지기로 알았고, 다른 제자들 역시 생면부지의 나그네로 인식할 정도이니 그들의 두려움이 얼마나 컸고, 절망의 골이 얼마나 깊었는지 가늠할 수 있을 것 같습니다. 이는 모두 평생 예수를 따랐으나 그가 갈 길, 곧 십자가를 알지 못한 결과입니다. 지금도 그가 가는 길, 십자가를 알지 못하고, 지지 않는다면 우리는 여전히 낯선 분, 알지 못하는 분을 예수라 믿고 있는지도 모를 일입니다. 절망과 좌절이 깊을수록 부활한 예수를 만날 수 없다는 말이겠습니다. 이 지점에서 요한복음은 부활한 예수가 강권적으로 절망한 베드로 앞에 나타난 사건을 일컬어 은총이라 말합니다. 오늘 우리처럼 절망과 좌절, 무기력으로 마음이 굳어져 볼 것을 보지 못하고, 지난 세월의 회한에 젖어있던 베드로를 당신 앞에 불러 세운 것입니다. "네가 나를 사랑하느냐?"고 물으시면서 말입니다. 이것은 당시 제자들에겐 영혼을 흔드는 소리였습니다.

앞서 언급했듯이 예수의 마지막 일주일 삶의 여정에서 제자들의 삶은 실패했습니다. 개념(머리)으로만 예수의 제자였지 실제 삶에서 제자가 되지 못했다는 것이지요. 그런 제자인 베드로에게 예수는 지금 '네가 나를 사랑하는가?', 자신과의 관계를 다시 시작할 수 있는지를 되묻고 있습니다. 모든 것을 놓아두고 자신을 따랐던 제자였으나 자신과 결별을 선언했던 그에게 예수는 세 번씩이나 진심으로 그와의 관계를 복원코자 질문을 던졌습니다. 자신의 과거를 아는 베드로는 그 질문이 너무도 괴로웠고 예사롭지 않게 느껴졌을 것입니다. 그렇기에 베드로는 옛날처럼 혈기로 대답지 않았고 자신의 마음을 주님이 알지 않느냐고 걱정스럽게 울먹이며 답합니다. 주님의 물음이 마치 '누가 내 이웃인지' 이웃의 개념을 묻던 율법학자에게 '이웃이 되라'는 예수의 명령처럼 버겁게 느껴졌기 때문이겠습니다. 예수처럼 십자가에 달리는 것이 예수를 사랑하는 방식인 것을 이제 그는 비로소 알 수 있었던 것입니다. 자기 마음대로 사는 것이 아니라 원치 않는 삶이 자신에게서 일어날 수도 있는 현실을 받아들인 것이지요. 이를 흔히 '어려운 자유'라 일컬으며, 자유하나 모두를 위해 '스스로 종 된 삶'을 사는 것이라 하겠습니다. 마침내 예수는 '자신의 양을 치라'는 마지막 명령을 베드로에게 남기십니다. 이는 예수의 발길이 향했던 뭇 현장을 찾아 그곳에서 사람 낚는 어부가 되라는 것인 바, 오늘 교회의 할 일이자 우리 삶의 평생 과제일 것입니다. 삶 한가운데서 이 명령에 답하는 것이 부활 신앙의 핵심이라 생각합니다. 부활은 한 개인의 육체(몸)에서 일어나는 초자연적 사건이 아니라 보아도 보지 못하고 들어도 듣지 못하던 인생에게 삶을 다시 볼 수 있는 눈(觀)을 갖게 하는 사건인 까닭입니다. 죽어서의 부활만이 아니라 살아 있되 죽은 인생에게 빛을 밝히는 것이 예수가 제자들 앞에 부활의 몸으로 나타나신 이유입니다. 생물학적으로 살아있으나 세상 한가운데서 다른 세상을 살아가라는 것이 바로 부활하신 예수님의 마지막 명령, '내 양을 먹이라'는 것이었지요. 성전 휘장의 찢겨짐이 상징하듯 세상으로 하여금 하나님의 생명을 느끼게 하는 것이 우리의 과제가 된 것입니다. 이제 부활을 믿는 자는 '섬기며 사랑하기 위해' 세상을 살아야 할 존재가 되었습니다. 이것이 바로 '살아서 나를 믿는 사람은 영원히 죽지 않을 것'이란 요한복음(11장 26절) 말씀의 뜻이라 믿습니다. 이 점에서 전태일의 죽음을 예수의 그것과 견주며 현장을 사랑했던 오재식 선생은 부활 신앙을 누구보다 확신하며 살았던 분, 그래서 영원히 기억될 존재가 되었다고 생각합니다. 그렇기에 부활절 설교 말미에 오재식 선생께서 전태일 영전에 바친 글의 일부를 소개하고 싶습니다. 절망한 제자들이 예수를 잘못 보았듯 우리 역시 마음이 굳어져 보지 못해 놓친 예수 상(像)이 무엇인지 헤아릴 수 있기를 바라서입니다. 또한 목하 교회들의 현실을 보며 '내 양을 먹이라'는 부활 신앙의 실상과 맞닥트릴 수 있는 교회 공동체의 모습을 상상하고 싶습니다.

너는 천민의 친구로, 그들의 무리로, 그들의 아들로 그렇게, 장터에서 뒹굴고,

거리에서 서성대고, 들에서는 다짐했었다. 눈이 먼 자를 고치고, 앉은뱅이를 걷게 하고, 상한 자를 만지고, 찢긴 자를 위로하고 억울하고 지치고 병들어 가는 이웃을, 그들을 생각하다 그만 사랑에 빠졌겠지. … 교회는 비굴한 미소로 연명하여 상처 없이 죽은 무리를 성도로 추서하는 장소렸다. 교회는 흠 없는 성도들의 사교장이요, 너 같은 쓰레기를 상면하는 것만으로도 수치를 느낄 것이다. 네가 장터에서 선동을 하고 네 목숨을 내어 맡길 때 교회는 철문을 굳게 잠그고 취침 시간을 엄격히 지키고 있었다.

나사로의 죽음과
의사체험(擬死體驗)

요한복음 11:38-42

오늘 횡성 모임을 통해 우리는 루돌프 스타이너Rudolf Steiner라는 종교사상가의 생각을 배우고 토론하였습니다. 우리에게는 낯선 인물일지 몰라도 스타이너는 기독교 서구 유럽 문명권에서는 기독교를 비롯하여 교육, 건축, 의학, 음식 등의 제 분야에 크게 영향을 끼친 사상가로 평가받는 대단한 존재입니다. 이웃나라 일본만 하더라도 그의 사상 체계를 기초로 초, 중, 고등학교까지의 전 과정이 구비되어 있지요. 제 경험으로는 유럽 어느 도시의 서점을 가보아도 그가 펴낸 서적들이 가장 큰 자리를 차지하고 있었습니다. 물론 정통 기독교 신학과는 다른 부분이 많으나 그 역시 요한복음을 가장 중시하며 자신의 생각을 그와 관계시켜 풀어내고 있기에 기독교 틀 안에서 다뤄져야 할 사상가임에는 틀림없습니다. 그는 인간이 지닌 평균의식으로는 영적 세계를 온전히 알 수 없다고 보았습니다. 인간의 의식, 이성적 판단력이 중요한 것은 틀림없으나 그것만으로 실재를 알 수 있다는 것을 오류라 본 것이지요. 합리성은 의당 비합리보다는 우월하나 결코 초합리성을 부정하는 잣대가 될 수 없다는 것입니다. 종교가 종종 비합리성과 균질화되고 있는 까닭에 이성의 역할이 여전히 중요하나 그렇다고 그것이 초합리성, 신앙을 대신할 수 없는 것도 분명한 사실일 것입니다. 이 점에서 스타이너 역시도 인간의 의식이 고차원적으로 달라지면 실재에 대한 인식 또한 변화될 수 있음을 역설하였습니다. 오늘 예배는 죽었던 나사로를 살렸던 사건을 통해 예수께서 의도하신 바를 살피고 특별히 그것을 하버드 대학 신경외과 교수인 이븐 알렉산더에게서 일어났던 생물학적 죽음 그리고 깨어나 증언한 6일간의 종교(임사)체험의 실상과 관계시켜 이해해 보겠습니다.

　죽은 나사로를 살리신 이야기는 오직 요한복음에만 기록되어 있습니다. 그 외에도 기사 이적에 관한 이야기들이 공관복음서보다 상대적으로 많은 편이지요. 더구나 죽은 자를 살린 사건은 공관복음서에는 전무한 상태입니다. 하지만 요한은 물로 포도주를 만든 사건을 가지고 자신의 글을 시작할 정도로 기적 설화를 중요하게 여겼습니다. 성서학자 중에는 기적 설화에 무게중심을 둔 요한의 신학적 입장을 영적 관심의 결과로 정리하지요. 오늘 우리의 표현대로라면 고차원적 인식에로 인간을 초대하는 것이 그의 신학적 의도라는 것입니다. 예수는 자신이 사랑하던 마리아의 오빠였기에 나사로의 죽음에 더없이 많은 관심을 가졌습니다. 기록된 바에 의하면 나사로는 분명 의학적, 생물학적으로 죽은 존재였습니다. 하지만 예수는 그를 잠들었다 표현했고, 결코 죽을병이 아니라 하나님의 영광을 드러낼 병이라 하였습니다. 하지만 나사로의 무덤에 가보니 그는 이미 죽은 지 오래되어 무덤가는 시신 썩는 냄새로 진동했습니다. 그러나 예수는 그의 죽음이 하나님 영광을 위한 것임을 다시 숙지시키고 그를 살려 내셨습니다. "나사로야, 무덤에서 나오너라"는 그 유명한 말씀으로 그를 살려낸 것입니다. 나사로를 감쌌던 모든 천을 풀러 그를 일상으로 돌려보낸 것입니다. "그를 풀어주어 가게 하여라."

여기서 주목할 것은 예수께서 두세 차례 반복적으로 강조한 '하나님 영광을 드러낸다'는 것에 대한 이해입니다. 나사로의 죽음이 하나님의 영광을 위한 사건이란 말은 참으로 납득하기 쉽지 않습니다. 한 개체적 존재의 고통이 하나님의 영광과 유관하다는 것은 어찌 보면 당사자의 입장에서는 잔혹한 이야기일 수도 있겠습니다. 하지만 하나님의 영광이란 죽은 나사로가 다시 살아남을 통해 지금껏 예수가 행했고 전파하고자 한 모든 것을 사람들로 하여금 믿도록 하는 일이었습니다. 주지하듯 공관복음서의 예수는 결코 기사 이적에 의존하지 않던 분이었습니다. 거기서 그가 행한 기사 이적이란 배고픈 자들, 아픈 자들에 대한 연민의 발로였을 뿐이었지요. 그러나 요한복음의 시각은 이와는 달랐습니다. 사람들이 예수가 선포한 말을 도무지 이해하지 못했고 이해할 생각조차 아니 했던 까닭에 그는 기적을 통해서라도 더 높은 세계, 다른 세계, 그들 전통과는 다른 차원이 있음을 알려주고 싶었던 것입니다. 당시 사람들은 예수의 가르침을 듣고 자신들의 생각과 너무도 달랐기에 놀랐을지언정 감히 믿을 수는 없었던 탓입니다. 하여 앎, 곧 인식의 차원을 전혀 달리한 예수의 말씀을 믿지 못하는 이들을 위해 나사로를 살렸던 것이지요. "나를 믿는 사람은 죽어도 살겠고 살아서 믿는 사람은 영원히 죽지 아니할 것이다." 바로 이 말씀이 요한이 전하고자 하는 복음이자 유대 전통과 다른 차원(초합리)의 인식이었습니다. 마지막 종말 때 다시 사는 것이 아니라 지금 여기서 네가 전혀 달리 살 수 있음을 예수는 가르치고 싶었던 것이지요. 물론 이 말씀은 지금 우리에게도 쉽게 믿어지는 말씀은 아닐 것입니다. 그러나 예수는 나사로를 무덤에서 나오라 명령했고 그 사건을 지켜보는 뭇 사람들에게 이 말씀을 믿으라 하신 것입니다. "네가 이것을 믿느냐?"

　현실을 살면서 다른 인식을 갖고 전혀 낯선 차원에서 살 수 있는 길이 열렸다는 것이 예수의 복음이고 나사로를 살린 기적의 본뜻이라면 우리는『나는 천국을 보았다』라는 책도 동일한 차원에서 생각할 여지가 있다고 생각합니다. 물론 같은 차원의 이야기는 아니겠으나 모두에 언급된 생물학적 죽음 이후 저자에게 생기된 의사체험擬死體驗은 두뇌적 의식이 전부가 아니라 고차원적 실재 인식이 가능한 것을 보여주는 좋은 실례라 말할 수 있습니다. '나를 믿는 사람은 죽어도 살겠고 살아서 나를 믿는 사람은 영원히 죽지 아니 하리라'(25-26절)는 초합리적 말씀을 이에 근거하여 생각할 여지가 충분히 있다고 보는 것이지요. 지금껏 소위 신학자로 살고 있는 저는 이런 책자를 주목하지 않고 무시했던 것이 사실입니다. 하지만 지인인 한 종교 심리학자가 이 책을 건네주며 읽을 것을 권유했을 때 내심 읽고 싶은 마음이 솟구쳤습니다. 이미 기독교의 하나님 나라(천국)에 대한 학문적 성찰도 해 놓은 상태였기 때문이었습니다.

　이븐 알렉산더라는 하바드대학교 신경외과 교수는 과학 학술지에 150편 이상 논문을 게재할 정도로 연구력이 막강한 뇌 과학자였습니다. 어느 날 뇌막염으로 갑작스럽게 중태에 빠졌고, 그의 동료들에 의해 뇌

사판정을 받았으며, 급기야 의학적 죽음의 상태에 이르게 되었습니다. 하지만 7일 후 다시 소생하면서 그는 동료들이 기록한 의학적 기록을 보면서 자신이 정말 죽었던 것을 확인했고, 그에 근거하여 자신의 의사 체험을 평소 자신이 행한 뇌 연구논문들과 비교, 분석하여 '의식이란 것이 결코 뇌의 산물만이 아니라 우주 속의 가장 심오한 미스터리인 것'을 위 책을 통해 강조하였습니다. 자신의 의사체험이 그간 신경과학이 제시한 샷대―대략 10가지―로 설명될 수 없는 것임을 알고 현실에서는 결코 체험할 수 없었던 실재에 대한 자신의 인식을 알리기 위해 위의 책을 쓴 것입니다. 물론 이에 대한 반론도 많겠으나 온/오프라인을 통해 수많은 국내외 뇌 과학자들이 이븐 알렉산더의 체험기를 긍정하고 있었습니다. 저도 가능한 긍정적인 방향에서 이 책자를 들여다보았고 오늘의 본문과 연관지어 보고자 했습니다.

저자는 본래 기독교인이긴 했으나 신경과학적 분석을 더욱 철저히 신뢰하던 합리적 의사였습니다. 어릴 적 입양되어 좋은 부모 슬하에서 잘 자랐고 가족을 일궜으나 늘 허전한 느낌을 갖고 살았다고 합니다. 일반적으로 뇌가 의식을 만든다고 하는 것이 뇌 과학자들의 견해입니다. 하지만 저자는 자신의 뇌가 거지반 죽은 상태에서 명백히 기억되는 7일간의 경험을 기초로 그는 『나는 천국을 보았다』라는 책을 썼고 영미 영역에서 베스트셀러 작가가 되었으며, 한국에서도 출판할 정도가 되었습니다. 짧은 지면에 책 내용을 다 소개 할 수 없어 이 책이 주는 가장 큰 메시지를 크게 다음 세 가지로 요약 정리코자 합니다.

첫째는 뇌가 의식을 만들기도 하지만 뇌보다 더 깊은 의식, 즉 온 우주와 연결된 원초적 의식이 인간에게 있다는 사실입니다. 이런 의식은 일상적 합리성을 전부로 알고 사는 사람들에게는 결코 드러나지 않으나 그것은 깨어나야 하며 깨어날 수 있어야 한다고 역설하였습니다. 달라이라마와 뇌 과학자들이 함께 엮어 지은 또 다른 책도 있습니다. 종교 수행을 더 많이 한 승려와 상대적으로 덜한 승려들의 특정 부위의 뇌 크기가 달랐다고 하는 것을 보여주었습니다. 뇌가 의식을 만들지만 의식이 오히려 뇌를 형성할 수도 있음을 보여준 것입니다. 우주와 연결된 원초적 의식이 뇌보다 먼저 있으며, 그를 자각할 때 인간은 합리성 이후의 세계를 살 수 있다는 것입니다. 둘째는 이렇듯 우주적 의식을 깨치게 되면 자신보다 더 큰 존재인 우주는 우리 인간이 어떤 처지, 상황에 있든지 간에 자신을 온전히 받아 준다는 것이었습니다. 달리 말하면 우주적 의식은 한마디로 사랑으로 존재한다는 것이지요. 아마도 저자가 우주적 의식을 사랑, 즉 인격적으로 느낀 것은 기독교적 영향이라 볼 수 있겠습니다만 더 큰 존재에 의해 자신이 온전히 받아들여졌다—완전히 하나가 되었다—는 고백은 신학적으로 대단히 중요한 성찰이라 생각합니다. 그리고 마지막으로는 우리의 전 삶이 존재의 장엄한 세계와의 조화와 연속선상에 있다는 것이었습니다. 개별적 주체의 차원에서는 저마다 다른 존재이겠으나 아원자적 차원에서 모두는 저마다 대나무 뿌리(리좀)처럼 상호 연결된 존재란 것입니다. 삶과 죽음 역시 이렇듯 상호 연결되어 있다는 것이 저자의 임사체험기의 핵심 내용이었습니다. 이처럼 실재에 대한 고차원적 인식이 가능하다는 것, 더 큰 실재에 의해 받아들여진다는 사실 그리고 자신과 타자, 죽음 이후와 이전이 결코 무관치 않다는 것은 오늘 나사로의 기적 사건을 통해 예수가 말씀코자 했던 것과 의미상으로 크게 달라 보이질 않습니다. 초합리와 비합리가 혼동되는 현실에서 합리성은 주요한 잣대이긴 하나 그것이 초합리를 부정할 근거가 되지 않는다는 것이 죽음을 경험한 한 의사의 종교체험이었습니다. 그리고 뇌를 연구하는 의사들 역시 저자의 의사체험을 뇌 과학적으로 설명할 수 없음을 인정하였지요. 예수께서 나사로를 살림으로써 살아서 믿는 자는 영원히 죽지 아니할 것이란 새로운 인식(앎)의 세계―그것은 믿음의 다른 말일 터―를 믿도록 하셨듯이 본문과 만난 우리 역시도 지금 여기서도 영원히 죽지 않는 삶이 있음을 온몸으로 깨칠 수 있기를 바라봅니다.

- 예수의 길, 우리의 길 -

길을 가다 길이 되라

방랑자 예수, 오늘의 의미

마태복음 8:19-22

 성서 본문에 근거하여 제목을 '방랑자 예수'라 정해 보았습니다. 본문에는 예수의 제자가 되려면 어떻게 해야 하는가, 자신을 머리 둘 것이 없는 방랑하는 존재로 여겼다면 자신을 따르고자 하는 사람은 어떤 사람이어야 하는지가 분명히 적시되어 있습니다. 비록 유대교 자체가 나쁜 것은 아니지만 예수 당시에 화석화되고 율법화되어 사람을 죽이고, 죄인들을 양산하는 그들 종교 문화를 거역하며, 예수는 새로운 하나님을 이 땅에 선포했고, 그에 근거하여 대안 문화를 만들고자 했습니다. 이 새로운 종교 문화, 하나님 나라에 적합한 일들을 이 땅에 이루기 위해 예수는 제자들이 필요했고, 그 제자 되는 조건을 말씀하고 있는 것입니다. 이에 앞서 본문은 예수 그가 어떤 분인지를 먼저 설명하고 있습니다. 주지하듯 우리는 성서가 가르치는 대로 예수를 좇아 살기를 힘들고 버겁게 느끼고 있습니다. 처음부터 불가능하다 여기며 적당히 살아가는 사람도 많습니다. 하지만 그분의 말씀이 틀림없다면 말씀이 주는 뜻을 옳게 깨달을 일입니다. 주변에 예수가 생각했던 것을 생각하고, 꿈꿨던 것을 같이 꿈꾸며, 이루려고 했던 것을 같이 이루고자 하는 수행자들이나 제자들이 보이지 않습니다. 종교를 직업으로 삼는 사제들, 목회자들만 있고, 예수를 이용해 이생과 내생에서 득을 보려고 하는 신자들로만 넘쳐납니다. 이것이 우리가 사는 송교석 삶의 실상이지요. 진실한 제자들은 보이지 않고 종교를 권력화하려는 사제들, 목회자들만 눈에 띕니다. 이생에서도 잘살고 내생도 보장받으려고 하는 무리들이 교회를 가득 메우고 있습니다.

그럴수록 우리는 예수가 자신을 어떻게 이해했으며 자신을 따르는 제자들에 대해서 어떤 생각을 갖고 있었는지를 본문 속에서 찾아야 하겠습니다. 본문에서 예수는 여우도 굴이 있고, 공중의 새도 둥지가 있는데, 자신은 머리 둘 곳이 없다고 하였습니다. 이는 예수의 삶이 당시의 종교지도자들, 유대교 종교인들의 삶과는 너무도 대조적으로 방랑자적인 특성을 지녔기 때문입니다. 물론 이 말은 예수께서 잘 곳이 없고, 갈 곳이 없어서 하는 탄식 어린 말이 아닙니다. 예수의 하나님 나라는 마음에 맞는 사람들끼리 집단을 만들어서 유유상종하며 안주코자하는 공간과는 거리가 있다는 것입니다. 이 점이 세례요한의 하나님 나라 운동과 변별된 부분입니다. 세례요한이 속한 에세네파 집단은 광야에 은둔 거주하며, 메뚜기와 석청을 먹고, 금욕적으로 살면서, 임박한 하나님의 나라를 배우며 기다리던 이스라엘의 한 소수 종파였습니다. 그러나 예수의 하나님 나라 운동은 처음부터 그와 달랐습니다. 거주할 곳이 없는, 머리 둘

곳이 없는 방랑자의 삶을 시작한 것입니다. 이러한 방랑자적인 성격은 거대한 공간을 천국의 영토로 만들고자 하는 현실 교회의 형태와는 조금도 비슷하지 않습니다. 그의 하나님 나라 선포는 근본적으로 생각의 전환을 요구하는 문명사적인 정신적 운동이었습니다. 소유와 집착을 거부하는 방랑자 예수의 삶, 머리 둘 곳 없는 예수의 삶이 바로 하나님 나라의 성격을 짙게 보여주고 있습니다. 당시 로마가 영토적인 욕심에 집착하였듯 유대 종교가 성전 중심의 체계로 백성을 다스리고 있던 상황에서 방랑자 예수의 하나님 나라 운동은 대단한 전환이었고, 혁명이었습니다. 지금 이곳에서 생각을 전환시켜 삶의 패러다임을 달리하자는 것이 바로 하나님 나라 운동의 본질이었습니다.

방랑자 예수는 자신과 함께 자신의 길을 따르려는 사람들에게 아주 분명한 것을 요구했습니다. 제자가 되려는 이들 중에 이러저러한 사정이 있던 사람들이 있었던 것 같습니다. 아버지가 돌아가셨으니 장사를 지내고 오겠다고 했습니다. 부친의 장례를 지낸다는 것은 당시 종교적 풍습에서 아주 옳습니다. 틀린 것이 결코 아닙니다. 그럼에도 예수는 죽은 자로 하여금 죽은 자를 장사케 하라고 냉정하게 말씀하십니다. 이 말씀은 불교의 공안公案과 같은 것으로서, 이를 화두話頭 삼아 계속 생각해 보겠습니다. 어떻게 죽은 자로 하여금 죽은 자를 장사케 할 수 있겠습니까. 예수를 따르긴 따르겠는데 아버님 장사를 지내고 따르겠다고 하는 사람에게 죽은 자로 하여금 죽은 자를 장사케 하라는 것은 말이 되지 않습니다. 물론 이 말씀은 동양적인 의미의 효孝, 자식의 도리를 부정하는 것을 뜻하지 않습니다. 죽은 자 역시 실제로 죽은 자, 생명줄을 놓은 자일 수 없습니다. 오히려 마음의 준비가 안 된 사람, 영적으로 죽은 사람, 생각의 근본적인 전환이 없는 사람들을 일컫습니다. 아무리 말을 해도 생각을 바꾸려 하지 않은 사람은 그냥 그렇게 놔두라는 이야기입니다. 이것이 바로 죽은 자로 하여금 죽은 자를 장사케 하라는 말이겠습니다. 산상수훈의 팔복의 말씀을 생각해 보십시다. 예수의 말씀을 듣자 지금까지 가르침과는 너무 달라 크게 놀랐더라, 기이히 여겼더라는 말들이 산상수훈 본문 속에 적혀있지요. 그만큼 예수는 새로운 말씀, 전혀 다른 시각을 사람들에게 주었던 것입니다. 예수는 당신이 전파하는 하나님 나라를 위해 생각을 달리할 수 있는 사람을 찾고 있었습니다. 그런 제자를 밭 사고, 제사 지내며, 장가가는데 정신 팔린 일반 군상들에게로 보내려 했던 것입니다. 이처럼 예수는 자신의 '내일'(미래)을 살아있는 사람들과 함께하겠다고 했습니다. 하나님 나라를 죽은 자들이 가는 천당으로만 생각하는 오늘의 기독교와도 다른 이야기입니다. 예수는 결코 죽은 자들의 천국을 선포하지 않았습니다. 그런 사람을 당신의 제자로 생각하지 않았습니다. 그렇기에 사실 우리와 같은 사람들은 그의 하나님 나라에 적합지 않을 것입니다.

마태복음에는 없으나 누가복음에 첨언된 두 번째 사람이 예수를 따르겠노라고 나섰습니다. 그런데 가족과 먼저 작별인사를 하고 따르겠다고 말합니다. 당연한 일이겠지요. 큰일을 위해 출가出家하려는 사람일지라도 가족과의 인사는 마땅한 일입니다. 가족과의 이별조차 부정하기는 어려운 일일 것입니다. 그러나 예수는 이런 상식조차 거부하는 강한 몸짓을 보였습니다. 이 역시 우리가 깊게 생각해야 될, 문자로만 이해할 수 없는 공안이고, 화두입니다. 이에 대해 예수는 비유로 이렇게 말씀합니다. 손에 쟁기를 쥐고 뒤를 돌아보는 자는 하나님 나라에 적합하지 않다고 말입니다. 갈릴리 지역의 땅은 돌이 많고, 척박한 곳입니다. 소를 앞세워 밭을 갈 때 고도의 숙련과 집중을 요구합니다. 쟁기질하는 사람들이 한눈을 팔아 뒤를 돌아본다면 그 고랑을 바르게 할 수 없습니다. 그만큼 숙련된 집중이 필요한 것이 그곳의 밭갈이입니다. 올곧은 고랑을 위해서 제자들은 쟁기 앞으로 전개되는 현실만 보아야 했습니다. 예수는 바로 그런 마음을 원했던 것입니다.

저는 오래전부터 서강대학교에서 신부, 수녀님들을 가르쳐왔습니다. 벌써 몇 해 전의 일입니다만, 쉬는 시간이 되면 옆 강의실에서 무수한 대학생들이 뛰쳐나와서 제일 먼저 휴게실에 놓인 컴퓨터를 찾습니다. 컴퓨터에 앉자마자 그들은 주식이 얼마 올랐나를 찾아봅니다. 젊은 대학생 수십 명이 자기가 어제 판 것을 잘 팔았는지, 지금 얼마나 올랐는지를 걱정하고 있습니다. 이삼십 대가 놓여있는 휴게실 컴퓨터 앞에 온통 그런 학생들이 가득 차 있습니다. 주식을 너무 일찍 팔았다느니, 이익이 이것밖에 안 남았다느니, 손해가 컸다느니, 돈 얼마 날아 갔다느니 이런 이야기들로 짧은 휴식시간을 메우고 있었던 것입니다. 근본적인 공부를 해야 할 나이에 이렇게 인생을 사는 것은 안 될 일입니다. 아무리 세상이 달라졌더라도, 경제가 최고라 하더라도 쟁기를 들고 뒤를 돌아보아서는 안 되는 것입니다. 천국을 선포하는 예수의 제자가 된다는 것은 지금 이 순간의 태도에 달려있습니다. 다음에 생각할 어떤 사안이 아닌 것이지요. 예수는 지금 여기서 나의 제자가 되라고, 지금 여기서 달라지라고, 지금 이 순간 새로운 생각을 하라고 말씀합니다.

'메타노이아$_{\mu\varepsilon\tau\alpha\nu o\iota\alpha}$'라는 말은 회심이란 뜻입니다. 흔히 '메타노미아'를 '죄를 회개하라'는 말로 이해하고 있지만 본래 그것은 '네 생각의 방향을 올바르게 하라'는 것입니다. 그렇게 되면 삶 자체가 천국이 된다는 것입니다. 천당이란 말은 성서에 없습니다. 토속적 종교들 영향 속에 생겨난 민간신앙적인 태도일 뿐입니다. 예수는 현세든 내세든 어떤 공간, 장소에 매달리는 생각을 부정합니다. 지금 달라질 것을, 지금 새롭게 시작할 것을 말하며 그런 삶의 태도를 통해서 천국이 찾아올 것을 말씀했습니다. 이것이 예수가 말씀하는 천국의 의미입니다. 예수는 화석화된 유대교, 성전 중심의 유대교, 영토 중심의 로마와 달리 근본적으로 새로워지는 인간을 천국의 주체로 세웠습니다. 하나님 나라를 선포한 예수는 스스로 방랑자일 수밖에 없었습니다. 스스로 머리 둘 곳조차 없는 자라는 것이 가장 오래된 예수 자신의 말씀입니다. 이 방랑자 예수를 뒷전에 두고 교리화된 언어 속에서 예수를 만나겠다고, 예수를 찾겠다고, 믿겠다고 하는 것은 본말을 뒤집는 일입니다. 하나님 나라를 위해서 스스로 방랑하는 예수, 그는 지금 방랑자 제자들을 부르고 있습니다. 자기 스스로의 안정을 최우선시하며 안정을 위해서 인생을 사는 사람들에게 제자의 길, 하늘나라의 길은 보이지도, 주어질 수도 없습니다.

이런 방랑자 예수는 노마드적 예수라 불리기도 합니다. 노마드적 신앙인, 노마드적 지식인이 그의 제자의 모습이겠습니다. 생물체 중 리좀rhizome이라고 불리는 뿌리줄기가 있습니다. 다른 것과 접속되어 얼마든지 모양과 형태를 달리하며 다중 주체적으로 삶을 영위할 수 있는 생명체를 일컫습니다. 이 말은 노자 도덕경에 나오는 공성이불거功成而不居라는 말로도 설명할 수 있습니다. 공을 쌓았어도 그 업적에 머무르지 않겠다는 말이겠습니다. 이는 세모의 꼴에 갇히면 세모가 되고, 네모의 꼴에 갇히면 네모가 되며, 원의 꼴에 갇히면 원이 되는 방식으로 끊임없이 새롭게 달라지는 열려진 삶을 적시합니다. 바울이 말했듯이 로마인에게는 로마인처럼 되고, 이방인에게는 이방인처럼 되며, 한국인에게는 한국인처럼 되는 자유한 주체의 모습과도 유사합니다. 이것만이 나다, 이것이 나의 전부다, 이것을 위해서만 살겠다는 그런 것이 아니라, 정형화된 삶을 거부하며 새롭게 달라지는 신앙인의 모습이라 할 것입니다. 노마드적 지식인 예수, 방랑자 예수는 오늘도 이런 방랑자 제자들을 부르고 있습니다.

예수께서 제자들을 둘씩 짝을 지어 동네로 내어보내시면서 하신 말씀이 있습니다. 배낭도 갖지 말고, 신발도 신지 말고, 무소유로 다니라고 말입니다. 이 말 역시도 유대인에게는 유대인으로, 가난한 이에게는 가난한 이로, 누구에게든지 그 누구의 모습으로, 더 이상 '나'라고 하는 정체성을 버리고 그들과 만날 것을 우리에게 요구하는 것입니다. 배낭도 신발도 가져가지 말고 무소유로 다니라고 하는 말은 아무것도 없이 가라는 말이 아닙니다. 누구를 만나든지 그들의 방식으로 만나라고 하는 것이지요. 자기라는 불변의 정체성을 내려놓으라는 것입니다. '나'라는 의식 없이 그들과 만나라고 하십니다. '어느 집, 누구를 만나든지 그 집의 평안을 빌라, 만약 그들이 그 평안을 받아들이지 않는다면 그 평안이 다시 너희의 것이 될'것이라 말하십니다. 그들에게 하나님 나라가 가까이 왔으니 바르게 사는 일이 가능하다고 전하고, 그들이 받아들이지 않는 것에 낙담하지 말며, 받아들이는 사람이 감사하여 먹을 것을 내놓으면 그 음식을 먹고 축복할 것을 예수는 제자들에게 가르쳤습니다. 그러면서 너희의 말을 듣는 자들은 내 말을 듣는 것이요, 너희 말을 거부하는 자는 곧 내 말을 거부하는 자라는 말씀을 덧붙이셨습니다. 이쯤 되어야 예수의 제자가 되는 것이며, 방랑자 예수의 삶을 따르는 존재라 할 것입니다. 성직자가 아니고 교인이 아니며, 진실된 크리스천, 방랑자 예수의 후예가 되는 것이란 말입니다. 방랑자 예수께서 당신의 뜻을 따라 우리를 부르고 계시는데 우리는 너무 안정만을 취하며 살고 있는 것 같습니다. 나라고 하는 것이 너무 강해서 다른 사람을 나처럼 만들지 못해 안달하는 듯 보입니다. 예수의 제자로 살며 예배한다는 것이 진정 무엇을 뜻하는가를 달리 생각해야 될 것입니다.

예수의 너른 품,
어머니 예수

누가복음 19:1-10

어버이 주일이 되었습니다. 50대 중반이 된 제 또래 친구들의 부모님이 아직 생존해 계신 것을 보면 부러움과 안타까운 마음이 큽니다. 제 아버님 환갑날 저는 15세 철부지였습니다. 그로부터 얼마 사시지 못하고 돌아가셨고, 어머님은 군대 갔다가 유학을 마치고 돌아온 지 2년이 되지 않아 지병으로 돌아가셨습니다. 그때 제 나이가 30대 초반이었습니다. 어머님이 돌아가시자 나를 지탱해 주었던 보이지 않는 어떤 줄이 끊어져 버린 것 같은 외로움에 사무쳤던 기억이 납니다. 자식을 늦게 둔 탓으로 그분들은 정말 자식들만을 위해 살다가 아무런 보살핌도 받지 못하신 채 돌아가셨으니 개인적으로 마음속에 회한이 크게 남습니다.

개신교 신학자로서 저는 매주 수요일마다 서강대학교에서 가톨릭 수녀, 수사, 신부들을 한 50, 60명 만나 가르치는 행운을 누리고 있습니다. 지난주는 가톨릭의 마리아론에 대한 토론이 있었습니다. 개신교에 속한 저희로서는 상상할 수 없을 정도로 그들에게 마리아는 신격화된 존재였습니다. 예수는 물론이고 그의 형제들조차 마리아가 육체로 잉태한 것이 아님을 강조합니다. 그래서 제가 물었습니다. 꼭 동정녀로 예수를 낳아야 마리아가 성녀가 되는 것인가? 인간적 근원을 알 수 없는 예수를 낳아 30년 동안 훌륭하게 고통 속에서 키워낸 마리아는 성모가 될 수 없는가를 개신교 여성신학자들의 견해를 빌어 도발적으로 물었습니다. 남성 위주의 사회일수록 어머니인 여성과 처녀만이 강조되는 현실에서 마리아의 동정녀성을 강조하여 그를 여타의 여성과는 다른 여성으로 만들어야 성녀가 되는가를 의도적으로 물었던 것이죠. 우리를 낳아주고, 길러주고, 모진 고통을 참아내며 살아낸 일상의 여인들, 일상의 어머니, 그들은 정말 성녀가 아닌지를 되묻고 싶었던 것입니다. 아시는 대로 성서에는 동정녀라는 말이 없습니다. 희랍어로 여인이라는 말만 있을 뿐입니다. 성령으로 잉태된 이야기도 최초의 저서인 바울서신에는 언급조차 없고, 마가복음에도 한마디 기록되어 있지 않습니다. 비교적 후대에 쓰인 마태복음에 처음으로 이 이야기가 나올 뿐이죠. 이 땅의 불교에서는 아기를 낳아 키운 경험이 있는 여성들을 일컬어 '보살'이라고 말합니다. 남자들에게는 그런 명칭이 주어지지 않았습니다. 외세의 침입을 비롯하여 숱한 역경의 세월을 보냈던 한국 역사, 그 역사 속에서 여성들이 겪었던 것은 남성들과는 달리 이중, 삼중, 사중의 고통이었을 것입니다. 그 와중에서도 생명을 낳아 가족을 이루고 민족을 이어왔다는 역사적 현실에 대한 불교적 이해가 반영되어 그녀들을 '보살'이라고 부르고 있습니다. 불교가 우리의 어머니, 우리의 어버이를 '보살'로 부른다면 우리 기독교는 이들을 성별과는 무관하게 '성녀'라고 불러도 된다고 저는 생각을 했습니다.

신약성서에 하나님 또는 예수님을 여성의 이미지로 표현한 한 구절을 우연히 발견하였습니다. 동전 한 닢을 잃어버려 그것을 찾고자 애쓰는 한 여인의 이야기입니다. 이 여인이 하나님이자 곧 예수로 비유되고 있습니다. 이스라엘 여인들은 시집갈 때 급할 때나 소중한 일에 쓸 용도로 동전 몇 닢 정도 가져가는 모양입니다. 형편에 따라서 두 닢도 가져가고 열 닢도 가져가고 그랬던 것 같습니다. 말 못 할 상황에 요긴하게 쓰기 위하여 부모들이 챙겨주는 돈일 것입니다. 이렇듯 귀한 돈 한 닢을 잃어버렸습니다. 너무도 안타까워 여인은 온 방바닥을 기어 다니며 찾고자 혈안이 되었습니다. 잃은 것 찾고자 하는 이 여인을 일컬어 성서는 우리 죄인을 찾고자하는 하나님이자, 예수라고 비유한 것입니다.

삭개오의 본문을 통해 동전 한 닢을 찾는 이의 심정, 즉 우리 어머니의 마음을 예수에게서 발견해 보고자 합니다. 개인적으로는 참 오랜만에 삭개오의 이야기가 눈에 들어왔습니다. 키 작은 삭개오 아저씨의 이야기를 유년 주일학교 시절에 배웠고, 또 유년 주일학교 교사 시절 가르쳤습니다. 어버이 주일에 이 본문을 다시 읽은 것에 감사합니다. 삭개오는 세리였습니다. 세리는 당시로서는 로마의 앞잡이들이었지요. 어려운 동족에게서 세금을 더 많이 거둬들여서 로마에게 상납하고, 그중에서 자기의 몫을 챙겼으니, 부자였으나 동족의 미움과 원한을 많이 받았을 것입니다. 동족으로부터 사람 대접을 받지 못한 외로움에 사무친 존재, 그가 바로 삭개오였습니다. 이렇듯 삭개오는 외롭고 괴로웠으며, 누군가가 언제라도 다가와 손 내밀어 주기만을 기다렸습니다. 자기를 붙들어 줄 따뜻한 손, 다시금 자신의 정체성을 회복해 줄 넉넉한 사람을 마음속으로 간절히 고대했을 것입니다. 우리가 사는 세상에는 이런 넉넉한 품이 필요한 사람이 많이 있습니다. 마치 큰 나무에 새들과 벌레들이 깃들 수 있듯이 상처받고, 외롭고, 쉼이 필요한 사람들에게도 그들이 거할 만한 넉넉한 품이 반드시 필요한 것입니다. 한 가정 안에서 그런 역할은 아버지보다는 언제든 어머니의 몫이었습니다. 어머니는 새와 벌레들이 깃든 큰 나무와도 같은 존재임이 틀림없습니다. 어느 순간 삭개오는 넉넉한 품을 지녔다고 하는 예수에 대한 소문을 들었습니다. 그래서 그는 정말 예수를 마음속으로 그리워하게 되었지요. 자기 마을에 오신다는 소식을 듣고 잠을 이룰 수 없을 만큼 기뻤고 설레었을 것입니다. 정작 예수가 마을에 왔을 때 키 작은 그는 사람들에 둘러싸인 예수를 볼 수가 없었습니다. 그가 할 수 있는 일은 근처의 뽕나무 위로 올라가는 일이었지요. 예수를 보는 것만으로도 자신의 외로움과 상처가 치유될 것만 같아서였습니다. 그때 예수의 눈길이 주변을 에워싼 뭇사람이 아니라 뽕나무에게 오른 삭개오에게로 향했고 그의 절박한 마음을 읽으셨습니다.

사실 어머니만이, 모성적인 품만이, 상처받은 자녀를 먼저 품을 수가 있습니다. 이 경우 예수는 어머니였습니다. 모성적 감각을 가지고 있지 않았더라면 혼돈의 시끄러움, 그 많은 군중 속에서 외로운 삭개오를 발견할 수 없었을 것입니다. 삭개오의 마음, 그의 삶의 지난한 과정과 아픔을 누구보다 먼저 보았던 것이지요. 그리고는 말씀하셨습니다. "삭개오야, 내려와라. 오늘 내가 너희 집에 머물겠다." 주변 사람들은 예수가 로마의 앞잡이, 동족을 배반한 죄인의 집에 들어간다고 수군거렸지만 예수는 언제나 고뇌하는 사람을 품에 안으셨습니다. 가난한 민중들에게, 상처받고, 외롭고, 위로가 필요한 사람들에게, 누군가의 손길을 바라는 사람에게 너른 품이 되어 주신 것입니다. 그가 죄인이든 로마의 앞잡이든 상관없이 말입니다. 사실 예수께서 이런 사람에게 너른 품이 될 수 있었던 것은 그 스스로 온갖 고통과 상처와 아픔을 가슴에 품고 살았기에 가능한 일이었습니다. 자기만을 챙기는 사람, 나만을 강조하는 사람에겐 너른 품이 존재할 수가 없습니다. 넓은 품이 결코 그 사람의 몫이 될 수가 없는 것이지요.

도덕경을 쓴 노자는 예수가 목수로 사셨던 것처럼 일생을 옻나무를 심어 그 옻나무에서 옻 액을 내어 파는 일로 자기의 생계를 꾸렸습니다. 옻나무를 보면서 어머니 예수의 삶이 다시 떠올려집니다. 옻나무는 진한 체액을 내뿜는데, 체액은 여러 제품들을 썩지 않고 광택이 나도록 만드는 용도로 사용됩니다. 체액은 반드시 상처와 고통을 통해서만 흘러나오지요. 그래서 정작 옻나무에게는 온갖 상처투성이뿐입니다. 그러나 그로부터 나온 체액은 모든 것을 아름답고 귀하게 만들고 있습니다. 상처 없이는 체액이 나오지 않는 법, 체액을 빼앗긴 옻나무는 상처투성이로 다른 나무에 비해 일찍 겨울나무가 되어버리지요. 그런 나무를 일컬어 우리는 십자가라 부릅니다.

예수는 삭개오의 마음을 알고 그를 당신의 품에 안았습니다. 예수의 품에 안긴 사람이라면 세상을 보고 사물을 보는 눈 역시 달라져야 옳습니다. 삭개오의 집에 머물렀던 예수는 그 집에 구원을 선포했습니다. 상처투성이 삭개오가 예수의 넓은 품에 어린아이처럼 안긴 것, 그 자체가 이미 구원이었습니다. 구원이란 자기가 진정으로 살고 싶은 삶을 사는 것입니다. 자기가 원하지 않는 삶을 사는 것만큼 불행한 일은 없습니다. 삭개오는 로마의 앞잡이 세리로 살던 삶을 청산했습니다. 자기의 소유를 나눌 수 있었습니다. 그것보다 더 값진 부활을, 구원을 체험했기 때문입니다. 바로 그런 사랑을 받은 존재들이 우리이고, 우리의 자녀이고 또 우리 기독교인들입니다. 성서는 우리가 구원될 수 있음을 이런 식으로 말하고 있습니다.

가정의 달, 어버이 주일을 맞이해서 세상을 보는 우선순위가 조금은 달라졌으면 합니다. 중요한 것을 중요하게 보고, 자기가 원하고 바라는 삶을 살 수 있는 경험들이 많아졌으면 좋겠습니다. 더 많이 사랑하고, 더 많이 참으며, 더 많이 베풀고, 스스로 넓은 품이 되어야겠습니다. 새와 벌레들이 모이는 나무와 같은 존재가 되어야 할 것입니다. 어머니 예수의 품에 안겨본 감각으로 아니 어린 시절 어버이 품에 안겼던 그 기억으로 자신의 왜소한 품을 넓게 만들어야 합니다. 쓸쓸한 이들과 벗 되어 사는 삶을 결심해야 할 때입니다. 우리의 왜소한 틀을 넓힐 수 있다면 이것은 어버이 주일이 주는 선물이자 일생을 성녀로 살았던 여러분의 어머니가 간절히 바라는 일일 것입니다. 우리의 품을 넉넉하게 넓히는 가정의 달, 어버이 주일이 되면 좋겠습니다.

하나님이 일하시니 나도 일한다

요한복음 5:15-18

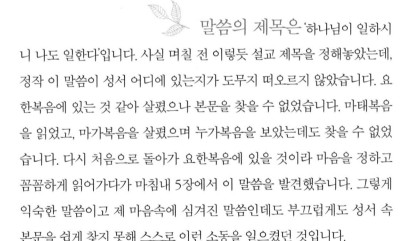 말씀의 제목은 '하나님이 일하시니 나도 일한다'입니다. 사실 며칠 전 이렇듯 설교 제목을 정해놓았는데, 정작 이 말씀이 성서 어디에 있는지가 도무지 떠오르지 않았습니다. 요한복음에 있는 것 같아 살폈으나 본문을 찾을 수 없었습니다. 마태복음을 읽었고, 마가복음을 살폈으며 누가복음을 보았는데도 찾을 수 없었습니다. 다시 처음으로 돌아가 요한복음에 있을 것이라 마음을 정하고 꼼꼼하게 읽어가다가 마침내 5장에서 이 말씀을 발견했습니다. 그렇게 익숙한 말씀이고 제 마음속에 심겨진 말씀인데도 부끄럽게도 성서 속 본문을 쉽게 찾지 못해 스스로 이런 소동을 일으켰던 것입니다.

'하나님이 일하시니 나도 일한다'는 이 말씀을 설교 본문으로 정한 것은 〈워낭소리〉라고 하는 영화를 보았던 까닭입니다. 지난 4년 동안 저는

용인 죽전에서 하루 4시간씩 걸려 학교에 다니곤 했습니다. 하지만 하루 4시간을 왕복하며 학교를 계속 다닐 자신이 없었습니다. 그래서 아이들을 설득하고 조르다시피 해서 다시 4년 만에 옛날 살던 동네로 이사를 왔습니다. 북한산이 바로 눈앞에 보이는 곳, 구기동으로 말입니다. 그 동네에 참 아름답게 지어진 교회가 하나 있었는데 그곳이 4년만에 돌아오니 유명한 불고깃집으로 바뀌어 버렸습니다. '교회는 결코 건물이 아닌 것'을 실감하며 옛 동네에서 다시 둥지를 틀었습니다.

2시간 전부터 준비해야 광화문에 이를 수 있었던 옛날과는 달리 이제 20분 만에 광화문을 나올 수 있게 되니 참 좋았습니다. 걸어서 학교를 오가는 길에 무심코 씨네큐브에 들렀습니다. 〈워낭소리〉란 영화가 5분 후에 상영한다는 안내방송이 있어 무슨 내용인지도 모른 채 입장했습니다. 소와 함께 고된 노동을 하며 9남매를 키워낸 늙은 부부의 이야기였습니다. 그 옛날 저희 부모님들을 생각하며 깊은 감동을 느꼈습니다. 영화관 밖으로 나오는 순간 KBS TV에서 인터뷰를 요청하였습니다. 물론 저를 기다린 건 아니겠지만 우연히 제 감상을 밝힐 수 있는 기회였습니다. 주간 내내 제가 보는 신문에서 세 차례에 걸쳐서 〈워낭소리〉의 내용을 기사나 칼럼으로 소개해 주었습니다. 저에겐 할아버지와 늙은 소의 교감이 오늘 읽은 '하나님이 일하시니 나도 일한다'는 그 말씀처럼 하나님과 예수의 교감으로 이해되었습니다. 하여 오늘의 성서 본문을 〈워낭소리〉의 감흥과 엮어볼 생각을 한 것입니다.

'하나님이 일하니 나도 일한다'는 말씀이 너무도 익숙했으나 정작 본문의 출처를 찾고자 애쓰면서 말씀이 새롭게 다가왔습니다. 본문 말씀은 38년간 병을 낫게 하고자 연못가에 주저앉아 있던 병자의 이야기와 연결되어 있습니다. 베데스다란 연못은 유대 민족의 전설에 따르면 치유 가능성이 없는 절망적인 병자들이 마지막 희망을 걸고 모여드는 곳이었습니다. 어느 순간에 천사가 하늘로부터 내려와서 목욕을 하게 될 터인데 그 순간 움직이는 물속으로 제일 먼저 들어가면 누구라도, 어떤 병이라도 고침을 얻을 수 있다는 전설의 장소였습니다. 이런 전설은 병자들에게 기적이요 희망이 되었습니다. 그곳에는 일어날 수도, 앉을 수도 없어 늘 누워 있어야 하는 한 병자가 있었습니다. 수많은 사람이 그 한순간을 기다리며 물이 움직이기만을 기다리고 있는 와중에서 이 병자는 38년 동안 기회가 자신의 것이 되기만을 기다렸습니다. 더러 이런 기적으로 치유된 사람이 있었던 모양입니다. 그러니까 그렇게 많은 사람들이 지속적으로 그 자리에서 그 순간을 기다렸던 것이겠지요. 이 병자역시 그런 기회가 오기를 손꼽아 기다렸지만 그것은 자신에게 돌아올 몫이 아니었습니다. 다들 병자이긴 했으나 자기보다 빠르게 달려 들어갈 수 있는 사람들이 주변에 많았기 때문이지요. 38년간을 기다림과 절망을 반복하며 보낸 병자 곁으로 어느 안식일 날 예수께서 지나가셨습니다. 병자의 깊은 절망을 보시고는 그에게 하신 예수의 말씀이 있었습니다. "네가 낫기를 원하는가"라는 것이었습니다. 평소에 듣고 싶었던 말씀이었습니다. 하지만 지금까지 누구로부터도 듣지 못했던 말씀이었습니다. 이 말씀을 귀담아들은 순간 기뻐 눈이 번쩍 뜨였음에도 불구하고 지난 38년간의 절망이 다시금 자신의 온몸을 감쌌습니다. '낫기를 원한다'고 수백 번 마음으로 대답하였겠으나 그 순간 그의 입에서 나온 대답은 이런 것이었어요. "그런데 어느 누구도 나를 저 요동하는 물로 데려가주는 사람이 없습니다." 이것이 바로 38년 동안 그가 경험한 모든 것이었습니다. 그 한 번의 기회를 기다렸지만 늘 자기 것이 될 수 없는 좌절을 경험했던 탓입니다. 이런 병자를 향해 예수께서는 "일어나서 네 자리를 들고 걸으라" 하시며 치유의 사건을 허락하셨습니다. 여기서 중요한 것은 그냥 "일어나 걸으라"가 아니라 38년 동안 뭉개고 깔고 주저앉아 있던 "네 자리를 들고 일어나 걸으라"는 것입니다. 그냥 "일어나 걸으라"라고 말하지 않았지요. 38년 동안 절망과 좌절로 점철된 그 자리를 들고 일어나 걸으라 한 것입니다. 38년간 뭉개며 지냈던 절망의 자리, 요행의 자리, 시기의 자리, 분노로 얼룩진 삶의 자리, 바로 그것을 들고서 일어나라는 것입니다. 예수는 말씀으로 육체만이 아니라 인간 삶 전체를 치유코자 하였던 것입니다.

얼마 전, 도올 김용옥 선생으로부터 세 권으로 된 논어 한글 역주를 선물 받았습니다. 합하면 대략 2천 페이지 되는 분량의 큰 책이었습니다. 유한킴벌리 회사가 사회공헌사업 일환으로 거금을 희사해서 이룬 업적이었습니다. 이 책 속에서 도올은 자신의 기독교적인 이해를 동원하여 유교 경전을 풀어냈고, 때로는 양자를 비교하며, 때로는 가치 평가를 통해 상호 차이를 드러내 보여주었습니다. 이를 읽다가 제 머릿속에 떠올려진 하나의 생각이 있었습니다. 예수의 행적과 공자의 행적을 비교할 때 확연히 두드러지는 것을 발견한 것입니다. 주지하듯 예수는 일상적이고, 보편적인 사람들과의 관계에 초점을 두기보다 구원이 필요한 자, 절망에 빠진 자, 일반적인 것을 결핍한 사람들과의 대화에 몰두했다는 사실입니다. 물론 그렇다고 해서 일상적이고 보편적이며 상식적 차원에서의 인간 감정을 문제 삼는 유교의 의미를 과소평가할 수 없고, 그 중요성을 간과할 수 없는 노릇입니다. 하지만 인간을 구제하겠다는 예수의 의지, 정상적인 삶을 살지 못하는 사람들에게 관심하는 예수의 구체적인 의지만큼은 유교를 비롯한 어느 종교도 추종할 수 없을 것입니다. 인도의 간디하고도 바꾸지 않겠다는 평가되는 이 땅의 성인 다석 유영모 선생 같은 이도 자신이 38년 된 병자의 모습과 같았던 적이 있었다고 고백했습니다. 그는 16세 때 세례를 받았습니다. 한창 열심히 교회를 다닐 때는 주일 하루 동안 세 곳의 교회를 찾아 세 번의 예배를 드릴 정도로 열심이었습니다. 그런 그가 세례 후 38년이 지난 56세 때에 〈믿음에 들어간 이의 노래〉를 부르면서 지난 38년간의 삶이 38년 된 병자의 모습과도 같았다고 했던 것입니다. 교회가 준 세례 역시도 자신의 삶을 실제로 바꿔 놓지 못했던 것을 고백하였습니다.

이렇게 보니 연못가에 모여든 수많은 사람들의 의미가 더욱더 분명해집니다. 남 보기에 부족함 없이 살고 있는 듯 보이는 우리도, 겉으로 보기에는 잘 살고 있는 것 같고 넉넉한 듯 보이며 부러움을 자아내는 듯하나 여전히 경쟁하고 분노하고 절망하면서 요행을 바라는 일상을 살고 있다는 것입니다. 우리 역시도 물이 요동하는 연못가에 데려다주는 사람이 없다며 절망과 탄식을 지속하고 있습니다. 수레바퀴처럼 돌고 도는 반복된 삶 속에서 자유롭고 싶은 마음이 간절함에도 불구하고 어느 누구도 그 길로 인도하지 않는다는 절망이 우리에게 있는 것이지요. '자리를 들고 일어나 걸으라'는 말씀이 안식일에 있었다는 이유로 유대인들은 예수를 박해하기 시작했습니다. 우리 중에 예수께서 안식일만을 택하여 이런 일을 했다고 생각하는 사람은 없을 것입니다. '아버지께서 하시는 일이기에 나도 행한다'는 말씀은 유대인들의 저주 어린 박해를 받으면서도 안식일에 병자를 고치셨던 맥락에서 비롯한 것입니다.

기독교인의 삶을 살고 있는 우리는 하나님 아버지의 일과 예수의 일이 무엇인지를 알고 싶어 합니다. 그래서 주님 뜻대로 하옵소서라는 기도를 배우며, 그 뜻을 찾아 살고자 힘쓰고 있습니다. 오늘 본문은 하나님의 일이 무엇이고 예수의 일이 무엇인지를 분명하게 말해줍니다. 우리는 하나님과 예수를 같은 본질, 같은 실체, 같은 속성이라 배웠고 그것을 고백하지 않으면 이단이며, 큰일 나는 것처럼 생각합니다. 그러나 본문에서 알 수 있듯이 예수께서 하나님과 같은 이유는 하는 일이 같기 때문이었습니다. 관심하는 일이 같기 때문에 같은 분이 된 것입니다. 본질이 같고 속성이 같아서가 아니고 실체가 동일하고 생김새가 닮아서가 아니라, 하는 일이 같았기에 그분은 하나님과 같은 분으로 여겨졌습니다. 예수가 하나님이라는 것은 생김새 때문이 아니라 그가 지닌 관심 즉, 어떤 눈으로 세상을 보고, 어떻게 사람을 만났는가 하는 데 있습니다. 고통과 절망 속에 있는 사람들을 향해서 '네가 낫기를 원하느냐'고 묻고 있는 것입니다. 이 물음이 있는 한, 더욱이 우리를 향한 이런 질문이 있기에 우리의 삶은 절망적일 수 없습니다. 우리의 자리를 들고 걸으라는 그 말씀을 우리 역시 들을 수 있기 때문입니다.

이쯤에서 〈워낭소리〉 이야기를 시작해보겠습니다. 이충렬이라는 감독이 3년간 청량산 자락, 경북 봉화 산골 마을에서 3년간 80대 노부부의 삶과 늙은 소 한 마리를 카메라에 담은 독립영화의 장르에 속하는 한 시간 남짓한 영화입니다. 이 영화는 늙은 소와 80대 할아버지가 둘이 아니라 한 몸임을 보여주었습니다. 9남매를 위해 할아버지와 소는 함께 일했고 같이 아팠고 더불어 죽음의 순간을 맞이했습니다. 모든 고생을 함께 했음에도 팔려나가는 순간 소가 흘리던 눈물은 그 짐승이 결코 영혼 없는 동물이 아님을 느끼게 했습니다. 영화에서 할아버지와 소는 둘이 아니고 하나였습니다. 소의 목에서 들리는 워낭소리는 일하기 위해 존재했던 할아버지와 소를 잇는 운명의 끈과 같은 것이었습니다. 소시장에서 소를 팔려 했으나 늙은 소를 향해 눈길 한번 주지 않는 상인들을 향해 "안 팔아, 안 팔아"를 연발하고, 술자리에선 그 소가 얼마나 영험했으며 사람보다 나은 짐승이었던가를 이야기했습니다. 아들보다 낫고 어떤 사람보다도 훌륭했다며 할아버지는 소와의 추억을 떠올렸습니다. 이 영화의 클라이맥스는 일생동안 멍에였던 소코뚜레를 풀어주는 할아버지의 마음이었습니다. 소코뚜레를 낀 순간부터 소는 일을 위한 존재로 살아야만 했습니다. 아니 할아버지도 그 순간부터 일을 위해 살아야만 하는 존재가 되었습니다. 뚫리는 소도, 뚫는 사람도 일을 위해 살아야 하는 존재였던 것입니다. 할아버지는 너무 늙고 병들어 더 이상 꿈쩍도 않는 소를 보면서 그의 마지막을 느꼈고 마침내 소코뚜레를 풀어냅니다. 소의 인생을 짓눌렀던 고삐가 벗겨짐으로써 소와 더불어 할아버지 역시도 자유할 수 있게 되었습니다.

예수는 하나님에 의해 코가 꿴 존재였습니다. 하나님에 의해 코가 뚫린 분이었어요. 그래서 그 역시 하나님의 일을 하는 존재가 된 것입니다. 9남매가 아닌 인류 모두를 위해 아낌없는 삶을 살다가 가신 분이었습니다. 9남매가 있는 한 할아버지와 소가 하나이듯, 낫기를 원하는 현실이 있는 한 하나님과 예수는 결코 나뉠 수 없는 하나의 존재였습니다. 〈워낭소리〉는 오늘 우리에게 이런 현실을 일깨워줍니다. 그분의 십자가는 인생 마지막 어느 순간의 고통이 아니라 3년의 공생애 자체라는 것입니다. 십자가는 결코 한순간의 사건이 아니라 그 삶의 여정 전체라는 사실입니다. 십자가와 소코뚜레, 이 둘이 결코 다른 것이 아니라 생각되었습니다. 부활을 소코뚜레가 풀리는 소의 모습으로, 아니 일로부터 자유롭게 된 할아버지와 소의 모습으로 상상하면 어떨까요.

한겨레신문에서 자주 즐겨 읽는 김선주 칼럼이 있습니다. 김선주 칼럼에도 이 영화를 소재 삼은 글이 실렸습니다. 영화를 보며 펑펑 울고 나왔다고 합니다. 평생 일을 하다 소진한 할아버지와 소를 보며 우리 현실에서 채 살아보지도 못하고 죽어간 용산 철거민들의 삶이 더 애절했다고 말해줍디다. 소조차도 값으로 매길 수 없어 정중하게 장례를 치러주었던 할아버지를 보면서 사람을 고깃덩어리만도 못하게 취급하는 현실에 절망하며 김선주 씨는 절필하고 싶다 했고, 글에 대한 절망과 좌절까지 느꼈다고 합니다. 이 말을 제 식대로 바꾸면 결국 시대의 비극인 용산 참사는 예수의 일이 단절된 것을 뜻합니다. 그 옛날 유대인들처럼 안식일을 거역했다는 이유로 예수의 일이 방해, 훼방 받았던 것입니다. 그러나 정말 낫고자 하는 현실이 있는 한, 낫기를 바라는 사람이 있는 한 예수의 일은 계속되어야 할 것입니다. 이 이야기는 워낭소리처럼 우리의 귓전에 맴돌 것입니다. 38년간 아니 일생동안 절망과 분노, 시기와 질투를 반복하고 요행을 바라며 삶을 지탱하는 사람들이 있는 한 '아버지가 일하니 나도 일한다'는 예수의 말씀이 우리에게 워낭소리로 들려질 것입니다. '아버지가 일하시니 나도 일한다'는 이 말씀은 예수의 제자로서 살아가려는 오늘 우리에게 '예수가 일하시니 나도 일한다'라고 하는 크리스천의 존재 이유가 될 것입니다. '하나님이 일하시니 나도 일한다'는 이 말씀이 워낭소리가 되어 오늘 우리의 가슴 속에 끊임없이 울려 퍼져야 하겠습니다.

약함과 강함

고린도전서 1:18-31

오늘은 11월 1일, 새로운 달이
시작되었습니다. 겨울을 재촉하는 비교적 큰 비가 내렸네요. 여름 한 철
화려하고 풍성했던 나무들도 이 비에 점차 나목으로 변해가고 있습니
다. 떨어지기 싫어하는 나뭇잎도 있었겠지만, 여지없이 떨어졌고, 많은
나무들이 벌거숭이로 자기의 본질을 드러내고 있습니다. 이런 나목의
모습을 보는 것이 즐겁지만은 않습니다. 뭔가의 허전함, 자신의 초라해
진 모습을 보는 것 같기 때문입니다. 그래서 가을은 나이가 들수록 좋은
계절이 아닌 것 같습니다. 한 해의 마지막을 앞두고 또 절기가 주는 변화
를 느끼면서 본문에 근거하여 하나님 안에서 잘 살았는가, 하나님 안에
서 벗을 것은 벗었는가, 하나님 안에서 지킬 것은 지키며 살았는가를 한
번 생각해 보겠습니다.

본문 말씀에서 몇 가지 중요한 내용을 정리해 보겠습니다. 본문에 앞서있는 8절에서 '십자가의 도가 멸망하는 사람들에게는 미련한 것이요 구원을 받은 우리에게는 하나님의 능력이다'라는 말씀을 읽게 됩니다. 23절에는 '우리는 십자가에 못 박힌 그리스도를 전하되 그것은 유대인에게는 거리끼는 것이요 이방인에게는 미련한 것이지만 우리에게는 하나님의 능력이자 지혜다'란 말씀도 쓰여 있습니다. 이어진 27절에는 '하나님께서 세상의 미련한 것들을 택하사 지혜 있는 자들을 부끄럽게 하려 하시고 또 세상의 약한 것들을 택하사 강한 것들을 부끄럽게 하려 하신다' 했으며, 29절 마지막에는 '육체로서 하나님 앞에 자랑할 것이 아무것도 없다'는 말씀으로 결론을 맺고 있습니다. 기독교인이라 칭하는 우리가 교회 공동체에 모여 제일 먼저 해야 할 일은 십자가의 도를 하나님의 능력이자 하나님의 지혜로 경험하는 일이고, 그것을 확신하는 일일 것이며, 거기서 나오는 삶의 향기를 주변에 전하는 일이라 생각합니다. 그것 이외에 우리가 이곳에 있어야 할 이유는 없습니다. '십자가의 도'는 당시 바울의 상황에서 볼 때에 유대인에게도, 희랍 상황에도 너무 낯설었습니다. 유대인에게는 날 때부터 육체로서 자랑할 특권(선민) 의식이 있었고, 헬라 사람들은 당대 세계의 최고의 지혜, 로고스를 가졌다는 오만으로 자기 이외의 존재를 야만적이라 여겼습니다. 그런데 십자가의 도는 그것이 유대인의 특권이건 헬라인의 지혜든 간에 육체로 된 것은 모두 하나님 앞에 자랑할 것이 없다며 모든 것을 상대화시키고 때로는 무화시켰습니다. 약한 것 같으나 이런 힘을 지닌 것이 바로 바울이 자랑하며 전하는 '십자가의 도'였습니다.

그렇다면 육체란 무엇을 뜻하는 상징적인 언어이겠습니까? 우리는 유대인처럼 선민의식을 갖고 있지 않습니다. 헬라 사람들처럼 보편적 지혜를 갖고 있는 것도 아닙니다. 그럼에도 불구하고 오늘 우리가 성서의 말씀에 마음을 열어야 하는 것은 육체에 대한 이해가 중요하기 때문입니다. 때로는 남보다 좋은 출생 배경이 우리에게 육체가 될 수 있습니다. 넉넉한 집안에서 태어나고, 좋은 교육을 받으며, 출발부터 다른 인생을 살 수 있는 금수저의 여건이 바로 여기서 말하는 육체에 해당되겠습니다. 삶의 출발부터 남들과 다른 인생을 살고 있고, 그 다름을 더 확장시키기 위하여 안달하는 소위 상전인 척하며 사는 사람들이 늘어나고 있습니다. 이런 식의 삶은 유대 민족의 선민 특권이나 헬라인의 지혜와 조금도 다르지 않습니다. 생득적인 것을 자랑하며, 그것을 통해서 남들과 다른 삶을 뽐내며 그를 당연시하고 확대 재생산하려는 것, 그것으로 자신의 신분과 지위를 평가받고자 할 때 이것은 분명히 성서가 말하는 육체의 일입니다. 성서는 이것들은 언젠가 세상의 약한 것들에 의해서 부끄럽게 될 수 있다고 말씀합니다. 세상의 미련한 것을 택하사 지혜 있는 자를 부끄럽게 하며 약한 자를 통해 강한 것을 부끄럽게 한다는 말씀이 바로 그것입니다. 비록 니체가 이 말씀을 두고 성서야말로 약자의 논리라고 조롱한 적도 있었으나 우리가 두려워해야 할 이야기입니다.

제자 중에 최근 미국에서 신학 공부를 마치고 돌아온 이가 있습니다. 80년대 중반 학번인데 대학 다닐 때 차비도 없고 점심 먹을 돈도 없어, 먼 거리를 걸어 다녔고, 점심을 거르는 일이 다반사였습니다. 태생적으로 자랑할 만한 것이 아무것도 없는 집안의 출신이었습니다. 몸도 한없이 약했습니다. 어머니가 그에게 신학을 하라고 권유를 했기에 그는 신학교에 들어왔고 누구보다 열심히 공부했습니다. 험한 곳에서, 세상의 그늘진 구석에서 돈도 벌었습니다. 마침내 홀로 노력해서 유학을 갔고, 남들보다 긴 세월을 일하면서 공부하여 어렵게 학업을 마칠 수 있었습니다. 그가 했던 공부는 오늘 우리 시대에 가장 쓰임새가 많은 학문으로 평가를 받고 있고, 'Who's who'라고 하는 인명사전에 이름도 올릴 수 있을 만큼 좋은 평가를 받았습니다. 그는 자신의 논문을 발표하거나 자기 후배들한테 설교할 때마다 오늘 읽었던 27절의 '약한 자를 통해 강한 자를 부끄럽게 한다'는 말씀을 늘 결론으로 삼았습니다. 그는 하나님이 계신다면 이런 분이어야 한다는 확신을 갖고 인생을 살고자 했습니다.

이 자리에 함께 한 우리는 어쩌면 유대인들이 말하는 특권과 헬라인들의 지혜에 견줄만한 육체로서의 자랑거리가 많은 사람일 수 있습니다. 상대적으로 좋은 부모를 가졌고, 훌륭한 직장을 얻었으며, 좋은 환경에서 살고 있는 탓입니다. 이것들 역시 소중한 것이지만 십자가의 도는 이것보다 강하고 힘이 있다는 것이 바울의 이야기입니다. 우리가 육체로 알고 판단하며 살아가는 것, 육체로 소유하고 있는 것은 참으로 깨어지기 쉽습니다. 말로는 우리 육체를 아무것도 아닌 것처럼 말하지만, 실상 우리의 삶은 육체적인 것을 자랑하며 살고 있습니다. 예외 없이 우리 모두가 그렇습니다. 하지만 기독교 신앙은 우리들에게 십자가의 도를 갖고서 육체로 사는 삶을 부끄러워 하라고 말합니다.

해리포터 시리즈를 써서 급기야 세계적으로 유명작가가 되어 부를 거머쥐었던 조앤 롤링이라는 사람이 있습니다. 어느 해 6월에 하버드 졸업식에서 축사를 맡았습니다. 그녀에게 이런 기회가 주어진 것은 인생 밑바닥에서부터 어렵게 삶을 시작했던 과거의 경력 때문이었습니다. 그녀가 했던 축사의 내용은 이렇게 시작되었다 합니다. "여러분이 하버드 졸업생이라는 사실은 여러분이 실패에 익숙하지 않았다는 증거입니다."
우리는 육적인 것, 육체적인 것을 자랑하며, 과시하며 살고자 합니다. 과거의 유대인들이 그랬듯이, 과거의 헬라인들이 그랬듯이 말이지요. 아무리 영적인 것을 추구한다 하더라도 우리 삶의 모습은 이 점에서 예외가 없을 것입니다. 십자가의 도, 어리석은 도를 갖고 살고자 하지 않았던 것입니다. 분명히 하나님은 자신의 약함이 세상의 강함보다 강하다고 말씀하셨습니다. 그럼에도 불구하고 우리는 과거의 유대인과 헬라인처럼 매사에 있어 판단기준이 육체적인 데 머물고 있습니다.

교회 안에도 그리스도의 도, 십자가의 도가 실종되었습니다. 신학과 교회 현장에서 가장 인기 있는 학문이 '목회상담학'이란 분야가 되었습니다. 심리학을 이용해서 교우들의 심리를 신학적으로 치유하는 학문, 이것이 오늘 교파를 막론하고 가장 인기 있는 학문인 것입니다. '목회상담학'이라는 분야는 뒤집어 생각하면 우리 교인들의 삶과 정신세계가 문제투성이인 것을 반증합니다. 개인적으로 저는 이런 학문 분야를 크게 신뢰하지 않습니다. 십자가의 도만 있으면 치유될 수 있는데, 많은 이들이 이 도를 따르지도, 좋아하지도 않은 결과라 할 것입니다. 교회가 많고, 절이 많다는 것은 사실 그렇게 좋은 일이 아닙니다. 우리 사회에 문제가 많다는 것을 보여주기 때문에 그렇습니다. 많은 사람들이 심리적으로 정서적으로 걱정이 많은 삶을 살고 있다는 지표입니다. 그래서 말하지요, 교회와 약국은 적을수록 좋다고 말입니다.

십자가의 도가 우리에게 하나님의 능력이라는 것이 바울의 일관된 주장입니다. 그렇다면, 과연 십자가의 도는 무엇이겠습니까? 유대인들이 거리끼고, 헬라인들이 싫어하는 십자가의 도는 무엇이겠습니까? 오늘을 사는 우리 역시도 왜 십자가의 도를 거부하는 것일까요? 어떻게 십자가의 도가 세상의 강한 것, 육체로 자신을 아는 사람들을 부끄럽게 할 수 있는 것일까요? 우리는 로마서 7장 말미에 있는 바울의 절규를 기억합니다. '오호라, 나는 곤고한 사람이다. 누가 나를 이 사망의 고통에서 건져 낼까.' 이런 바울의 절규는 보통의 상황에서 나올 수 있는 탄식이 아닙니다. 저는 가끔 우리 교회 교우들의 설교와 기도 속에서 탄식이 있음을 느낍니다. 때론 아름답고 교양 넘치며 지혜가 넘치는 설교이자 증언이겠으나, 그 속에 담겨진 탄식과 비탄을 저는 간파할 수 있었습니다. 교우들의 그런 심정과 옳게 만날 수 없는 저의 역할이 안타까울 뿐이었습니다.

십자가의 도는 흔히 포도가 포도주로 변하는 과정을 통해서 설명될 수 있습니다. 포도가 포도주로 변화되는 과정을 통해서 십자가의 도를 의미화할 수 있겠습니다. 포도는 썩어 없어지지만 포도주는 썩지 않는 생명인 까닭입니다. 아무리 오래두어도 포도주는 썩질 않습니다. 포도는 썩는데 포도주는 영원합니다. 인간이 하나님의 형상이라 말하듯 포도 안에는 발효될 수 있는 누룩이 들어 있습니다. 그 누룩 탓에 포도가 발효되어 포도주로 변하는 것이지요. 단지 포도 속 누룩이 발효하려면 포도알을 긴 시간 밀봉시키는 과정이 필요합니다. 이처럼 자신을 가둬 고통하는 과정에서 나오는 말이 '보아라, 나는 곤고한 사람이다'라는 탄식일 것입니다. 불순한 것을 없이하는 고통스런 과정이 바로 발효상태란 말입니다. 그래서 십자가의 도는 누구든지 자기 자신을 밀봉하여 발효시켜 포도주를 만드는 일로서 비유될 수 있습니다. 깨어지기 쉬운 우리를 포도가 아니라 포도주로서 살게(生) 하는 것이 십자가의 도가 지닌 힘입니다. 발효를 통해서 우리는 작은 자가 아니라 큰 자가 되어 모두를 품을 수 있는 사람이 될 수 있기 때문입니다. 포도주는 힘이 있습니다. 작년보다 올해, 올해보다 내년, 시간이 흐를수록 좋은 향과 맛을 내는 존재로 변하는 까닭입니다.

민음이라는 말을 동양적으로 표현하면 도道라고도 할 수 있습니다. 도통하면 뭐든지 할 수 있습니다. 민음은 경계가 없는 무한한 힘을 갖고 살수 있는 상태를 뜻합니다. 결국 자기를 이기는 일이고, 자기를 뛰어넘는 과정입니다. 동양에서는 그것을 도道라고 했고 무아가 되는 것이라 합니다. 자기를 발효시켜 자기 아닌 존재가 되었다는 말입니다. 발효가 되려면 밀봉해야 하는 바, 그것이 바로 고통입니다. 육체적인 선민의식을 갖고 있는 사람들에게 밀봉과 발효의 과정은 도무지 불필요했습니다. 자본주의 사회 속에서 태생적으로 우월한 신분의 소유자는 밀봉과 발효를 귀찮아할 뿐입니다. 연예인 중에 강남에 큰 빌딩을 소유한 사람들이 많이 있다 합니다. 차인표, 신애라 부부도 예외가 아닌 모양인데, 그들이 다른 연예인과 다른 것은 자신 소유의 빌딩 안에 몇 층을 극빈자 가정의 아이들과 맞벌이 부부를 위한 공간으로 내어주었기 때문입니다. 이처럼 자기 안에서 자기초월의 공간을 만드는 사람들이 바로 민음의 사람들입니다. 그들이 세상을 부끄럽게 할 수 있는 사람이고 지금 여기서 천국을 사는 사람들입니다. 우리가 우리 자신을 밀봉하여 발효시키지 못하면, 다시 말해서 십자가의 도를 갖지 못하면 우리는 여전히 유대인이고 그 옛날 헬라인들과 같습니다. 만약 우리가 옛날의 유대인이자 헬라인과 같다면 우리는 그리스도의 도, 그 어리석은 도에 의해서 언젠가는 한없이 부끄럽고 초라한 존재가 되고 말 것입니다.

흔히 우리의 예배를 영적 예배라고 그럽니다. 간절한 마음으로 영적 예배를 드리기를 원합니다. 그러려면 지금까지 자랑해왔던 우리 육체를 온전히 드려야 할 것 입니다. 우리의 학벌로, 재산으로, 건강으로 하나님을 기쁘시게 할 수 없습니다. 자기 자신 안에 하나님의 자리를 만드는 삶을 살아가는 것은 정말 말처럼 쉬운 일이 아닙니다. 자신을 밀봉시켜 발효되는 과정이 있어야 가능한 일입니다. 우리 모두는 다음의 질문 앞에 서 있습니다. 여전히 육체로 살면서 그리스도의 어리석음 앞에 부끄러움을 당할 것인지, 아니면 우리 스스로가 한없이 약한 그리스도의 도를 갖고 세상을 부끄럽게 하는 삶을 살 것인지의 물음입니다. 포도로 머물 것인지 포도주로 살 것인지의 선택일 것입니다. 영적 예배를 드린다고 하는 것은 바로 이런 의미입니다. 하나님 앞에서 자랑할 것이 아무것도 없다는 이 말씀으로 다시 한 번 자신들을 되돌아보기를 바랍니다.

깊은 곳, 깊은 강

누가복음 5:1-11

평범한 어부였던 베드로의 삶을 달리 만들었던 사건이 있었습니다. 그로부터 3년 후 허탈한 심정으로 게네사렛 호숫가에서 다시 그물을 던지고 있는 베드로의 모습을 떠올려 봅니다. 자신의 상식과 경험을 초라하게 만들 만큼 위력을 지녔던 예수의 말씀—깊은 곳에 그물을 내려라—앞에 모든 것을 놓아두고 새로운 인생을 시작했던 베드로였지만 예수의 십자가의 길, 인정하기 어려운 그 패배적 삶을 보며 베드로는 또 다시 얕은 곳에 그물을 던지는 허탈한 삶으로 되돌아오고 말았습니다. 짐작하건대 이곳에 앉아 있는 우리도 베드로의 경우처럼 오로지 이곳에 길이 있고, 진리가 있음을 믿고 찾아왔건만 오히려 절망과 좌절을 가르치고 있는 한국교회의 현실 앞에서 자포자기하게 된 경험이 있을 것입니다. 그래서 많은 신앙인들이 교회를 떠났고, 다른 종교로 이적해 갔습니다. 그러나 우리 대다수는 아직도 이 자리에 남아 있습니다. 이곳에서 다시금 희망을 배울 수 있다고 믿기 때문입니다. 그러기에 저는 깊은 곳으로 그물을 던지라는 예수의 말씀에 나 자신의 영혼을 집중시켜 보았습니다. 깊은 곳으로 그물을 던질 수 있는 신앙과 모든 것을 뒤로하고 그리스도를 따를 수 있는 용기, 결단이 가능할 수 있기를 바라서입니다.

오늘 설교의 제목으로 저는 "깊은 곳, 깊은 강"이란 어휘를 택했습니다. 깊은 곳이란 본문 말씀의 핵심을 지시하는 말이며, 깊은 강이란 고인이 된 『침묵』의 작가인 엔도 슈사쿠의 마지막 소설의 표제입니다. 소설 『깊은 강』의 내용을 가지고 성서의 '깊은 곳'의 의미를 해석해 봄으로써 신앙생활을 하는 우리 기독교인들의 나아감이 분명해질 수 있기를 기대해 보겠습니다.

사랑하는, 정말 끔찍하게 사랑하는 아내를 잃어버린 이소베라는 한 남자, 이 소설의 화자가 있습니다. 그는 아내를 너무 사랑한 나머지 그녀의 환생을 기다리는 마음으로, 아니 환생을 몸으로 체험하기 위하여 몇몇 관광객들과 함께 환생의 나라 인도로 여행을 떠나게 됩니다. 그는 그곳에서 자기 아내의 병간호를 맡았던 간병인 미츠코라는 여인을 우연히 만나게 되고 그녀로부터 옛 남자 친구이자, 지금은 신부가 되어 있는 오오츠의 이야기를 듣게 됩니다. 본 소설의 제목 『깊은 강』은 인도인들에게 있어서 거룩한 강인 갠지스강을 의미함과 동시에 오오츠라는 한 신부의 삶의 깊이를 상징하고 있습니다.

오오츠, 그는 오랜 가톨릭 집안에서 태어나 가톨릭대학 철학부를 다녔으며 이후 신부가 되기를 꿈꾸는 일본 내의 보기 드문 기독교 지성인입니다. 누군가 자신에게 왜 신부가 되려 하느냐고 물으면 그는 가톨릭 집안에서 태어나 그 분위기에 자연스럽게 젖었기 때문이라고 소박하게 대답합니다. 일본 사회에서 쉽사리 납득되지 않는 신神을 그는 서슴없이 양파, 곧 아무리 벗겨보아도 늘 한결같은, 사랑의 실체라고 바꾸어서 부르기도 했고, 바로 그것이 자신의 의지를 움직일 수 있게 하는 유일한 힘을 지녔다고 힘주어 말할 줄도 아는 사람입니다. 프랑스 유학을 떠나 신학 수업을 받는 과정에서 그는 그곳 교수, 신부들과 곧잘 논쟁 속에 휘말렸고, 서구 기독교 신학자들을 화나게 하곤 했습니다. 아시아의 모성적 심성이 그로 하여금 유럽의 기독교를 쉽사리 받아들일 수 없도록 했기 때문입니다. 결국 그는 그곳에서 신부 서품을 받지 못하고 수도자로 머물게 됩니다. 자신의 여자 친구였던 미츠코에게 보낸 편지에는 이렇게 쓰여 있습니다. "전 아직 신부가 되지 못했습니다. 신학교의 성직자들에게 전 신부가 되기 위한 순종의 덕이 부족하고, 진정한 신앙에 필요한 원칙을 잊어버리고 있다는 평가를 받았습니다. 순종의 덕이 부족하다는 것이나, 진정한 신앙이 부족하다는 것도, 실은 내가 변함없이 유럽식 기독교만이 절대일 수 없다는 생각을 답안지에 쓰거나, 그렇게 떠들었기 때문입니다"라고. 그런 자신에게 유럽의 신부들은 가톨릭교회를 떠나는 게 낫겠다고 말하지만 오오츠는 "나는 예수에게 붙잡혔기에 떠날 수 없다"고 말했습니다. 미츠코를 비롯하여 인도 여행을 했던 사람들은 우연한 기회에 이런 오오츠가 신부가 되지 못한 채 인도 갠지스강가에서 힌두교 옷차림으로 힘겨운 삶을 살아가고 있다는 소식을 접하게 됩니다. 놀라움과 함께 그들이 추적해 본 오오츠의 삶은 이렇게 이어집니다.

먼저 우리는 갠지스강에 대해서 사전적 이해를 할 필요가 있습니다. 갠지스강, 그것은 엔도 슈사쿠 소설의 제목이 말하듯이 여기에서 깊은 강으로 묘사됩니다. 갠지스강을 깊은 강이라 보는 데에는 그만한 이유가 있습니다. 인도인에게 있어서 갠지스강은 인간이 살아생전 아무리 고귀한 신분으로 살았건, 계급 밖의 천한 삶을 살았던 간에 그 모두를 받아들이는 성스러운 장소입니다. 말과 소의 오물이 버려지고, 사람들이 목욕하고 빨래하는 장소일 뿐 아니라, 죽어 화장된 인간의 마지막 한 움큼의 재 역시 이곳에 뿌려지고 있습니다. 그래서 죽음을 앞둔 많은 사람들은 저마다 이곳에서 자신의 마지막을 맞이하기 위하여 순례의 길을 떠나지요. 다행히 돈이 있고 명예가 있는 사람은 다른 사람의 힘을 입어 갠지스강까지 인도되어 그곳에서 운명할 수 있지만 그렇지 못한 경우 ─노인, 창녀, 거지─오랜 순례의 길 끝에 지쳐서 길에 쓰러져 숨을 거두고 길가에 나뒹그러져 있습니다.

바로 오오츠는 길가에 나뒹그러진 수많은 순례객의 시체를 등에 업고 화장터를 오르내리며 그들의 재를 갠지스강에 뿌려주는 역할을 하고 있었습니다. 더구나, 외국 수도사의 복장으로는 힌두교인들의 화장터를 출입할 수 없기에 그는 힌두교도 복장을 하고 있었습니다. 오오츠는 이렇게 말합니다.

갠지스강을 볼 때마다 난 양파(예수)를 생각합니다. 갠지스강은 썩어 문드러진 손을 내밀어 구걸하던 소녀도, 살해당한 간디도 똑같이 마다하지 않고 한 사람 한 사람의 재를 받아 흘러내립니다. 양파(예수)가 말한 사랑의 강은 어떤 추한 인간도 어떤 더러운 인간도 마다하지 않고 흘러 보냅니다." "양파(예수)가 이 마을에 들르셨다면 비록 이들이 힌두교도들이지만 그분이야말로 길에 쓰러져 있는 이들을 등에 업고 화장터로 가실 것이라고 생각합니다. 그분 생전에 십자가를 등에 지고 옮기셨던 것과 같이.

오오츠 신부의 마지막은 이렇게 장식됩니다. 같이 인도 여행을 떠났던 동료 중에는 기자 출신 신혼부부가 있었는데 그들은 직업상의 호기심으로 말미암아 사진 촬영이 금지된 화장터의 모습을 카메라에 담다가 몇몇 난폭한 힌두교도들에 의해 집단 폭행을 당하게 되었습니다. 그 순간 오오츠는 평소 입고 있던 힌두 복장을 그들에게 입히고 그들을 피신시키면서, 정작 자신이 사진 찍은 장본인임을 자처하여 일본인의 모습으로 그들에 의해 발로 차이고 몽둥이를 맞으면서 피를 토한 채 숨을 거두고 맙니다.

이런 모습을 지켜보면서 이 소설의 화자인 이소베는 아니 작가 엔도 슈사쿠는 다음과 같이 중얼거립니다. "오오츠, 저 사람이야말로 예수가 환생한 것"이라고. 자신의 죽은 부인을 그리워하며 그의 환생을 기대하여 찾아 왔던 인도 땅에서 한 가톨릭 수도사의 죽음을 통해 예수의 환생을 봄으로써 그는 부활의 의미를 아시아적으로 새롭게 묘사했던 것입니다. 작가는 본 소설을 통해서 갠지스강―깊은 강, 사랑의 강, 환생의 강인 갠지스강―은 인도인, 힌두교인만을 위한 것이 아니라 우리 모두를 위한 강이라고 말했습니다. 우리 모두를 예수로 환생시킬 수 있는 강, 바로 그 깊은 강, 갠지스강은 인도에만 있는 것이 아니라 우리의 삶 가운데도 있다는 것입니다. 제가 믿기로는 성서의 예수께서도 우리에게 이런 깊은 강으로 그물을 던지라고 말하고 있는 듯 싶습니다. 인도의 어느 유적지보다 갠지스강만큼 인생의 오묘함을 닮은 곳이 없다고 고백하는 작가의 말처럼 우리에게 이렇듯 깊은 강, 깊은 곳으로 그물을 던지라는 말씀이 몰려오고 있습니다. 지금까지 살아온 우리의 삶의 모습은 어떠합니까? 지금도 계속되고 있는 한국교회의 추악한 모습은 어떻게 생겨난 것일까요. 우리의 좌절과 아픔은 어디에서 비롯된 것인지요. 무엇이 우리로 하여금 힘의 논리에 맹종케 하여 얕은 곳에 머물도록 하면서 깊은 곳, 깊은 강을 외면토록 했습니까?

이제 우리에게 세속화된 아니 타락된 종교적 심성에 대한 뼈 깎는 반성이 있어야 될 줄 압니다. 이러한 문제는 기성 교회 지도자들만의 문제가 아닙니다. 신학을 가르치고 배우는 신학대학 내에서 그리고 우리들의 삶 속에서 거룩한 곳이, 깊은 곳이 발견되어야 하기 때문입니다. 저는 종종 제자들에게 이렇게 설교한 적이 있습니다. "여러분들은 이 학교에 선교사가 되기 위하여, 목사가 되기 위하여, 교수가 되고, 큰 교회를 섬기는 일을 위해서, 남들보다 좋은 기득권을 얻기 위해서 들어왔는지 모르지만 이곳에서 배워야 할 것은 자신의 삶 속에서 깊은 강과 깊은 곳을 확인하는 일이어야만 합니다. 선교사, 목사, 교수, 큰 교회를 섬기는 사람, 이것들은 모두 하나의 기능에 불과합니다. 이곳 감리교신학대학교는 여러분을 기능인으로 만들기 위한 곳이 아니라 삶의 바탈을 올바르게 키워주는 곳입니다"라고. 이런 일이 이루어지지 못하였기에 그동안 우리는 조그마한 이익에 중심이 흔들렸고 남들보다 앞설 목적으로 유/불리를 행동기준으로 삼아왔던 것입니다. 요즘 국내·외에서 큰 화제를 일으키는 책 가운데 『성공하는 사람들의 일곱 가지 습관』이라는 것이 있습니다. 이 책은 단순히 '나는 무엇이든지 할 수 있다'는 적극적 사고방식을 가르치는 부흥사들의 값싼 설교와는 질적으로 내용을 달리합니다.

건국 초기 미국은 '성품 윤리character ethic'라고 불리는 용기, 정의, 인내, 순수함 등의 인간의 인성에 관심을 집중시켜 왔습니다. 삶을 살기 위해서 기본적으로 지켜지고 간직되어야 할 원칙이 있음을 강조한 것이지요. 그러나 제1차 세계대전 이후 성품 윤리는 '성격 윤리personality ethic'로 바뀌기 시작했는데 여기에서는 대인관계를 원활하게 하는 성격 조정, 대중적 이미지, 기법과 화술, 예컨대 '찌푸리는 것보다 미소짓는 것이 더 많은 친구를 얻는다', '우리 마음속에 품고 있는 것은 무엇이든지 얻을 수 있다'는 것에 초점을 맞추게 된 것입니다. 다른 말로 하면 '성격 윤리'란 삶의 테크닉을 중시하는 것으로서 임시변통의 영향력 행사, 권력 획득 전략, 적극적 사고방식 등이 해당됩니다. 그러므로 저자 스티븐 코비는 앞으로 인류 미래를 위해 다시금 성품 윤리가 회복되어야 함을 역설했습니다. 원천적인, 기본적인 삶의 자세 확립 없이 기법과 기술에 익숙해지고 있는 오늘 우리의 삶의 모습에 대한 반성이 없으면 새 길을 가려는 우리 역시 우리를 좌절케 만든 사람들과 전혀 다를 것 없는 존재가 되어 버리고 말 것입니다. 기술과 기법에 인생을 거는 사람들은 타락된 종교적 심성의 소유자입니다. 그 속에는 깊은 강이 흐르지 않으며 깊은 곳에 그물을 내릴 수 있는 마음이 생겨나지 않습니다. 한국교회의 절망과 아픔은 기본적으로 지켜져야 할 원칙, 종교적 심성으로서의 깊은 강에 대한 절규가 사라져 버린 데서 비롯된 것입니다. 깊은 곳에 그물을 내리지 않고 얕은 물가에서 자신의 이익과 기득권을 좇아, 때론 직분과 명예를 위해 이리저리 헤매는 모습이 우리의 현주소일 것입니다. 이렇게 되는 경우 우리는 가장 세속적이면서도 거룩의 탈을 쓰고 살아야 하는 무거운 멍에를 벗어날 길이 없습니다.

기독교인들이 희년으로 고백했던 지난 1995년을 유엔UN은 '세계 관용의 해'로 설정한 바 있습니다. 평화의 원년이 되기를 바라며 행사를 주관했던 유네스코는 관용에 대한 철학적 의미를 다음처럼 정의했습니다. '관용이란 편견과 독단으로부터의 자유, 타인에 대한 선입견이 없는 긍정적 태도 그리고 개인적 차이와 문화적 다양성을 인정하는 것이며, 모든 인간은 똑같이 존엄하지만 재능이나 신념 또는 신앙 등은 다를 수 있음을 긍정하는 것이라고. 더욱 이러한 개인적 차이야말로 개인과 고유의 문명을 풍성하게 하는 요인이 되며, 따라서 누군가를 배제하려는 행동규범을 금하는 것이야말로 관용이다'라고 했습니다.

지금 우리의 세계와 몸담고 있는 교회 내에는 누가 누구의 편이고, 누가 누구를 이기고 있다고 하는 등등의 논리가 지배하고 있습니다. 서로 생각이 다르다는 이유만으로, 우리 앞에 벌어진 현실을 다르게 해석한다는 까닭에 서로에 대한 선입견과 편견, 배제의 원리가 우리 풍토를 압도하고 있습니다. 오늘의 한국 사회와 교회는 관용의 해에 가장 비관용적 집단으로 전락해 버렸습니다. 예수가 갠지스강에 오셨다면 그분 역시 가난한 힌두교인들을 등에 업고 갠지스강의 화장터로 오르셨을 것이라고 말하는 오오츠의 깊은 마음을 갖고 있지 못한 탓입니다. 우리는 여전히 깊은 곳에 그물을 내리는 사람이 아니라 얕은 곳에서 자신의 승리와 기득권 보호를 위해, 자신의 입지를 강하게 만들기 위해 동분서주하고 있을 뿐입니다. 이것이 교회의 위기요, 우리 기독교의 위기이며 종교성의 위기이기도 합니다. 많은 다른 가능성을 뒤로하고 그리스도의 길로, 깊은 곳으로 나선 우리의 삶 속에서, 서로 적이 되고 갈등하게 된다면 우리는 승패의 여부를 떠나 그리스도 안에서 패배자들이 되고 말 것입니다. 종교가 사회를 구원하는 것이 아니라 종교가 사회문제가 되는 비참함을 우리 모두 짊어져야 하기 때문입니다.

우리 모두는 이제 깊은 곳, 깊은 강 앞으로 자기 자신을 끌어내는 결단이 필요합니다. 우리 삶 속에 깊은 강이 있고 나 자신이 그곳에 발을 딛고 서 있다면 우리는 뭐라 해도 행복한 종교적 영성의 소유자들입니다. 엔도 슈사쿠의 말처럼 그리스도 예수가 우리를 통해 환생할 수 있기 때문입니다.

스위스 바젤에서 공부하던 중, 저는 카메룬에서 온 흑인 목사님과 친하게 지냈습니다. 그분은 박사과정을 마쳤고, 지금은 카메룬 교회의 감독으로 있습니다. 그 목사님에게는 일곱 살 먹은 초등학교 1학년짜리 아들이 있었습니다. 하루는 초등학교 미술시간에 선생님이 학생들에게 자신의 얼굴, 자화상을 그려보라고 했답니다. 스위스 아이들은 저마다 흰색이나 노란색으로 자신의 얼굴을 색칠하였습니다. 그러나 목사님의 아들은 자기 얼굴을 검은 색 크레파스로 새카맣게 칠해 놓았습니다. 머리털 역시도 곱슬곱슬하게 그렸습니다. 이 모습을 지켜본 선생님은 아버지 목사에게 전화를 해서 이 아이는 나이는 어리지만 자기가 누구인지를 분명히 알고 있다고 칭찬해 주었답니다.

우리는 정말 누구입니까? 깊은 곳, 깊은 강에 우리의 삶을 던지라고 말한 예수의 음성이 아직도 귓가에 맴돌고 있습니다. 그럼에도 왜 얕은 물가에서 큰 바다를 보고 두려움에 떨고 있는지요. 모두들 하얗게 노랗게 자신의 얼굴을 그리고 있는 상황 속에서 자신의 얼굴을 새카맣게 그렸던 그 흑인 소년처럼 우리 자신이 누구인지, 무엇인지를 인지하며 새롭게 살아갑시다. 부활하신 주님은 게네사렛 호숫가에서 두려움과 절망으로 얕은 물가에 그물을 내리고 있는 우리를 찾으실 것입니다.

실패한 제자들과
한 여인의 이야기

마가복음 14 : 3-11

마가복음은 예수의 마지막 일주일, 즉 종려주일 혹은 고난주간에 있었던 사건으로만 전 내용의 절반을 채우고 있습니다. 옥합을 깨뜨린 여인의 이야기 역시 고난주일로 불리는 예수의 마지막 일주일 중 수요일에 있었던 사건입니다. 이 본문을 종려(고난)주간이라고 하는 배경과 함께 이해하지 않고서는 잘못 해석하기 십상입니다. 수요일에 있었던 이 여인의 이야기는 예수님을 따라다녔던 열두 명의 제자들의 실패담과 더불어 이해되어야 옳습니다. 가룟 유다의 이야기 역시 본문과 더불어 생각될 주제이지요. 예수님을 따랐던 열두 명의 제자들과 극명하게 다른 삶을 보여준 한 여인 이야기가 핵심 내용이 되겠습니다. 그런 의미에서 저는 설교의 제목을 '실패한 제자들과 한 여인의 이야기'로 정했습니다.

주지하듯 '고난주간'이란 갈릴리에서 복음을 전하고, 하나님 나라를 선포하시며, 3년간의 공생애를 사셨던 예수께서 예루살렘에 입성하는 마지막 일주일의 삶을 일컫습니다. 마가복음에 따르면 당시 예루살렘은 유대인들에게 희망의 상징이기도 했지만, 온갖 탄압과 불의로 인해 하나님이 진노하시는 공간이기도 했습니다. 하나님의 성전이 있기에 예루살렘을 우주의 중심으로 존중히 여겼으나, 성전 자체는 그와는 너무도 다른 길을 걷고 있었습니다. 도둑과 강도의 소굴이었고, 정의가 사라져버린 탓입니다. 백성들을 옥조이는 지배자 로마 제국의 위용에 이스라엘 종교는 머리를 숙였고, 그들의 앞잡이 역할을 했습니다. 그곳은 예수가 공생애 3년간 선포했던 하나님 나라의 실상과는 거리가 먼 곳이었습니다. 예수께서는 그런 예루살렘으로 당신의 마지막 발걸음을 옮기셨습니다. 백성들을 진정으로 자유롭게 하기 위하여, 그들을 온전한 하나님의 자녀로 해방시켜 구원해내기 위하여, 가난한 백성들에게 정치적으로, 종교적으로 군림하던 세력들에게 하나님의 정의를 선포하고자 예수는 죽음을 예감하며 그 길을 걸었습니다. 예루살렘으로의 여행은 참으로 험난했습니다. 하나님 나라의 열정을 가슴에 품었던 예수는 당시 예루살렘을 다스렸던 로마의 세력과 성전 관리들에게 '불편한 진실'이었던 까닭입니다.

　예수는 로마 세력 앞에서 가이사가 아니라 하나님이 세계의 주인인 것을 말했습니다. 사람들이 예수를 시험하려고 가이사의 주화를 들고 그것이 누구의 것인가를 물었습니다. 예수의 대답은 명쾌했습니다. "가이사의 것은 가이사에게 하나님의 것은 하나님에게 바치라"했습니다. 당시 빈곤하게 살았던 유대인들 대다수는 아무런 형상도 새기지 않은 주화를 자신들의 화폐로 사용했습니다. 가이사의 얼굴이 새겨져 있는 주화를 가지고 있는 사람들은 정작 앞장서서 로마를 지지하던 소수의 권력자들이었던 것이지요. 예수의 대답은 결국 가이사의 초상이 그려진 주화를 갖고 있는 네가 어떤 존재인가를 되물었던바, 예수를 시험했던 그들 자신이 로마의 하수인인 것을 폭로한 꼴이 되었습니다. 백성의 삶을 무겁게 하는 성전 지도자들에게는 자신이 성전을 3일 만에 무너뜨리겠다고 말씀하며 그들을 질타했었지요. 이는 신성모독, 성전 모독죄에 해당되는 일이었습니다. 사실 예수가 하나님 나라를 선포하고 회개를 말씀하신 것도 당시 그들의 입장에서 용납하기 어려웠습니다. 왜냐하면 회개와 용서는 오로지 성전 안에서만 이루어져야 한다는 것이 율법의 내용인 탓입니다. 따라서 그들에게 하나님 나라의 열정을 지닌 예수는 사라지면 좋을 존재가 되었습니다.

생의 마지막에 이르러 예수는 제자들과 함께 예루살렘으로의 여정을 시작하셨습니다. 지난 3년간 제자들은 예수를 보았고, 알았고, 누구보다 이해한 듯했습니다. 하지만 성서 곳곳을 보면 제자들 중 어느 누구도 예수의 마지막 일주일간의 삶, 그가 가슴 속에 품었던 하나님 나라의 열정을 이해하지 못했습니다. 예수는 당신 곁에 있던 제자들에게 수차례, 적어도 성서에서 세 번 이상 자신이 가야 할 길의 성격을 분명하게 말씀하였습니다. 다음 말씀 속에 자신이 가는 길의 성격을 분명히 언급하였습니다. '나를 따르려거든 자기를 버리고 제 십자가를 져야 한다', '하나의 밀알이 땅에 떨어져 죽지 않으면 아무런 열매를 맺을 수가 없다', '인자가 온 것은 섬김을 받으려 하는 것이 아니라 자신을 대속물로 내놓기 위함이다.' 이렇게 세 차례에 걸쳐 당신의 운명이 어떻게 될 것인가를 설명했음에도 불구하고 제자들 중 누구 하나라도 예수의 가슴 깊은 이야기를 진지하게 숙고하지 않았습니다. 오히려 그들은 예루살렘 입성과 함께 헛된 꿈을 꾸고 있었지요. 누가 더 큰 존재가 될 것인가. 예루살렘에 가면 누가 예수의 좌우편에 앉게 될 것인가가 그들의 관심사였습니다. 심지어 한 제자의 어미는 예수에게 자기 아들의 미래를 부탁할 정도였습니다.

　예수는 너무도 답답했습니다. 너무도 안타까웠습니다. 그래서 이렇게 묻습니다. "너희는 정말 나를 누구라고 생각하느냐?" 우리는 예수께서 제자들에게 엄청난 신앙고백을 받으시려는 질문으로 알고 있지만, 이 질문은 정작 자신이 가야 할 길에 대해서 진지하게 고려치 않는 제자들을 향한 안타까움의 질문이었습니다. 베드로가 자신만만하게 대답했습니다. "주는 그리스도시요 살아계신 하나님의 아들입니다." 성경에는 이렇게 나와 있지 않지만 적어도 문맥과 행간을 살펴보면, 예수께서 이런 베드로에게 입 닥치라고 소리치셨을 것입니다. 그 역시 예루살렘의 길을 알지 못한 것입니다. 심지어 이어진 대화를 통해 예수는 베드로를 사탄이라고까지 말씀하였습니다. 그리스도시요 살아계신 하나님의 아들이라고 당당하게 고백하는 베드로에게 인자는 죽을 것이란 말을 거듭 강조하였습니다. 베드로의 고백 바로 앞에는 소경된 자를 고치시는 이야기가 두 번 나옵니다. 예수께서 맹인을 보게 하셨던 이 사건은 육신을 고친 기적을 강조할 목적이 아니었습니다. 이야기의 핵심은 예루살렘의 길을 옳게 보지 못하는 제자들의 소경됨을 눈뜨게 하려는데 있었습니다. 그만큼 예수는 제자들의 장님된 상황을 답답하고 안타깝게 바라보았습니다. 이런 제자들이니 예수 잡히시던 날 다 도망갔고, 십자가 처형 현장에 누구도 곁에 서 있을 수 없었습니다. 가롯 유다만이 특별히 나쁜 존재가 아니었습니다. 열두 명의 실패한 제자들 중 한 사람이었을 뿐입니다. 유다만을 사악한 존재로 여길 이유는 없습니다. 사실 이런 말을 하는 우리 역시 다 실패한 제자들인 까닭입니다. 한 사람도 예외 없이 우리 모두는 실패한 제자들을 닮아 있습니다. 지금 높이 솟은 광화문 감리교 빌딩에는 '감독'이라는 높은 감투를 쓰겠다고 두 사람이 서로 다투고 있습니다. 입만 열면 화려한 미사여구를 나열하지만 여전히 그들도 예수 곁에 한시도 서 있을 수 없는 존재가 되어버렸습니다. 누구도 죽지 않으려 했고, 높아지려고만 했기 때문입니다. 하나님의 정의에 대한 갈망을 다 망각해 버렸습니다. 예수께서 제일 근심하신 일이 소경이 소경을 인도하는 경우였는데, 바로 우리가 지금 그 꼴이 되고 있습니다.

하지만 이렇듯 실패한 제자들 옆에 한 여인의 이야기가 전해지고 있습니다. 여인의 이야기는 가롯 유다 이야기와 짝을 맺고 있지요. 실패한 제자들과 다른 삶을 살았던 한 여인의 이야기를 강조하기 위함입니다. 성서는 모두가 실패했지만 실패하지 않은 한 사람이 있음을 강조합니다. 이 본문은 교회에 충성을 바치고 목사에게 헌신하라는 말로 왜곡되기도 했습니다. 혹은 틸리히Tillich적인 관점에서 한 사람의 궁극적 관심이 물질로부터 말씀으로 바뀌었다는 식으로 탈맥락화된 경우도 발생했습니다. 그러나 마가복음서는 이런 차원을 넘어 이 여인만이 예수의 죽음의 길을 인지하고 깨달은 유일한 존재였음을 거듭 강조합니다. 모든 제자들이 예수와 동문서답을 하고 있을 때, 이 여인만이 홀로 예수의 죽음을 준비했다는 것입니다. 하나님 나라의 열정이 예수 마지막 생애의 일주일을 예루살렘으로 이끌었고, 그곳에서 기다리는 것은 죽음이었습니다. 베다니의 한 여인만이 이런 예수의 죽음을 미리 보았고 앞서 장례를 치렀던 것입니다. 마지막 일주일 동안 이 여인만이 예수를 바로 보았고, 참으로 알았고, 진정으로 따랐던 유일한 존재가 되었습니다. 그렇기에 이 여인은 모두가 피해 숨어있는 이른 아침 홀로 예수의 무덤가에 달려갔던 사람이 되었으며, 부활하신 예수님을 처음으로 목도한 증인이었다고 요한복음은 증거합니다. 예수의 길, 예루살렘 여정의 의미를 깨달은 사람에게는 죽음도 무서움의 대상일 수 없었습니다. 자신의 것을 예수의 마지막 죽음을 위해 아낌없이 내놓은 여인, 예수의 장례를 치른 여인이야말로 땅에 떨어진 밀알이었습니다.

우리 자신을 돌아보면, 이런 여인이 될 힘이 없는 듯 보입니다. 여전히 큰 것이 내 몫이어야 한다고 주장하면서 예수를 팔며 인생을 살고 있기 때문입니다. 이렇게 사는 한 우리는 자기 속에 파묻히는 삶을 살 수밖에 없습니다. 암세포처럼 질주하고 확장하려는 자기 자신을 멈춰 세우지 못하는 인생의 모습을 반복적으로 드러낼 뿐입니다. 자기의 성을 쌓고 살아가는 사람은 진리와 함께하기 어렵습니다. 그러나 이렇게 사는 것이 현실적인 우리의 삶의 모습입니다. 그렇기에 여인의 이야기는 참으로 새롭고 부담으로 다가옵니다. 성서는 이 여인의 이야기에 비추어서 모두가 실패했음을 말하면서도 새로운 길이 주어졌음을 강조합니다. 장식품으로서의 십자가가 아니라 자기 삶의 몫으로 십자가를 만났던 이들이 있었다는 것을 가르치고 있습니다.

그래서 성서는 오늘 우리에게 묻습니다. '네가 나를 사랑하느냐, 네가 나를 사랑하느냐, 또 네가 나를 사랑하느냐'고 말입니다. 고민하며 대답을 못 하는 우리에게 대답하도록 예수님은 용기를 주실 것입니다. 그런 우리에게 예수님은 '네 양을 먹이라'고 말씀하실 것입니다. 우리가 만드는 역사, 우리가 만드는 이야기는 달라야 옳습니다. 예수를 사랑하는 일은 그분이 품었던 하나님 나라의 열정을 사랑하는 일이어야 할 것이고, 예루살렘의 길에 동행하는 일이어야 할 것입니다. 하나님 나라의 열정을 사랑할 수 있다면 우리 역사는 분명히 달리 쓰여질 수 있습니다. 자기만의 성을 쌓아 스스로를 우뚝 세우려는 인생이 아니라 부활절 이후 이웃을 발견한 제자들처럼 삶에 대한 새로운 기록들로 새로운 사도행전을 만들어야 할 것입니다. 예루살렘은 결코 예수의 죽음의 장소만이 아니라 부활의 장소이기도 했습니다.

로마 권력과 성전 지도자들에 의해 무력하게 죽은 힘없는 예수처럼 보였으나 성서의 증언에 의하면 예수는 오히려 그들을 이겼습니다. 예수님의 죽음을 하나님의 아들의 죽음으로 최초로 고백한 이가 로마의 백부장이었음을 기억해야 할 것입니다. 로마가 예수를 죽였으나 로마의 백부장이 예수의 죽음을 하나님의 아들의 죽음으로 누구보다 먼저 고백한 것입니다. 로마가 예수를 죽였으나 예수는 로마에게 지지 않았습니다. 이것이 마가가 전언하는 예루살렘의 길에서 예수가 승리한 이야기입니다. 성전 지도자들이 예수를 못 박아 십자가에 죽게 했지만 정작 성전의 휘장이 찢겨졌고, 급기야 성전도 무너졌습니다. 백성들과 하나님 사이에서 중재자 노릇을 하며 수많은 죄인들을 양산하던 성전 중심의 신학 체계가 사라졌던 것입니다. 이로써 죄인들이 진정으로 하나님의 아들이 되는 사건이 발생했습니다. 하나님이 우리와 함께 계시는 신비, 이것이 예루살렘의 여정 끝에 우리에게 주어진 축복입니다. 십자가가 나를 이긴 사건이라면 부활은 세상을 이긴 사건이 되었다 하겠습니다.

오늘 우리는 예수와 함께하는 예루살렘의 여정에서 베드로처럼 '주는 그리스도시요 살아계신 하나님의 아들입니다'라고 고백할 필요가 없습니다. 우리는 그저 예수님 곁에 서 있기만 하면 됩니다. 행여 예수님을 통해서 뭐 더 얻어 보겠다는 생각도 내려놓기를 바랍니다. 예수님을 통해 나를 확산시키려는 욕망도 다 버려야 할 것입니다. 이 기간만큼은 그저 예수의 고난과 예수의 외로움과 예수의 죽음에 묵묵히 따르는 모습이면 충분합니다. 고난주간에는 예수님이 '마지막 만찬'을 먹는 사건도 있고, 발을 씻겨주는 '세족식' 사건도 있습니다. 모든 것이 자기를 이기고 세상을 이기는, 전혀 다른 삶의 길을 우리들에게 알려주는 이야기들입니다. 예루살렘의 길을 함께 걸어가는 제자들과 한 여인의 이야기 그리고 실패했지만 그 실패한 사람들을 통해서 다시금 새로운 이야기를 소망했던 예수의 힘을 믿으면서 오늘 우리도 우리의 실패를 이겨냅시다.

깨끗함과 더러움

마태복음 5:8, 48

본문에 근거해서 기독교가 말하는 구원과 죄라고 하는 개념을 '깨끗함과 더러움'이라고 하는 언어로 다시 한 번 생각해보고자 합니다. 정신의학 영역에서는 콤플렉스, 무언가의 부족감을 인간 이해를 위한 실마리로 삼고 있습니다. 누구에게나 콤플렉스가 있다는 것을 전제로 인간에 대한 분석과 치료와 처방을 하는 것이지요. 정말 여러 이유로 우리는 저마다의 부족감을 채우지 못해 허덕이며 인생을 살고 있는 것 같습니다. 어린 시절, 부모의 사랑을 충분히 받지 못해서도 콤플렉스는 생길 수 있고, 반면 지나친 관심과 사랑으로 독립심이 부족하여 인생이 어려워지기도 합니다. 이렇듯 콤플렉스는 인간의 본질이라 여겨질 만큼 삶과 밀착해 있습니다. 인간이 살아가는 한 그림자처럼 따라다니는 나의 또 다른 모습일 것입니다. 콤플렉스를 극복하고 해소하기 위해서 사람은 끊임없이 욕망이라는 이름의 전차에 올라타곤 합니다. 이럴 경우, 콤플렉스를 허기(虛氣)라는 말로 달리 표현할 수 있겠습니다. 허기를 채우기 위해서 인간은 욕망의 바퀴를 굴리며 삽니다. 그러나 이런 식의 해결은 '밑 빠진 독에 물 붓기'라는 말이 있듯 공염불이 되기 십상입니다. 이 점에서 종교는 인간 속에 그림자처럼 붙어 있는 허기, 콤플렉스를 치유하고 극복할 수 있는 길을 제시할 필요가 있습니다.

한 율법학자가 한밤중에 아무도 보지 않는 틈을 타서 예수께 다가와 자신의 고민을 토해 놓았습니다. 자신의 거듭남(중생)을 묻는 질문이었습니다. 저는 이 율법학자가 지닌 마음속 허기를 느끼면서 그것을 '거룩한 허기'라 생각해 보았습니다. 우리가 느끼는 일반적인 콤플렉스와는 다른 류의 허기였기 때문입니다. 여하튼 이 사람도 허기 때문에, 율법학자라는 지위와 신분 노출을 두려워해서 누구도 보지 않는 한밤중에 예수께 나와 자신의 허기를 채워보고자 했습니다. 허기를 채우러 왔던 이 사람에게 준 예수의 답변은 정작 가진 것들을 이웃에게 주라는 것이었습니다. 허기를 채우려고 예수를 찾았건만 오히려 예수는 가진 것을 더 비우라고 말씀하셨습니다. 자신의 콤플렉스를 치유하고 극복할 수 있는 길이 오히려 '더 버리는' 데 있었던 것입니다.

얼마 전, 횡성 숲 속에서 나무를 껴안고 기도드린 적이 있었습니다. 영어로 나무는 '트리tree', 독일말로는 '바움baum', 일본말은 나무 '목木' 자를 쓰고 '키'라고 읽습니다. 그런데 정작 우리말의 나무는 '나 없다', '나 아니다'란 말인 것을 발견했습니다. '바움'이나 '트리'나 '키'에는 이런 뜻이 함축

되지 않았습니다. 우리의 글자가 소리글자이지만 단순 소리글자만이 아니라 하늘이 내려준 뜻글자라고 말씀하셨던 이가 다석 선생님이었지요. 그래서 나무는 '나 없다(我無)', '내가 없다'라는 뜻을 지녔다 보아도 좋을 것입니다. 숲 속에서 느껴지는 고요와 평화 그리고 모두를 품을 수 있는 숲의 넉넉함은 바로 나무가 '나 없다', '나 아니다'라고 하기 때문일 것입니다. 우리는 그런 나무를 껴안고 그와 하나 되어 함께 기도했었지요. 이런 맥락에서 오늘 읽은 두 본문을 생각해보려고 합니다.

5장 8절에 있는 '마음이 깨끗한 자는 복이 있나니 저들이 하나님을 볼 것이요'라는 말씀과 48절에 있는 '하늘에 있는 하나님, 그분이 온전하고 완전하고 거룩한 것처럼 너희도 그렇게 되라'는 두 본문 말씀이 중요하게 다가왔습니다. 주지하듯 서구의 신학과 종교학, 특별히 구약성서는 '거룩'이라는 표상을 갖고 하나님을 이해해왔습니다. 이런 거룩하신 하나님 앞에서 인간은 두렵고 떨림의 감정을 느껴야했지요. 이걸 보통 누미노제Numinose 경험이라고들 합니다. 그 앞에서 자신을 티끌만도 못한 존재, 형편없는 존재로 여기는 죄인된 감정이 누미노제의 핵심입니다. 이렇듯 두렵고 떨림의 경험을 서구 신학은 인간의 종교성이나 신앙심의 본질로 이해했던 것입니다. 어마어마한 그분 앞에서 두렵고 떨림의 감정, 그분 앞에서는 티끌만도 못하다는 느낌, 이것이 바로 종교성의 시작이고, 신앙의 출발이라고 했던 것이지요. 또 어떤 신학자는 '절대 의존의 감정'이 생겨나도록 하는 존재(출처)를 거룩하신 하나님이라며, 그것으로 종교(기독교)의 본질을 설명하려고 했습니다.

그러나 오늘 본문은 인간이 하나님을 볼 수 있는 길로써 마음의 깨끗함을 말하고 있습니다. 거룩하신 어마어마한 존재 앞에서 스스로를 아무것도 아니라고 느끼는 누미노제 경험과 달리 마음의 깨끗함을 강조하고 있습니다. 서구 신학이 이야기해왔던 것과는 다른 틀에서 하나님을 만날 수 있는 길을 보여주고 있는 것입니다. 다석 유영모 선생은 서구 신학이 말했던 거룩, 하일리게heilige, 홀리니스holiness란 말을 순수 우리말인 '깨끗'으로 풀고자 했습니다. 하늘 아버지의 거룩하심을 닮은 존재가 되라는 것은 다름이 아니라 '깨끗', 이렇게 살고 있는 내가 '깨'어져서 그 삶을 한번 '끝'내라는 뜻이라 한 것입니다. 그래야 그 자리에서 하나님을 볼 수 있다고 했습니다. 깨끗(깨끝)이라고 하는 말을 '깨어져서 끝이 나는 것'이라고 풀었기 때문입니다. 다시 말해 깨어져서 끝이 난다는 말은 끝 모르는 허기, 끝 모르는 집착을 삶이라 알고 살아왔던 내가 깨어지고 끝나는 상태를 일컫습니다. 그것이 바로 거룩이고 하늘의 온전하신 모습을 닮는 길이라는 것이지요. 허기로 가득 찬 내가 있는 한 우리는 결코 의로운 자에게도 악한 자에게도 햇빛과 비를 골고루 내리는 불편부당한 하나님의 마음을 가질 수 없습니다. 하지만 성서는 너희도 온전하라, 너희도 깨끗하라고 말씀합니다. 아무리 좋은 일을 하더라도 오른손이 하는 것을 왼손이 모르게 할 때만 그것이 하나님의 일이고, 하나님의 온전함을 닮는 길이라 했습니다.

우리는 깨끗해지려는 노력 없이 예수를 오로지 믿고자 합니다. 믿으면 모든 것이 만사형통이란 주술에 걸려 있습니다. 부활을 믿느냐, 천국을 믿느냐, 죄 사함을 믿느냐 하는 것이 기독교 신앙의 본질이 되어버린 것입니다. 그런데 황금률이라 일컬어지는 예수의 말씀은 하나님을 만나기를 원한다면 마음을 깨끗이 하라는 것입니다. 하나님이 온전하신 것처럼 우리 역시 온전하며 깨끗해질 것을 요구하십니다. 그러나 우리는 이 요청에 절실하게 반응하지 않고 살아갑니다. 하나님을 볼 수 없어도 좋고, 우리 마음이 깨끗해지지 않아도 상관없는 것 같습니다. 하나님에 대한 그리움이 부족하고, 꼭 그렇게 되려는 마음이 없어도 크게 잘못된 것으로 느끼지 않습니다. 다석 선생은 그분에 대한 그리움이 없는 우리를 일컬어 '덜 없는 존재'라고 말합니다. 모조리 깨어지고 없어져야 되는데 다 없어지지 못한 채 '덜 없는' 존재로 살고 있는 것입니다. 자신이 없어지고 깨어져서 끝이 나야 하는데, 그리 살지 못한 우리 존재를 '덜 없는 존재'라 했고 그것이 바로 '더러운 존재'(즉 죄인)의 모습입니다. 없음을 충분히 살지 못하는 덜 없는 존재가 깨끗(깨끝)함에 반대되는 더러운 존재란 것이지요.

하나님 앞에서 죄란 도덕적인 차원의 이야기가 아닙니다. 우리는 일상을 살면서 남을 미워하고, 시기하는 등등 얼마든지 도덕적인 차원에서 잘못을 범할 수 있지요. 그러나 사람 앞에서가 아니라 하나님 앞에서 죄를 말할 때 그것은 차원을 달리합니다. '나무'(我無)가 되지 못하는 것, 이것이 바로 우리의 근본 죄라 할 것입니다. '나무'의 상태가 깨끗함이고, 하나님이 온전하신 것처럼 온전해지는 길입니다. 여기서 하나님을 볼 수 있는 길이 열려집니다. 이를 위해서 우리가 할 일은 마음을 크게 늘리고 몸을 줄여가는 일상적 노력입니다. 마음과 정신을 키우고 몸의 욕망을 줄이는 일상적 노력이 필요한 것이지요. 인간의 몸과 마음은 하나님의 말씀을 연주하는 악기여야만 하기 때문입니다. 하나님의 말씀은 우리를 흐지부지하게 놓아두지 않습니다. 우리의 생명, 골수를 쪼개는 능력이 있기 때문입니다. 우리가 하나님의 자녀고 그의 형상이라는 것은

'나무'(我無)가 된다는 것을 뜻합니다. 마음을 늘이고 몸은 줄여야 가능할 수 있습니다. 덜 없는 존재가 '나무'(我無)의 존재가 된다는 것이죠. 비록 우리가 덜 없는 존재이지만, 깨끗해져서 하나님을 볼 수 있다는 것이 산상수훈의 가르침이고, 그렇게 되라는 것이 '하늘 아버지의 온전하심처럼 너희도 온전하라'는 말의 뜻일 것입니다.

인간의 생명을 뜻하는 숨에는 다음 세 가지 차원이 있습니다. 하나는 목숨이고, 또 하나는 말숨(말씀)이며 그리고 마지막은 우숨(웃음)입니다. 목숨은 코로 숨 쉬는 것, 육체로 사는 인생을 말합니다. 말숨은 성경을 비롯한 동서 경전을 읽고 그 말씀을 생각하며 마음을 키우며 사는 삶을 일컫습니다. 우리는 모두 말숨이 그리운 사람들이죠. 목숨만으로 사는 것이 충분치 않다고 느끼는 사람들입니다. 말숨을 그리워하는 삶은 참으로 귀하고 아름답습니다. 그런데 또 하나의 숨, 우숨이 있습니다. 말숨을 하나님께서 주신 말씀으로 알고 그 말씀이 뜻하는 바, 세상을 이기며 기쁨 속에서 살아가는 삶을 일컫습니다. 보통 '법열'이라고도 하지요. 말씀에 사로잡혀 기쁨 속에 살아가는 인생을 말합니다. 그래서 우숨(웃음)이 터져 나오게 됩니다. 말숨을 알았기 때문에, 그것이 나의 근거인 것을 알았기에 생겨나는 어마어마한 기쁨의 표출입니다. 그럴 때 인간은 비로소 우숨을 쉴 수 있습니다. 세상에는 목숨을 부지하기 위하여 사는 사람들이 많이 있습니다. 이 더위에 일하는 사람들을 생각하면 정말 가슴이 아려지지요. 가만히 서 있기도 힘든데 몸을 움직이며 목숨을 부지하기 위해 산다는 것은 정말 힘든 일이 아닐 수 없습니다. 어쩔 수 없이 먹고 사는 문제로 고민하는 사람들이 참으로 안타깝습니다. 그러나 적어도 이 문제가 해결된 사람들이라면 이제 말숨을 쉬어야 할 것이고 그리

고 우숨을 짓는 기쁜 인생을 펼쳐 내야만 할 것입니다. 말씀이 자기의 말
(제 소리)이 되어 법열이 터져 나오는 웃음의 삶을 살 수 있어야 합니다.

유교적인 인생관에 따르면 사십 세는 '불혹不惑'이고, 오십 세는 '지천명
知天命'입니다. 옛날 사람들이 더 성숙했던가요? 오늘날엔 아무도 이 말을
믿으려 하지 않습니다. 불혹이 되려면 자기와의 싸움에서 이겨야 하겠
지요. 그래야 '나무'(我無)가 되기 때문입니다. '나무'가 되면 하늘 아버지와
하나가 되고 하늘 아버지를 볼 수가 있습니다. 지천명은 바로 '하나님을
볼 것이다'라는 말씀입니다. 이것이 살아내야 할 우리들의 사명입니다.
저는 이것이 기독교가 강조했던 구원받은 자의 삶의 길이라고 믿습니다.
기독교적인 전문용어인 구원과 죄를 '깨끗함과 더러움'이란 말로 바꿔 사
용한다면 좀 더 성숙한 기독교인의 모습을 기대할 수 있을 것입니다.

이처럼 깨끗한 자, '나무'(我無), 내가 없어진 존재, 허기를 치유 받은 자,
구원받은 자만이 전체를 볼 수가 있습니다. 영어에서 holiness, '거룩'이
라는 말과 wholeness, '전체'라는 말은 어원이 같다고 합니다. 거룩하다
는 것은 전체를 느낄 줄 안다는 이야기이기도 합니다. 깨끗한 존재가 되
어야 전체를 느낄 수 있고 세상을 바르게 보고 옳게 다스릴 수가 있습니
다. 그러나 오늘 우리의 현실은 덜 없는 자들만이 세상에 난무하며 자신
들 속에 남겨진 콤플렉스, 허기로 남도, 자신도, 세상도 어렵게 만들어가
고 있습니다. 종교의 세계 역시 마찬가지입니다. 종교가 콤플렉스를 극
복하는 길, '나무'(我無)의 길을 제시해야 함에도 종교 자체가 오히려 콤
플렉스에 허덕이며 덜 없는 인간들을 양산하고 있습니다. 예수님은 '나
무'(我無)의 존재였습니다. 그가 짊어졌던 십자가는 한마디로 '나 없다'(我

無)는 것이었습니다. '내 뜻대로 마옵시고 아버지의 뜻대로 하옵소서'란 말이 '나무'의 실상입니다. 예수의 십자가는 바로 '나무'였던 것이지요. 그런 예수를 보고 하나님을 믿는 것은 너무나 당연합니다. 그런 예수가 있었으니 하나님은 당연히 존재합니다. 마치 꽃을 보고 보이지 않는 뿌리가 있음을 아는 것처럼 십자가에 달린 예수를 보면서 하나님을 없다 할 수는 없는 노릇입니다. 우리는 덜 없어서 더러운 존재가 되지 말고, 다 없애서(깨끗해져서) 온전한 존재가 되어야 할 것 입니다.

성서는 악인에게도 의인에게도 햇빛과 비를 주시고 원수도 사랑하시는 하늘 아버지의 온전하심처럼 우리 역시도 온전할 것을 말씀하고 있습니다. 목숨만이 아니라 말숨과 우숨의 길을 살라는 것이겠지요. 먹고 사는 문제로 이 시간에도 땀을 흘리며 일하는 사람이 있겠으나 우리가 예배를 드리는 것은 우리 자신이 말숨과 우숨의 세계 속에서 전체를 느낄 수 있는 존재가 되어서, 세상을 덜 없는 존재들 간의 싸움터가 아니라 하나님을 만나는 깨끗한 세상으로 만들기 위함일 것입니다.

다시 죄를 짓지 않으려면

요한복음 8:1-11

    오늘부터 우리 교회에서는 '몸'을 주제로 몇 차례 심포지엄을 준비하고 있습니다. 어느 경로로 이 주제가 설정되었는지 모르나 중요한 선택을 했다고 생각합니다. 무엇보다 건강에 대한 관심이 이를 주제로 삼게 한 것 같습니다. 건강을 위해 살 필요는 없으나 건강하게 살아야 하기 때문입니다. 교우들 간에 건강에 관한 뭇 정보들이 수없이 오가는 것을 알고 있습니다. 이외에도 공동체, 예술, (뇌)의학의 영역에서 각기 몸을 보는 시각들이 제시될 것입니다. 이런 몸 공부를 통해 우리의 상식이 커짐은 물론 신앙 양식 또한 변화될 것을 기대해 봅니다. 어거스틴 이래로 몸에 대한 이해가 부정적이었던 기독교가 달라져야 한다는 것이지요. 신학이 '몸학'으로 변해야 신학 자체가 온전해질 수 있다는 말도 회자되고 있습니다. 몸이란 인간 무의식의 보고

寶庫이자 자연 치유력이 가득 찬 곳이고 하나님의 영이 현존하는 장소인 까닭입니다. 우리의 생각과 감정 나아가 행위 역시 몸을 통해 표현되는 것이기에 몸의 정직성은 신앙과 결코 무관할 수 없습니다. 이렇듯 몸에 대한 심포지엄이 시작되는 오늘 저 또한 몸을 주제로 본문을 택해 말씀을 생각해 봅니다.

   오늘 본문은 간음 현장에서 잡혀 온 한 여인을 용서하여 보낸 이야기를 담고 있습니다. 앞선 세 복음서에 수록되지 않은 것으로 보아 본 사건은 요한에게 특별한 의미가 있었을 것입니다. 요한복음의 주제가 사랑인 것을 생각할 때 이 본문은 충분하게 요한다운 모습을 보여 줍니다. 주지하듯 예수를 올무에 가둬 자신들의 입지를 강화시키려 혈안이 되었던 사두개인, 바리새파 사람들이 마침내 그리할 수 있는 좋은 기회를 포착했습니다. 음행하다 현장에서 발각된 여인을 끌고 와 모세의 율법으로 죽여야 할지 여부를 묻고 있는 것입니다. 이를 거부하면 유대인으로서 율법을 어긴 죄인이 되고, 승인하면 정작 죄인들을 위해 왔다는 예수 자신의 가르침과 어긋나는 것을 이들은 너무도 잘 알고 있었던 것이지요. 예수는 정말 진퇴양난의 현실에 놓여있었습니다. 사실 모세의 율법이란 당시로선 무지막지한 법은 아니었습니다. 자신들이 당한 만큼만 행악자들에게 보복할 수 있는 권리를 주는 것으로서 비교적 합리성을 담보했습니다. 예컨대 손을 잃으면 상대방의 손만 되가져 올 것이지, 분노가 지나쳐 그의 목숨까지 해쳐서는 아니 된다는 것이지요. 이런 방식으로 모세율법은 공동체를 유지 시킬 수 있는 근거가 되었고, 모세를 능가할 이는 유대 공동체 내에 아무도 없었습니다. 이런 정황에서 적대자들은 예수에게 모세를 부정할 것인지 아니면 자기모순을 드러내든지 양자택일을 예수에게 요구하고 있는 것입니다.

하지만 오늘 본문에는 이 여인이 어떤 정황에서 그리했는지에 대한 설명이 전무하고 현장에 함께 있던 남자에 대한 이야기는 아예 생략되어 있습니다. 이는 '남성 중심'이라는 시대적 한계를 보여주는 것이겠으나 예수로 하여금 깊게 생각할 수 있는 기회를 주었던 것 같습니다. 그 화급한 정황에서 땅에다 무엇인가를 쓰면서 예수가 생각했던 것은 요한 저자가 강조했던바, 여인에 대한 예수의 연민 곧 불쌍히 여기는 마음이었습니다. 그 마음이 바로 예수의 입을 통해 맑은 하늘의 날벼락과 같은 언사, "너희 중에 죄 없는 자가 여인을 향해 먼저 돌로 치라"는 것으로 표현되었지요. 이런 식의 해법은 모세 율법에 익숙했던 당시 사람들에게 낯설고 기막히는 일이었습니다. 간음한 여인에게서가 아니라 오히려 자신에게서 죄를 보라는 것은 신학과 윤리를 전혀 달리 생각도록 한 것입니다. 철학자 칸트의 용어로 이를 '심정 윤리'라고도 하지요. 비록 몸의 행위가 밖으로 표출되지 않았다 하더라도 잘못된 것을 마음으로 생각했다면 그것 역시 죄일 수 있다는 것이 예수의 판단이었습니다. 바로 여기서 윤리, 도덕과 종교가 달라지며 정의를 완성하는 것이 사랑뿐임을 보여줍니다. 우리가 윤리적으로 사는 것을 넘어 종교적으로 살아야 할 이유도 이 지점에서 찾을 수 있겠습니다.

이처럼 "너희 중에 죄 없는 자가 먼저 돌로 치라"는 예수의 말씀은 그에게 살기殺氣를 품었던 적대자들의 손에서 돌덩이를 내려놓게 했습니다. 살면서 우리는 얼마나 많은 돌덩어리를 자신 아닌 남에게 던지고자 했는지 모릅니다. 예수를 인격적으로 만나 우리 가슴으로부터 원망과 저주, 미움, 독선이 사라진 것을 느꼈다면 비로소 우리는 예수의 제자가 된 것이 분명합니다. 하지만 본회퍼 목사는 오늘 기독교 교회 안에는 제자는 없고 자신의 것만 구하는 무리들만 존재한다고 직설했습니다. 제자를 만들지 못하는 기독교는 한낱 신화나 이념에 불과하다는 말도 덧붙였지요. 이렇듯 적대자들 손에서 살기 어린 돌덩이를 빼앗은 예수는 그 여인과 홀로 독대합니다. 얼음처럼 그 자리에 굳어있는 여인에게 자유와 해방의 말씀을 선포하였습니다. 이제 너를 괴롭히고 정죄하던 이들이 사라져 버렸으니 안심하라고. 그녀 앞에 서 있는 예수 자신도 죄를 묻지 않겠노라고 기쁨을 선사합니다. 이 과정에서 예수는 모세 율법을 옳게 지키면서도 자신의 정체성, 죄인들을 위한 자신의 사명을 펼칠 수 있었습니다. 예수에게 모세 율법은 마음과 뜻, 정성을 다해 하나님을 사랑하고 이웃을 제 몸처럼 사랑하는 일이었던 것입니다. 하나님을 사랑한다 하면서 우리의 뜻과 마음이 정직하지 않을 수 없다는 말이겠지요.

그러나 예수의 마지막 말씀이 이런 자유와 해방의 선포와 잇대어 있음을 잊지 말아야 할 것입니다. 이후로는 '다시 죄짓지 말라'는 예수의 부탁과 당부입니다. 이는 마치 갈라디아서 5장이 말하듯 '내가 너희를 자유하게 했으니 다시는 죄의 종노릇 말라'는 뜻이기도 하겠습니다. 그러나 일상을 살면서 어찌 죄를 짓지 않고 살 수 있겠습니까? 더구나 행동으로 표현되지 않았다 하더라도 마음먹은 것만으로도 그것이 죄인 것을 가르치신 예수의 기준에 어찌 우리가 맞추어 살 수 있을지 걱정이고 염려뿐입니다. 정말 우리가 죄를 짓지 않고 살 수 있는 인간인지 기독교 신학은 수없이 논쟁해왔지요. 기독교 역사 속에서 어거스틴과 펠라기우스의 논쟁이 그렇고 루터와 에라스무스 그리고 웨슬리와 칼빈 간의 논쟁이 바로 '자유의지'에 관한 주제였던 것입니다. 심지어 어거스틴은 아 담 이후로 죄를 짓지 않을 수 있는 가능성(자유의지)은 실종되었고, 예수 로 인해 죄를 지을 수 없는 가능성(은총)이 인간에게 부여되었다고 말한 바 있습니다. 그러나 정말 죄를 지을 수 없는 가능성이 있다고 믿어도 되 는 것일까요? 지금껏 교회는 제도적 은총 수단을 갖고 교회 안에만 들어 오며 누구도 구원받을 수 있고 죄로부터 해방될 수 있다고 가르쳐 왔습 니다. 정말 그렇다면 '교회밖에는 구원이 없다'는 오만함은 봐줄 수도 있 을 것입니다. 그러나 교회, 기독교가 오히려 사회문제가 되는 상황에서 죄지을 수 없다는 선언은 믿을 수 없는 공염불이 되고 말았습니다.

오늘 본문에서 우리는 '다시는 죄를 짓지 말라'는 예수의 말씀을 떠올 리며 한 가지를 더 생각해 보고자 합니다. 일상 속에서 우리는 뜻을 성실 하고 정직하게 할 수 없는 일들을 많이 경험합니다. 불현듯 일어나는 욕 망들, 아무리 지워버리려 해도 존재론적으로 사라질 수 없는 흔적을 우 리 몸이 기억하고 있는 것입니다. 예수가 말한 심정 윤리가 인간의 죄성 罪性을 더욱 철저하게 밝혀주며 타인을 향한 살기殺氣를 누그러트리기는 해도 부지불식간 생기生起하는 뭇 욕망을 어찌할 수는 없습니다. 우리에 게 남은 과제는 이런 욕망 자체가 일어나지 않도록 매 순간 몸을 훈련시 키는 '몸 공부', 곧 수신修身의 필요성입니다. 옛 선인들에게 공부란 모름 지기 단식과 단색으로 시작되는 몸 공부였습니다. 오늘 우리는 모든 것 을 심지어 신앙조차 머리로 인식하는 경향이 있으나, 공부에 있어 우선 은 몸 공부, 곧 몸을 훈련시키는 일인 것입니다. 서양이 제도적 은총으로 인간의 죄성罪性을 극복하려 했다면 우리 전통에서는 지속적인 '몸 공부' 를 통해 한계를 넘고자 했던 것이지요. 이 역시 난해하고 쉽지 않은 것이 분명하나 오늘 기독교인들에게 대단히 부족한 모습들입니다. 오늘 이 땅에서 기독교인으로 사는 우리가 은총과 더불어 수행, 곧 '몸살이'의 의미를 더해 인생을 산다면 서구 기독교인들 보다 훨씬 예수의 제자 되기가 쉬울 것입니다. 제자란 '자기 십자가'를 지고 창조적으로 예수를 따르는 것이지 그냥 예수를 모방(Imitatio Christi)하는 것이 아닌 까닭입니다.

이은선 선생을 통해서 알게 된 발레리나 강수지의 자서전『나에게 내일은 없다』라는 책을 어깨너머로 살펴보았습니다. 독일 슈투트가르트 발레단에서 활동하는 그녀의 '못생긴 발'에 대한 이야기는 이 책을 읽지 못한 사람들도 잘 알고 있을 것입니다. 그녀는 팀 동료들과 공식적인 연습이 있기 전에 예외 없이 하루 두 시간씩 자신만의 훈련을 지속했다고 합니다. 다른 이보다 늦게 발레를 시작했고, 신체 구조도 서양인들에게 뒤졌으나 내일은 오늘보다 조금이라도 나아야 한다는 생각으로 자신과의 싸움을 지속했다는 것이지요. 그 결과로 그녀는 소속 발레단 역사상 세 번째로 독일 국가가 인정하는 발레리나가 되었습니다. 이것은 강수지에게 있어 막연한 내일보다 치열한 오늘이 있었기에 가능한 일이었습니다. 성서의 예수는 이제껏 삶을 다 용서하면서 다시는 죄짓지 말 것을 요구하나 정작 우리는 그 말씀을 어떻게 들어야 할지 걱정입니다. '예수는 또 용서해 주실 것이야 그것이 제 버릇이니까.' 이렇게 이해하며 자신을 변호할 것인지, 아니면 강수지의 '못생긴 발'이 말하듯 그런 치열한 삶의 흔적을 우리 몸속에 남기며 살 것인지 물어야 할 것입니다. 그래서 언젠가 우리도 간디가 그랬듯 'My Life is my Message'란 말을 남기며 살 수 있기를 바랍니다. 이것이 '우리 몸을 하나님이 기뻐하는 산제사로 드리라'는 로마서의 뜻인 것을 명심했으면 좋겠습니다.

사건과 주체성

삭개오의 경우

누가복음 19:1–10

모두에게 익숙한 본문을 가지고 서 설교 제목을 너무 크게 잡은 듯싶습니다. 지금껏 알고 있는 내용과 크게 다를 바 없겠으나, 본문을 다시 한 번 생각하는 시간이 되었으면 합니다. 주변에는 삼십 년, 사십 년을 열심히 분주하게 살았으나 친구가 없어 홀로 남은 듯 외로움을 느끼는 이들이 많습니다. 그럴수록 열심히 살되 가끔씩은 멈추어 자기를 돌아보는 일이 필요할 것입니다. 가톨릭에서는 여름과 겨울에 피정을 하고, 불교에서는 하안거夏安居와 동안거冬安居를 통해 거짓된 자기로부터 본래적 자기로 돌아오려는 노력들을 하고 있는데, 우리는 어떻게 이 여름을 보내고 있는지 잘 모르겠습니다. 성서는 끊임없이 변화를 말하는 책입니다. 사람이 달라질 수 있다는 것, 사람이 달라져야 한다는 것, 그래서 지금의 모습이 아니라 새로운 내가 될 수 있다는 이야기를 모아놓은 책이라 생각합니다. 예수와의 만남이 사건이 되어 달라진 삶을 살게 되었다는 이야기들이 모아진 것이지요. 하나님과 예수에 대한 믿음은 영원한 우리들의 숙제입니다. 하지만 성서가 달라진 사람들의 이야기를 모아 놓았다는 것은 확실합니다.

사람들은 종종 불변하는 영원한 '나'가 있다고 믿고 있습니다. 나라고 하는 주체가 확고하게 있는 것처럼 생각하여 그런 '나'가 조금만 상처받아도 괴로워하고 분노하며 못 견뎌합니다. 현대와 탈현대, 모던과 포스트모던의 논쟁 중의 하나가 인간의 주체성에 관한 것이었습니다. 아시는 대로 근대는 본질주의, 무언가 불변하는 본질이 있다고 믿던 시기였습니다. 하지만 그 본질이라는 것이 종종 백인이었고, 인간 이성이었으며, 기독교였고, 남성이었습니다. 이런 본질은 결코 변할 수 없고, 그로부터만 사유가 시작될 수 있다고 생각했습니다. 본질주의에 사로잡힌 현대의 사유는 항시 자기 자신을 절대로 여겼고, 그렇게 되도록 학습해 왔습니다. 따라서 본질이 상처받거나 망가지는 것을 견디지 못했고, 그것을 어떻게 하든지 지키려고 했습니다. 하지만 포스트모더니즘 사조는 이런 본질주의를 거부하였습니다. 선험적으로 주어진 본질, 그런 것이 본래 없다는 것입니다. 오히려 나와는 전적으로 다른, 차이를 지닐 수밖에 없는 타자를, 남자에게는 여자, 백인에게는 흑인, 이성보다는 감성, 지금껏 절대적으로 여겼던 그것과 변별되는 타자를 자신에게 있어서 초월이라 여길 것을 새롭게 가르쳤습니다. 나와 차이가 있다는 것 때문에, 그 차이를 내가 스스로 무화시킬 수 없는 탓에, 차이를 초월로 받아들이라는 것입니다. 자기만의 절대성이 아니라 흑인도 백인도 남자도 여자도 서로 '주체성'을 가졌다고 말하기도 합니다. 역사 속에서 한 번도 주체가 되지 못한 사람들에게 주체성을 돌려주는 것을 당연하다 여긴 것입니다. 하지만 근대가 본질주의에 오류에 빠졌다면, 탈현대 역시 본뜻과는 달리 상대주의의 폐해를 출현시켰던 것도 생각할 일입니다.

무엇을 주체라고 생각할 것인가? 기독교적인 신앙 속에서 무엇을 주체로 여길 것인가를 오늘의 본문 말씀으로 생각해보고 싶습니다. 기독교적인 인간 이해의 한 방식이 있다면 그것은 기독교가 '사건으로서 주체'를 말하는 종교라고 하는 것입니다. 사건, 그것은 예기치 못한 일을 뜻합니다. 몸 밖에서 나의 의지와는 무관하게 일어나는 일인 것이지요. 그 사건의 지속됨을 우리는 때로는 역사라고 이름합니다. 긴 역사 속에서 하나님은 인간을 끊임없이 사건들 앞에 서게 하셨습니다. 저는 그것을 사랑이라고 감히 생각해보렵니다. 사건이 나를 전혀 다른 사람으로, 전혀 새로운 주체로 만들 수 있기 때문입니다. 모세의 경우 하나님은 그를 가시나무 불꽃 앞에 세웠습니다. 이집트 왕자로서 세상 물정 모르고 살던 그를 불타는 가시덤불 앞에 세워 전혀 다른 사람을 만들었습니다. 바울, 그는 희랍 문화를 학습했고, 유대인의 좋은 가문에서 자신의 삶을 편안히 영위하던 사람이었습니다. 예수를 믿는 사람들을 정통 유대인의 시각에서 비판하고 정죄했으며, 그들을 잡으러 다녔던 존재였지요. 그런 바울이 다메섹에서 뜻밖의 사건을 만납니다. 그를 눈멀게 했던 사건이 도적같이 생겼던 것입니다. 구약의 대표적 인물 모세가 그랬고, 신약의 인물 바울이 그랬다면 정작 그보다도 더 중요했던 예수는 어떤 분이었을까요? 우리는 종종 예수를 신적인 본질로, 본질주의에 입각해서 말하기도 합니다. 신을 영원한 하나님, 우리와 질적으로 다른 존재로 여길 때가 많습니다. 그러나 성서를 볼 때, 예수는 수없는 사건 앞에 부름을 받은 존재였습니다. 예수가 세례 요한의 요단강의 세례를 받았다는 것, 그것은 결코 우연이 아니었습니다. 예수께서 삼십 년 동안 보고 듣고 느꼈던 백성들의 아픔과 고통을 자신의 운명으로 받아들였던 사건, 바로 그것이 요단강에서의 세례였습니다. 예수와 세례 요한과의 만남은 결코 우연이 아니었습니다. 본질주의로는 결코 이해할 수 없는 그런 사건이었습니다. 그 순간 예수에게 "너는 내 사랑하는 아들"이라는 새로운 주체성이 생겨날 수 있었습니다. 비로소 그는 눌린 자에게 자유를, 눈먼 자에게 보게 함을, 가난한 자에게 진정한 해방을 주고자 새로운 존재가 될 수 있었던 것입니다.

오늘 본문은 삭개오의 이야기입니다. 이 사람은 모세도 아니었고, 바울도 아니었으며, 더더욱 예수와 같은 존재도 아니었지만 의미 있는 것은 그가 평범한 우리와 같은 존재라는 것입니다. 그는 유대인이었지만 로마의 공무원이었습니다. 로마에 충성했기에 정작 자기 백성들과 소원한 삶을 살았던 사람이었습니다. 생각 없이 자신만 알고 살던 존재였습니다. 그런데 그에게도 사건이 일어났습니다. 아마도 본문 행간 속에 무수한 이야기가 있었겠으나 그 모두를 성서 속에 담아내기 어려웠을 겁니다. 그가 뽕나무 위에서 예수님을 만났던 것을 우리는 잘 압니다. 작은 키였기에 사람들에게 둘러막힌 그는 힘써 뽕나무에 올라 예수의 눈길과 마주쳤습니다. 그것으로 그의 삶이 달라졌다고 성경은 말합니다. 세리로서 재산을 불리며 이익만을 추구했던 삶을 끝냈던 것입니다. 자신의 모든 것을 내놓겠다고 했습니다. 자본주의적 삶의 방식에 길들여진 우리로서는 생각할 수 없는 일입니다. 공산주의는 우리가 가진 것을 강제로 빼앗을 수는 있으나 사람 자체를 달리 만들 수 없기에 그들 이념체제와

도 구별될 것입니다. 자본주의로도 공산주의로도 할 수 없었던 일이 삭개오에게서 일어났습니다. 이것이 그리스도 신앙의 본질이자, 사건으로서의 새로운 주체성입니다. 구원이 임하였다는 말일 것입니다. 아마도 어떤 사람은 이런 구원을 원하지 않을 수 있겠습니다. 아직도 허기를 채울 수 없어 허덕이고 있다면 말입니다. 하지만 우리가 이 이야기에 고개를 끄덕이지 못한다면, 이 사건 앞에 우리 자신을 노출시키지 않는다면 우리는 정말 예수(구원)와는 거리가 먼 존재가 되고 맙니다.

저는 몇 주간, 고 김수환 추기경의 전집 18권을 읽고 글을 써야만 하는 힘든 시간을 보냈습니다. 추기경을 기념하는 학술대회 자리에서 개신교 신학자로서 그를 제대로 평가해보라는 주문이 있었던 것이지요. 18권을 듬성듬성 바쁘게 읽어가며 충분하지 않았으나 그로부터 배운 바가 컸습니다. 혹자가 말하듯 또 사실이 그렇듯 60년대, 70년대와 80년대, 90년대 이후의 그의 삶이 한결같지 못했다는 사실을 잘 압니다. 그래서 많은 사람들이 그의 정치적 변절을 말하면서 비판하기도 합니다. 충분히 그런 점도 있겠으나 제가 주목한 것은 그가 자신의 삶 속에서 늘 버릇처럼 중얼거리던 한마디 말이었습니다. 의식 속에서든 무의식 속에서든, 잠에서 깨서든 사람들과 더불어 대화를 하는 중이든지 간에 항상 그가 내뱉은 첫 마디는 '신앙의 신비여! 신앙의 신비여!'라는 말이었습니다. 그는 늘 그 말을 입에 달고 다녔다 합니다. 이런 말이 전해집니다. '사람 없이는 살아도 신비 없이는 살 수 없다'고 말이지요. 김수환 추기경은 자신의 삶을 신비로 느끼며 살았던 사람이었습니다. 신비는 은총이라는 말의 다른 표현이겠습니다. 나 아닌 다른 힘을 느끼며 인생을 살았다는 뜻입니다. 내 힘만으로 살 수 없었고 살지 않았다는 고백일 것입니다. 그에게는 삶의 모든 것이, 한 사람을 만나도, 어떤 사건이 일어나도, 매 순간순간이 은총이자 신비였고, 계시였습니다. 짧은 인생을 살아가는 중에 기적 같은 일이 수도 없이 발생합니다. 자신의 힘으로만 인생을 살았다고 이야기할 수 있는 사람은 아무도 없을 것입니다. 20년을 살든, 50년을 살든, 60년을 살든 우리는 나 아닌 다른 힘을 느끼며 인생을 살 수밖에 없습니다. 예상치 못한 사건들이 순간순간 우리에게 발생하는 까닭입니다. 그럴수록 우리는 얼마나 많이 달라져 왔는가, 어떤 사건과 만나 내 삶이 달라져 왔는가를 지속적으로 물어야 하겠습니다.

신학자 몰트만은 70세, 고희를 기념하는 축하 모임에 자신과 더불어 50년 동안을 함께 신학을 공부했고, 활동했던 학자들을 초청해서 잔치를 베풀며 작은 글 하나씩을 발표하도록 했습니다. 거기에는 한스 큉, 도로테 죌레, 에버하르트 융겔 등 지난 50년간 유럽의 정신세계를 이끌었던 동년배 신학자들이 있었습니다. 그들은 지난 50년 동안에 자신의 신학이 얼마나 달라져 왔는가를 담담하게 서술하였습니다. 시대가 달라졌고, 세상이 변했으며, 수많은 사건들이 벌어졌는데 자신의 신학이, 자신의 신앙이 달라지지 않았다고 하는 것은 그들에게 수치이자 부끄러운 일이었습니다. 몇 해 전 고인이 된 도로테 죌레라는 한 여성 신학자의 고백을 예로 들어보겠습니다. 함부르크에서 대부호의 딸로 태어났던 그녀는 신학교에 들어갈 무렵, 아브라함과 이삭과 야곱의 하나님, 서구 기독교의 부르주아적인 하나님만을 알았습니다. 파스칼이 고백했듯 아브라함과 이삭과 야곱의 하나님만을 알고, 믿으며 신학교에 들어갔으나 아우슈비츠의 처참한 유태인 대학살의 경험 앞에서 그는 하나님의 죽음을 말하지 않을 수 없었습니다. 자신이 믿던 하나님을 죽었다 한 것입니다. 그들의 고통에 아무런 말을 하지 않는 아브라함과 이삭과 야곱의 하나님의 죽음을 선포했던 것이지요. 그러나 이렇듯 하나님을 죽게 만든 현실을 지탄하며 그녀는 하나님의 대리자 예수를 신학의 전면에 내세웠습니다. 예수를 하나님을 죽게 한 현실에 저항하는 정치신학자로 본 것입니다. 이후 그녀 나이 50을 넘기며 쥘레는 여성으로서의 자기 자신을 새롭게 자각했습니다. 이 시기에 오히려 그녀는 하나님의 여성성을 고백하게 되었습니다. 신의 죽음을 선포했으나 그녀는 다시 하나님의 인격성을 여성의 모습으로 복원시켰던 것이지요. 그녀는 기독교의 사랑이 아가페를 넘어 에로스인 것을 역설할 정도로 여성신학적 관점을 부각시켰습니다. 그러다가 나이 70을 넘기면서 그녀는 하나님의 여성성마저 내려놓고 오히려 그를 영원한 신비라 했습니다. 하나님을 일컬어 잘못된 현실 앞에 저항하라 자신을 불러 세우는 영원한 신비라 했던 것입니다. 이것이 그녀의 마지막 신학적 고백이 되었습니다. 현실이 달라지고, 상황이 달라졌으며, 새로운 사건이 발생했던 정황에서 그녀는 그때마다 새로운 주체성을 얻었고, 그녀의 신학 역시 이렇게 달리 형성되었습니다. 이 잔치 자리에 참여했던 12명의 신학자 다수에게 있어 달라지지 않았다고 하는 것은 사건 앞에 자신을 노출시키지 않았다는 것인바, 그것은 부끄러운 일이었고, 신학하는 것이 아니었습니다.

지난 한 주 동안 아니면 지난 한 달 동안 우리 앞에 어떤 사건들이 있었는지요. 어떤 사건들에 우리가 직면했던가요. 갑자기 주가가 올라가는 그 사건이 우리에게 중요했었습니까. 쌍용자동차 비극이 우리에게 사건이 될 수는 없었던 것인가요. 용산 참사는 나를 달리 만들 수 있는 사건이 아니었던가요. 이런 사건이 내가 살아가는 동시대에 일어났다고 하는 것, 하나님이 내 삶 한가운데서 이 사건을 일으킨 것이 과연 무슨 의미일지 물어야 할 것입니다. 물론 이 사건들에 대해 이념적으로 질타하는 주체성 역시 오늘 우리 시대의 모습들입니다. 자본가와 노동자, 정규직과 비정규직, 이 구별을 당연시하는 주체성으로 인생을 살라고 합니다. 우리가 속한 사회, 언론, 정부는 어쩔 수 없는 상황도 있는 것이니 문제 삼지 말고 가만있으라고 말합니다.

그러나 성서는 다르게 이해합니다. 예수를 만나 전혀 다른 주체성을 얻고 삶의 시각(觀)을 전혀 달리할 것을 강조합니다. 성서는 그것을 일컬어 구원이 임하였다고 말했습니다. 사건 앞에 우리 자신을 달리 보는 일, 그것이 새 주체성이고 구원의 실상입니다. 성서는 내 밖에서 일어나는 사건이야말로 우리를 다르게 만들 수 있는 은총임을 가르칩니다. 우리의 삶도 달라질 수 있고, 달라져야 할 것을 요구합니다. 이것이 바로 신앙의 신비입니다. 하나님을 믿느냐 안 믿느냐는 내 삶이 달라질 수 있고, 다르게 볼 수 있으며, 전혀 새로운 나 자신이 될 수 있는가에 달려있습니다. 어떤 이념으로도 할 수 없는 일이 나에게서 발생될 수 있는 것, 바로 그것이 신앙의 신비인 것이지요. 하나님의 형상이란 그가 행하시는 끊임없는 사건 앞에 자기 자신을 노출시키라는 명령입니다. 이렇듯 성서는 변화하고 변화시키는 책입니다. 예수와 만나 달라질 수 있음을 가르치는 책입니다. 예수 자신도 정작 그런 경험을 했던 분입니다. 하나님의 아들로서의 새로운 태어남이 있었기 때문에 이전과 다른 공생애를 펼칠 수가 있었습니다. 분명 삶은 달라져야 합니다. 본질적인 나는 존재하지 않습니다. 너나 나나 다 같다, 도토리 키재기라고 하는 상대적이고 허무적인 자아도 옳지 않습니다. 우리의 자아, 우리의 주체성은 거듭거듭 달라질 수 있고, 달라져야 합니다. 하나님 안에서 철저하게 새로운 주체성을 얻어 그 방식대로 삶을 사는 것이 구원입니다.

바쁘게 살고 자기만 알고 살다가 어느 날 문득 돌아다보니 주변에 누구도 남아있지 않은 허무함을 느끼기 전에, 이웃 종교들이 하안거를 하고 피정을 하듯 오늘 우리 역시 자기를 돌아봐야 할 것입니다. 자기를 돌아보는 방식은 사건을 사건으로 인식하는 고요함 속에 있습니다. 분수하여 그것이 자신에게 사건인 것조차 인식하지 못하는 어리석음을 더 이상 반복하지 말아야겠습니다.

애통하는 자들을 위한 위로

마태복음 5:4, 18:18-20, 고린도전서 13:13

유난히도 추웠던 겨울이지만 입
춘이 바로 내일입니다. 완전히 추위가 가시기까지 시간이 걸리겠으나
따뜻한 봄의 햇살을 맞을 날이 머지 않습니다. 설 또한 가까이 있으니 한
해의 첫 시작을 다시 축하하십시다. 물론 해가 바뀌고 계절이 달라진다
하여 걱정과 근심이 사라지는 것은 아닐 테지만, 그래도 축제와 절기가
주는 가르침에 따라 우리 마음이 열려 하늘과 부모 그리고 가족을 생각
하며, 기쁨과 감사의 마음이 솟구치길 기도합니다. 특별히 오늘은 정정
오, 김대영 선생님 가족을 위해 저희가 마음을 모아 하나님께 예배하는
주일입니다. 몸과 마음이 힘든 중에도 내색하지 않고 밝은 모습으로 견
뎌준 두 분에게 감사를 드리며 오늘 우리 모두가 짧지만 성별^{聖別}된 시간
안에서 두 분을 위한 존재가 되고 싶습니다. 본인들로서는 쑥스럽고 부

담되어 한사코 사양하고 싶었겠으나 교우들의 공감하려는 마음을 알았기에 교회의 제안을 받아 주었습니다. 교회로서도 이에 대해 고마움을 느끼고 있습니다. 이제 바라기는 하나님께서 우리의 간절한 마음을 받으셔서 이들 부부에게 봄의 햇살을 주시고 설날처럼 새로운 시간을 허락하셔서 2013년을 은총의 해로 만들어 주셨으면 합니다.

제가 두 분을 처음 뵌 것은 겨자씨교회와 첫 인연을 맺은 바로 다음 주일이었습니다. 아시는 대로 제가 겨자씨교회와 연을 맺게 된 것은 고교 동창인 남편의 이름을 앞세운 송재경 선생의 부름 때문이었지요. 저로서도 겨자씨교회는 한없이 낯설었던 상태였습니다. 또한 3개월간의 설교 요청을 받았던 터라 이들 부부가 교회에 찾아온 것이 기뻤으나, 지켜볼 뿐 달리 마음을 표현할 길이 없었습니다. 여러 교회를 두루 경험하다 친구의 소개로 결국 이곳에 정착하였고, 이후 변함없는 마음으로 공동체의 한 구성원이 되었습니다. 김대영 선생의 수술 전날 댁에서 함께 모여 예배했던 적이 있었지요. 그가 가르친 고등학생 제자들이 선생님을 응원하며 건넨 뭇 편지를 보며, 우리는 그가 어떻게 학생들을 가르쳤고 사랑했는지를 알고 크게 감동했습니다. 주일 하루의 삶만을 알고 지냈으나, 편지를 통해 나머지 6일간의 삶의 모습을 보게 되면서 우리는 그처럼 좋은 선생님을 건강한 모습으로 학생들 곁으로 다시 보내 줄 것을 하나님께 기도했습니다. 조선시대 과학자 장영실상을 공동수상할 만큼 연구력이 뛰어난 남편 정정오 선생, 필요한 말 이외에는 하지 않았으나 그의 말은 언제든 꾸밈없었고, 하나님이 제일 좋아하는 덕목들을 많이 갖고 있었습니다. 제 계획을 위해 교회를 잠시 떠나있던 무렵 김대영 선생에 이어 정정오 선생의 발병 소식은 너무도 고통스러웠고,

저를 다시금 겨자씨교회로 돌아오게 하는 계기가 되었습니다. 함께 예배를 드리고 치유되는 과정을 지켜보면서 하나님께 감사하고 싶었기 때문입니다.

　이런 마음으로 우리는 오늘의 예배를 준비했고, 세 곳의 성서 말씀을 찾았습니다. 첫 번째 말씀은 산상수훈 팔복 중 두 번째 내용입니다. 성서는 슬퍼하는 자, 애통 하는 자에게 주는 하나님의 복을 위로라 하였습니다. 너무도 당연한 말씀이라 여겨집니다. 그렇지만 그것이 단순한 위로 뿐이라면 사람이 주는 것과 크게 달라 보이질 않습니다. 하나님이 주는 위로는 전혀 다른 차원을 지니고 있지요. 파커 팔머란 퀘이커 신앙을 지닌 정치학자는 오늘 말씀에 잇대어 비통함이 오히려 정직하고, 강력한 힘을 발현시킬 수 있다고 말합니다. 주지하듯 슬픔, 애통 그리고 비통은 각기 표현은 다르겠으나 모두 자신의 삶이 위협당하고, 왜소해지고, 상실감을 느낄 때 생겨나는 감정들입니다. 그런 비통함의 감정이 어찌 위로를 선사하고 힘이 될 수 있을지 모를 노릇입니다. 오히려 비통함이 사람들에게 절망과 두려움을 부추기고 있는데 말입니다. 하지만 성서가 말하는 위로는 비통함 한가운데서 새로운 마음 운동이 시작될 수 있음을 보여줍니다. 육체도 운동을 그치면 경직되듯 마음 또한 운동을 잃으면 그리될 수밖에 없습니다. 절망과 두려움은 마음 운동이 실종된 상태일 것입니다. 상실로 인한 비통함 때문에 마음이 산산조각 부서지는 것은 누구나 예외 없이 경험할 수 있습니다. 그러나 부서져 깨어진 상태로 놓아두면 굳어진 마음은 두려움을 부추기는 문화로 인해 더욱 상처받게 됩니다. 종교 역시도 두려움을 부추기는 일종의 문화 양식으로 변질되고 있는 추세입니다. 그러나 하나님은 어떤 경우라도 두려움이 아닌 다른 방식으로 우리 삶을 이끌고 싶어 하십니다. 상실감으로 마음이 부서지고 깨지되 바로 그 자리에서 다른 마음이 열릴 수 있다고 하십니다. 그것이 바로 위로입니다. 엄청난 상실과 비통이 자신을 치유할 뿐 아니라 오히려 자신 밖을 향한 자비심을 자라게 할 수 있다는 것이지요.

두 번째 말씀은 두세 사람이 모여 합심하여 기도하면 하늘과 땅의 생각이 하나가 되는 엄청난 사건이 일어날 수 있다는 내용입니다. 이는 본래 교회의 본질을 설명하는 성서 구절로서 자주 언급되는 말씀이지요. 그러나 관점을 달리해서 읽으면 본문의 핵심은 인간과의 관계에서 진정성이 중요하듯 하나님의 마음을 결정적으로 움직일 수 있는 관건이 '함께 바라는 마음'(合心)에 있다는 사실입니다. 지금까지 우리는 민족과 군대, 심지어 교회 그리고 우리가 일하는 직장에서 언제든 'One for All'의 입장을 요구받으며 살았습니다. 그러나 성서는 하늘의 신비를 알기 위해 역으로 모두가 하나가 될 것을 바라며 우리에게 'All for One'의 마음을 갖도록 요구하고 있습니다. 이것이 여타의 제도나 기관들과 다른 교회의 존재 의미라 생각합니다. 이 세상에는 모두의 관심과 사랑을 받아야 할 구체적 한사람한사람이 너무도 많습니다. 이들 한 사람을 위해 모두의 마음이 하나로 모아질 때 하늘과 인간 간의 불통不通 역시 해소될 수 있습니다. 우리가 함께 진정으로 바라고 원한다면, 기꺼이 한 사람을 위해 존재하기로 작정한다면 인생에서 풀고 매야 할 수많은 난제들이 결코 난제로만 머물러 있지는 않을 것이란 말입니다. 우리에게는 뜻밖의 사건, 인과율을 깨며 은총으로 다가오는 삶의 차원이 있다는 믿음이 있는 까닭입니다. 거듭 강조하지만 하늘과 인간의 교감은 먼저 우리들 간의 하나 된 마음으로부터 시작된다는 것, 인간과의 관계를 통해 하늘과의 관계 역시 열린다는 사실을 명심할 일입니다. 그렇기에 산상수훈 팔복의 말씀이 정정오, 김대영 선생님 자신이 받아 삭혀야 할 주제라면 두 번째 이야기는 겨자씨 공동체 모두가 이분들을 위해 힘써 감당해야 할 내용이라 생각해 봅니다.

마지막 세 번째 말씀은 유명한 고린도전서 13장의 마지막 구절입니다. 아주 아름다운 말씀을 담고 있으나 실상 이면에는 고린도교회의 분열상을 한탄한 바울의 절규가 숨겨져 있습니다. 앞서 말한 '합심合心'의 힘이 실종된 교회에게 바울이 사자후를 토한 것이 바로 '사랑장'으로 알려진 고린도전서 13장의 내용인 것입니다. 인간은 누구나 겉으로 보여 지는 외면과 달리 쉽게 깨어지고 상처받으며 부서지는 존재들입니다. 그래서 자신의 상처와 아픔이 제일 커 보이고, 그것을 알아달라고 소리치며 살고 싶은 것이지요. 공동체가 깨어지는 것도 이런 이유에서입니다. 하지만 누군가가 우리 시대를 일컬어 '공감의 시대'라 한 것도 옳은 지적입니다. 우리 모두는 저마다 약하고 깨어지기 쉬운 존재인 것을 인정하며 그 마음으로 상대를 바라볼 때 공감의 힘이 생길 수 있습니다. 이 점에서 오늘 본문은 사랑, 곧 공감의 힘을 최고 가치라 역설합니다. 물론 말씀대로 사랑이 가장 귀한 것이겠으나 가치의 우열을 말하는 것이 본문의 목적이 아닐 것입니다. 결국 깨어지고 상처받을 수밖에 없는 인생에게 믿음, 소망, 사랑은 없어서는 아니 될 결정적으로 필요한 마음가짐인 것을 알려 줍니다. 설교를 마무리하며 저는 믿음, 소망, 사랑에 대한 유명한 신학자 라인홀드 니버의 말을 전하고 싶습니다. "할 만한 가치가 있는 일 가운데 그 어느 것도 우리의 생애 안에서 성취될 수는 없다. 따라서 우리는 희망으로 구원받아야 한다. 진실하거나 아름답거나 선한 것은 어느 것도 역사의 즉각적인 문맥 속에서 이해되지 못한다. 따라서 우리는 믿음으로 구원받아야 한다. 우리가 하는 일이 아무리 고결하다 해도 혼자서는 결코 달성될 수 없다. 따라서 우리는 사랑으로 구원받아야 한다."

근본적 변화

'검'으로 존재하기

마태복음 10:34-39

벌써 몇 년째 매해 중요한 절기나 계절이 바뀌는 때에 새길교회 성도들과 만나왔습니다. 귀한 만남이란 생각이 들어 설교를 구상하고 작성하는 일에 신중을 기하곤 하였지요. 설교를 잘해 보겠다는 마음에서가 아니라 진실을 나눌 수 있는 기회라 생각했기 때문입니다. 올해도 달이 바뀌고 가을로 접어드는 시점에서 새길교회 강단에 서게 되었습니다. 그래서 오늘 말씀 주제를 "변화"로 생각했는지 모르겠습니다.

우리가 믿고 아는 대로 예수는 본래 이 땅에 새 질서, 새 바람을 일으키려 했던 분입니다. 1세기 초엽 유대 팔레스타인 사회 내에 만연된 인습화된 유대 문화, 소위 넓은 길은 비판하고 하나님의 영이 활동하는 인간 삶의 새 토대를 꿈꾸셨던 존재였습니다. 그러나 이러한 새 질서의 출현을 위해서는 먼저 개개인 인격의 내부에서 격렬한 싸움이 일어나야한다고 생각했습니다. 한 사람의 내면으로부터 새로운 세계가 열리고 하나님의 영이 다스리는 삶이 시작될 때 그로부터 우주의 질서가 바뀔수 있다는 것이었지요. 그래서 예수는 사람들에게 하나님 나라를 발견하는 길을 열심히 알리셨습니다. 성서에 기록된 천국의 비유라는 것이 모두 그것들입니다.

어떤 농부가 남의 밭을 가는 도중에 밭에 묻힌 보화 상자를 발견하였답니다. 그 농부는 놀라서 기뻐하며 그것을 잘 묻어두고 집에 돌아가 자신이 가졌던 모든 것을 다 팔아서 그 밭을 샀습니다. 바로 이러한 농부의 전적인 행동을 예수는 천국을 발견한 자의 마음과 같은 것이라고 말씀하셨습니다. 또한 진주의 가치를 알고 그것을 모으러 다니던 사람이 있었는데 우연한 기회에 지금껏 보지 못했던 좋은 진주를 발견하였습니다. 지금껏 보지 못한 귀한 진주를 발견하였으니 얼마나 기뻤겠습니까? 그동안 수집했던 다른 진주들은 팔고 가옥과 전답을 처분하여 좋은 진주를 사고 너무도 흥겨워했다는 이야기입니다. 이 두 비유는 천국, 하나님 나라를 자신의 일부분만을 가지고서는 얻을 수 없다는 중요한 교훈을 담고 있습니다. 백만장자라도 자기 자신의 절반을 가지고는 천국을 살 수 없는 것이며, 극빈자라도 자신의 모든 것을 다 바치면 이를 얻을 수 있다는 말입니다. 어찌 이것이 재물뿐이겠습니까? 자식, 감정, 자신의 생명까지 다 바쳐 정말 소중한 것을 얻으라는 것입니다. 즉 하나님의 나라라는 것이 자신의 모든 것을 다하여서라도 얻을 만한 가치가 있는 것으로 믿는다면 지금까지 귀하다 여기던 것을 스스럼없이 놓아버리는 근본적인 변화가 있어야만 합니다. 최상의 가치인 천국을 소유한 자에게 오는 기쁨이 너무도 크기 때문입니다. 이 기쁨이 없다면 복음은 복음이 아닐 것이며 더 이상 진리가 될 수 없습니다. 하나님의 영의 인도로 인간 내면에 이런 기쁨이 용솟음칠 때, 새로운 세계, 새로운 우주는 바로 그곳에 있으며 천국이 비로소 그의 것이 될 것입니다.

앞서 말씀드린 대로 천국에 관한 그리스도 예수의 말씀이 인간의 심령 속에 임할 때 여기에는 필연코 격렬한 가치 투쟁이 생겨납니다. 독일 성서공회편 관주성경을 보면, 오늘 읽은 본문에 "예수 때문에 생기는 분열"이란 제목을 달았습니다. 예수께서는 세상에 평화를 주러 오신 것이 아니라 검을 주러 왔다고 했기 때문입니다. 아들이 아비와, 딸이 어미와 분쟁하도록 했고, 집안 식구들 모두가 서로에게 원수가 되도록 하셨다고 말씀합니다. 본문 말씀에서 '검'이란 본래 분열을 의미합니다. 그러나 더 깊게는 자기 자신의 죽음을 뜻하는 것이지요. 큰 죽음, 곧 정신적 죽음을 죽어야만 분열이 극복될 수 있다는 것입니다. 다시 말해 지금까지 자신이 절대적이라고 믿고 생각해왔던 가치관, 인생관, 이데올로기 등이 그리스도께서 던진 불로 인하여 사라지고, 하나님의 영으로 이 땅의 삶이 새롭게 시작되기를 바라는 것입니다. 봄날의 여린 꽃, 여름의 녹음, 가을 하늘의 높고 청명함과 겨울의 설경 등 외형적으로 아름답게 보이고, 화려하듯 보이는 자연 그리고 부족함 없이 사는 듯 보이는 사람들 누구라도 그 이면에는 아픔과 상처가 깃들어 있음을 알고 있습니다. 성서적 표현으로 말하자면 인간을 비롯하여 자연의 모든 것이 썩어짐의 종노릇하는 데서 해방되기를 간절히 바라고 있다는 것입니다(롬 8:21-22). 인간은 물론 식물과 동물 모두가 새 질서를 원하고 있습니다. 새로운 천지, 개벽된 세계가 한 개인 속에서 성취되고 가정과 국가 및 전 우주 속에서 이루어지는 것이 우리 기독교인들의 목표일 것입니다.

본문 말씀은 사실 풀이하기도 어렵지만 말씀의 뜻을 새겨 실천에 옮기는 일은 더더욱 불가능한 것처럼 보입니다. 지금껏 여러 차례 이 본문을 갖고 설교하려 했으나 스스로 자신이 없어 본문으로 택하지 못한 경험이 있습니다. 설교는 남에게 증거하기 이전에 자신의 실존과 대면하는 일이라 평소 믿었기 때문입니다. 그러나 이 시간 본문 말씀을 읽게 된 것은 탄생 100주년을 맞은 위대한 신앙인 김교신의 글을 묵상하고 난 감동 때문이었습니다. 44세, 조국이 해방되기 몇 달 전에 노동자들과 함께 흥남부두에서 일하다가 병을 얻어 44세의 나이로 세상을 떠난 평신도 신학자 김교신의 그리스도에 대한 혼신의 믿음과 조선에 대한 사랑을 깊이 생각할 기회를 갖게 되었습니다. 그는 성서와 자신의 조국 조선을 결코 둘로 나누어 생각하지 않았습니다. 지리 선생이었던 그는 조선 땅에 성서를 올려놓고 조선인 모두가 하나님 백성 되기를 바라는 일념으로 고독하게 「성서조선」이란 잡지를 만들었습니다. 일본의 압제에 시달리는 망가진 조국, 그러나 재래의 문화와 도덕 등 구습에 얽매어 스스로 종의 멍에를 걸머진 조선 민족에게 그리스도의 말씀이 정면으로 시비 걸기를 원했습니다. 그러나 그가 대망했던 것은 성서의 말씀, 살아계신 하나님이었지, 결코 서구 신학이나 선교사들이 전달한 제도나 교리는 아니었습니다. 정교분리 원칙을 고수한 교회, 그들이 주도하는 소위 정통 교회는 생명 없는 형식만을 갖고 있었던 탓입니다.

세인의 비판을 받았던 무교회론이 시작되었던 것도 이런 이유에서입니다. 무교회주의란 교회 밖에도 구원이 있음을 말합니다. 형식화되고 세속화된 교회를 인정치 않겠다는 것이지요. 그러나 그의 무교회주의는 결코 기성 교회만을 항쟁의 대상으로 삼고자 하지는 않았습니다. 조선 민족이 살고 있는 일제 하의 사회 현실 전체를 대상으로 하여 싸웠던 것입니다. 그래서 김교신은 일제로부터도, 서양 선교사로부터도 그리고 조선의 교회들로부터 일제히 배척을 받았습니다. 실로 김교신의 생애 전체는 그리스도의 영을 따라 살다가 모두와 더불어 등진 인생이었습니다. 진정 오늘 본문 말씀처럼 조선 교회와 민족을 위하여 검을 주려고 오신 분이었지요. 위로부터 주시는 용기가 없었다면 불가능한 일이었습니다. 오로지 성서와 복음만을 알았던 김교신, 그래서 이 민족에게 참된 기쁨을 주기 위해 모든 거짓된 것과 맞섰던 그분의 삶이 주는 감동이 비로소 본문 말씀과 저 자신을 대면할 수 있도록 하였습니다. 실제로 김교신 선생도 이 본문을 가지고 몇 차례 설교했던 적도 있습니다. 2,000년 전 예수의 말씀이 탄생 100주년을 맞이한 1930년대 김교신의 삶을 통해서 그렇게 표현되었다면, 이제 21세기를 맞는 한국의 새로운 상황 속에서 이 말씀이 새길을 가려는 여러분과 우리에게 구체화되도록 최선을 다해야 하겠습니다.

21세기 한국 사회 및 문화의 당면 과제가 다음처럼 요약된 바 있었습니다. 이데올로기 논쟁의 종언과 함께 부상된 세계자유시장경제체제의 부산물들, 즉 경쟁의 와중에서 소외된 다수에 대한 사회적 배려의 문제, 통일을 앞둔 시점에서 남북, 남남 간의 이념적 가치 극복, 인간을 둘러싸고 있는 환경이 더 이상 자연이 아니라 기술이 되어버린 상황 속에서의 테크롤로지에 대한 윤리적 평가, 환경호르몬을 위시한 생태환경의 파괴 그리고 지금까지의 삶의 양식으로는 고쳐질 수 없다는 진단, 마지막으로는 가부장제의 종식 등이 그것입니다. 그러나 이런 당면한 현실 앞에서 한국 사회와 교회 그리고 우리 신앙인은 실상 얼마나 무력하였습니까? 시장경제 논리에 세뇌되어 '많은 것이 좋다'The more, the better'는 논리에 예수 복음마저 잠식시켰고, 전대미문의 기술적 축복에 매료되어 즐기려고는 했고, 오래 살려고는 했으되 기술문명을 비판적으로 검증할 능력과 소양을 갖추지 못한 채 살고 있습니다. 소비자로서만 살고 있기에 제반 삶의 존재 양식이 환경 파괴적이었고, 북한 동포에 대해 냉담했으며, 사회 전반에 만연된 가부장적 가치관을 수용해온 현실 역시 고쳐야 될 사안이라고 믿습니다. 미래를 누구보다 앞서 준비해야 할 책임이 있는 기독교 신앙인으로서 우리가 현실 속에 매몰되어 있다면, 이 시대와 화평하게만 지내려고 한다면 우리는 진실로 형식적 종교인들이든지, 아니면 무신론자들일 수밖에 없습니다. 이 점에서 본문 말씀은 이 시대를 향해 우리 모두가 '날카로운 검'으로 존재할 것을 요구하고 있습니다. 이 시대와 더불어 정신적으로 싸우며 최상의 것을 위해 큰 죽음을 죽으라는 것입니다. 검으로 오신 예수처럼, 값비싼 보화를 발견한 농부처럼 살라는 것이지요.

독일에서 신학과 철학을 공부한 후 신부 일을 하다가 남미에서 교육자로서, 문명비판가로서 활약했던 이반 일리치란 사상가가 있습니다. 그에게는 낭만주의자, 더욱 혹독하게는 '시대착오적인 낭만주의자'라는 부정적 평가가 뒤따르고 있습니다. 왜냐하면 그는 경쟁을 근거로 경제 활동이 진화할수록 인간 정신이 퇴화될 것을 말했고, 그럴수록 경쟁의 속도를 줄이고, 경제를 축소시켜 인간의 황폐화를 막자고 주장했기 때문입니다. 모두가 다우지수에 촉각을 세우고 환율 변동에 혈안이 되고 있는 이때, 가톨릭 신부였던 일리치의 주장은 허무맹랑하기 짝이 없습니다. 그러나 그의 주장에는 설득력이 있습니다. 차량 속도가 빨라짐에 따라 우리 생활은 더 바쁘게 되었고, 안정된 쉴만한 공간 역시 사라졌으며,

가질수록 상대적 박탈감으로 고민하게 되었고, 안정을 추구할수록 바람에 날리는 겨와 같이 뿌리 뽑혀진 삶이 가중되고 있음을 보기 때문입니다. 미국 따라잡기식의 신자유주의 경제체제도 다수의 불행만을 가중시킬 뿐입니다. 세계 인구의 절반이 넘는 30억의 사람들이 하루 2달러 미만으로 생활하고 있는 것이 작금의 현실인 것이지요. 경쟁을 토대로 경제적 가치가 여타의 가치를 압도, 독점하게 되면서, 인간 몸이 망가지고, 이웃 간의 관계도 깨어지며 자연도 파괴되고 하나님에 대한 믿음 대신에 돈에 대한 신뢰가 우위를 점하면서 총체적 위기가 발생한다고 일리치는 보았던 것입니다.

모두가 2등의 존재를 인정하지 않고 있는 이 시대에 일리치의 주장은 낭만주의적 허무맹랑한 소리로 치부될 수도 있습니다. 그러나 이런 근본적인 생각을 수용할 수 없는 사람들은 변화 자체가 불가능하다고 보는 사람들이며, 인간에 대한 신뢰를 상실한 사람들이기도 합니다. 이 점에서 저는 창세기 33장 이하에 나오는 '절뚝거리는 야곱'의 심정을 헤아려 보고 싶습니다. 자신의 목적한 바를 위해 생물학적으로 결정된 2등의 운명을 1등으로 바꾸기 위해 어떤 류의 경쟁, 대립, 속임수를 마다하지 않았던 야곱, 그러나 정작 모든 것을 얻었으나 자신의 근본 문제, 곧 아버지와 형과의 화해를 이루지 않고서는 삶의 안정을 누릴 수 없었던 야곱이었습니다. 이 문제로 고민하던 야곱은 얍복강변에서 하나님의 천사를 만나게 되었고 그와 씨름하며 자신의 고뇌를 해결해 보려고 하였습니다. 그런 와중에서 야곱의 환도뼈는 부러졌고, 그로 인해 절뚝거리며 걷게 되었다고 성서는 말하고 있지요. 이로써 예전처럼 빠르게 달리지 못했고, 1등이 될 수 없었으며 처음으로 멈추어 설줄 아는 인생을 살게 되었습니다. 빠르게만 달려갔을 때는 보이지 않았던 형제들이 다시 보이기 시작했으며, 급기야 하나님을 대면하게 된 것입니다. 그래서 절뚝거림, 느림은 그에게 참된 은총이며 기쁨이 될 수 있었습니다.

1등이 최고의 미덕이며 속도감의 마법에 걸려 있는 현대인들의 삶 속에서 절뚝거리는 야곱의 후반부 인생은 날센 검이 되어 세상의 풍조와 첨예하게 갈등토록 할 것입니다. 홀로 저만치 앞서가고자 하는 세상이 아니라 함께 살 수 있는 새 세계, 새 질서를 이루기 위해서 우리에게 얍복강변의 고뇌가 필요합니다. 이를 위해 하나님의 천사와의 씨름이 있어야 하고 절뚝거림의 아름다움을 소유해야만 합니다. 우리 자신을 불고 싶은 대로 부시는 하나님 영의 활동 공간이 되도록 내어 맡길 때 근본적 변화가 일어날 것이며 그로써 우주의 새 질서가 생겨날 수 있습니다. 예수는 오늘도 우리에게 이 시대에 검을 주려고 왔다고 말씀하시며 우리를 세상 안에서 '검'으로 존재하도록 부르십니다. 절뚝거리는 야곱의 삶으로 세계 내에 새 질서를 만들라고 하시는 것이지요. 우리가 추구하는 '새길'은 바로 이런 삶을 사는 사람들이 있음으로 생겨나는 길일 것입니다.

주님, 우리의 희망!

예레미야애가 3:31-36, 52-56

지난 4월 꽃피는 봄날로부터 낙엽 지는 가을, 10월 20일 오늘에 이르기까지 우리에게 하루하루가 전투였고 피 말리는 싸움이었으며 고통이었고 너무도 큰 아픔이었습니다. 꼭 1년 전 4월 16일 세월호의 침몰을 보며 '이것이 국가인가?'를 물었던 우리 감신인은 무너져 내리는 130년 역사의 감신의 현실 앞에서 '이것이 공동체인가?'를 질문해야만 했습니다. 자기 동료를 내몰고자 분노와 저주를 내뱉은 교수, 학내 혼돈 속에서도 세월호 선장처럼 자기 유익만을 구한 총장, 중립이란 이름 하에 우리의 선한 뜻을 조롱하고 짓밟은 목회자들, 사실 왜곡의 달인이 되어 신앙적 가치를 헌신짝처럼 내버렸던 뭇 종교 권력자들의 실상을 아프게 지켜봐야 했던 것입니다. 소위 성공했다는 목사들, 그들로부터 나오는 말마다 거짓이요, 행위마다 위선(僞善)인 것을 눈으로 보며 학생들은 자신들의 미래에 대해 절망하지 않을 수 없었습니다. 교단 정치 바닥에서 돈으로 산 명예를 앞세워 세상 속 제왕보다 더 큰 힘, 종교 권력을 휘둘렀던 그들은 이곳마저 정치판으로 만들었고, 급기야 선지동산인 모교를 정신을 파는 도둑의 소굴로 만들어 버린 탓입니다. 그렇기에 이들은 지금 지극히 작은 자 하나라도 실족케하면 차라리 연자 맷돌을 달아 물에 빠지는 것이 낫다는 예수 말씀의 청자聽者가 되어야 옳습니다. 그들로 인해 감리교의 미래가 실종될 위기에 처했으니 그 죄가 어찌 가볍다 하겠습니까?

지금은 국내 유수한 대학의 한 교수가 된 40대 젊은 학자의 대자보가 학내에 부착되어 있습니다. 감신을 거쳐 미국, 독일 등 여러 대학에서 공부했으나 자신의 모교는 오직 감신뿐이라고 피를 토하듯 고백했습니다. 세상에서 가장 작은 학교, 그러나 이곳에서 스승을 만났고 친구를 얻었으며 학문하는 눈(觀)을 떴기에 가장 크고 소중한 곳이 되었다는 절규였습니다. 그렇기에 또 다른 동문 대자보에 '감신을 교회의 시녀로 만들지 말라'고 선포하고 있는 것이겠지요. 수백 명의 동문들이 이렇듯 감신을 사랑하며 거룩한 곳으로 여기고 있는데 정작 감신을 후견할 이사들 눈에만 이곳이 형편없이 보이는 것 같습니다. 지난 시간 동안 우리 교수들은 가장 실력 없는 교수로 폄하되었고, 힘겨운 학생들의 고혈을 빠는 고액 연봉자로 조롱받았으며, 우리 학생들조차 8등급 인생이라 여겨져 왔습니다. 보수 신문에서나 듣던 '종북 좌빨'의 색채가 교수들에게 덧씌워진 것도 사실입니다. 한 여교수의 신앙적 여정에서 언급된 고녀를 무신론으로 호도하는 일도 아직 현재진행형입니다. 이렇듯 모교 감신을 잘못되었다 해야 자신의 입지가 강화되는 사람들이 있을 것입니다. 포도원을 허물어 자신의 것으로 만들고 싶은 이들이 주변에 적지 않습니다. 하지만 아무리 감리교신학대학교가 부족함이 많더라도 이곳에 목사요 교수로 부름 받은 우리가 고치고 변화시킬 일입니다. 금번 사태를 통해 우리의 부족함이 컸음을 뼈저리게 느꼈습니다. 우리의 제자들이 너무도 맑고 진실하게 존재하는 한, 그들 눈을 두려워하며 우리 역시 달라지지 않을 수 없을 것입니다. 감신 교정에 가장 오래 머문 교수로서 책임질 일이 있다면 의당 그리할 것입니다. 이런 마음으로 오늘 저는 기적처럼 만들어진 촛불예배 자리에 섰습니다.

송순재 교수를 이어 단식하는 천막에서 제가 만난 하나님 말씀은 예레미야애가서의 본문이었습니다. 평소 다가서지 못한 예레미야의 슬픈 노래(哀歌)가 천막에 단식하며 머무는 지난 5일간 마음을 사로잡았습니다. 아마도 제 마음이 한없이 슬펐고 절망스러웠기에 힘을 내라고 주신 하늘의 말씀인 것 같았습니다. 제가 알기에 선지자 예레미야는 자신들의 동족, 동료로부터 온갖 미움을 받은 자였습니다. 이스라엘 공동체의 멸망을 오히려 하나님 뜻이라 여기며 그 멸망을 자초한 동족들의 죄악을 고발했던 까닭입니다. 이 점에서 『축軸의 시대』 저자인 카렌 암스트롱은 예레미야를 예수 정신의 원조로 높게 평가한 바 있습니다. 나라까지 망하게 되었는데 그 와중에서 자신들의 죄까지 고발하는 예레미야를 동족들이 좋아할 리 없었겠지요. 예레미야를 향한 동족들의 핍박을 견디다 못해 좌절하고 절망하며 하소연하는 내용이 바로 애가哀歌서의 주 내용이라 할 것입니다. 오늘 읽은 본문의 뒷부분부터 보겠습니다. "까닭 없이 나의 대적이 된 사람들이 새를 사냥하듯 나를 쫓습니다. 그들이 나를 산채로 구덩이에 처넣고 돌로 막아서 나올 수 없게 하였습니다. 물이 내 머리 위로 넘쳐흘러 죽었다고 생각할 정도가 되었습니다. 그 깊은 구덩이 속에서 나는 주님의 이름을 불렀습니다." 이 말씀 속에서 우리는 예레미야의 상황이 얼마나 절박한지, 그의 고통과 슬픔의 강도를 느낄 수 있습니다. 이 고통이 다른 민족, 이방 종교로부터 오는 것이라면 얼마든지 견디겠는데 같은 동족에 의한 것이기에 그는 견딜 수가 없었습니다. 저희 역시 그랬습니다. 세월호, 국정교과서 문제와 같이 사회적 이슈에 저항하다 고통을 당하면 힘들지만 얼마든지 견딜 수 있겠습니다. 하지만 함께 공부하던 선·후배 목사들, 우리 대학 이사들과 심지어 가르친 제자들에 의해 신앙적 조롱을 받을 때 정말 힘겹습니다. 마지막 읽은 본문에서 예레미야는 자신의 동족들과 같은 하늘에 살 수 없다고까지 항변했습니다. 우리도 그랬습니다. 동이 서에서 먼 것처럼 이질적이 되어버린 이들과 한울타리에 존재한다는 것이 싫었습니다. 의도를 숨긴 채 감신이란 포도원을 허무는 세력들을 품을 수 없었습니다. 돈으로 산 법法을 앞세워 신앙을 무력화시킨 장본인들과 법정에서 다툼하는 것이 끔찍하게 싫었던 것입니다. 어제도 우리 교수들 몇 사람이 검사실에서 14시간 동안 대질심문을 받고, 녹초가 되어 천막으로 돌아왔지요. 법法으로 불법不法을 정당화하는 현실 앞에서 학생들 앞에만 서 있던 우리는 너무도 무력한 존재였습니다. 같은 하늘에 살지 않기를 기도한 예레미야의 마음을 충분히 공감할 수 있었습니다.

하지만 예레미야는 이스라엘을 멸망케 한 하나님을 오히려 붙잡고 믿었습니다. 앞선 본문에서 나타나듯 택한 족속인 자신들을 버렸다고 백성들 모두가 하나님께 등을 돌릴 때 그만이 홀로 하늘에 시선을 둔 것이지요. 그는 우리를 괴롭히거나 근심케 하는 것이 하나님의 본심이 아닌 것을 확신했습니다. 억울하게 옥에 갇힌 이들, 인권이 유린된 약자들, 재판에서 돈이 없어 억울한 판결 받는 무전유죄의 군상들을 하나님께서 온전히 살피고 있음을 공언한 것입니다. 그런 탓에 우리의 분노와 슬픔을 행악자들에게 되돌리지 말 것을 주문합니다. 아무리 억울해도 같은 하늘 아래 살 것을 당부했던 것이지요. 저희도 그럴 생각입니다. 수천만 원짜리 법을 사서 우리를 범법자로 만들려 해도 우리는 법보다 하나님을 더 믿을 것입니다. 우리 기독교 역사가 예수를 빌라도 법정에 세웠던 역사였음에도 말입니다. 지금 감신의 현실도 그의 반복이지요. 여전히 법法, 돈으로 산 법法을 갖고 신앙을 비웃고 조롱하고 있기 때문입니다. 하지만 창자가 끊기는 고통 속에 예레미야에게 말했듯 아무리 사실을 부정하고 왜곡하고 감추려 할지라도 주님께서는 모든 것을 바르게 보십니다. 빌라도 법정이 아무리 화려해도 예수(진리)를 결코 능가할 수 없다는 말입니다. 이런 믿음으로 우리는 감신 공동체를 지킬 것이고 더불어 살길을 새롭게 찾고자 합니다. 누구도 미워하지 않고 품을 생각입니다. 그들과 같이 공동체를 새롭게 이룰 것입니다. 그분의 보살핌을 끝까지 믿는 까닭입니다. 이것이 바로 3장 24절이 말하는 '주님은 우리의 희망'이란 예레미야의 고백이겠지요. 하지만 우리에게 구원은 '사실'을 떠나서 생각할 수 없습니다. '사실'이 밝혀져야 이 공동체가 달리 시작될 수 있기 때문입니다. 세월호 이전/이후before/after의 대한민국이 달라져야 하듯 2015년 감신 사태 이전/이후는 확연히 구별될 일입니다. 이 구별을 위해 옛날 예레미야가 슬픔의 노래, 애가哀歌를 불렀듯이 우리도 하늘을 향해 우리의 슬픔을 맘껏 고합시다. 우리 모교를 위해 힘껏 고통과 탄식의 소리를 모아 보십시다. 감신이 자랑하는 앞선 선생님들, 돌아가신 그분들의 영혼까지 불러내어 오늘의 아픔을 보시라 하십시다. 이렇듯 우리의 슬픔과 하소연이 하늘에 이를 때 '주님, 우리의 희망'이란 고백이 현실이 될 것입니다. 그럴 때 감신은 우리가 영원히 자랑할 수 있는 선지동산이 될 것입니다. 지금 이 순간 이렇게 소리치고 싶습니다.

"너 감신이여! 감신의 얼이여 영원하라"

Ⅲ부

- 은총과 영성 -
최상의 것을 거저 얻었다

은총의 두 빛깔

녹색과 붉은색

창세기 9:1-7, 로마서 8:18-25

그리스도인으로 살고 있으나 정작 자신의 힘만으로 삶을 이뤄냈다는 생각이 가득 차 있다면 은총의 감각이 희미해진 것은 물론 영(靈)의 세계에 대한 감수성 역시 상실했다는 반증입니다. 이런 우리를 향해 실재적 무신론자들이라고 말한다 해도 틀린 평가는 아닐 것입니다. 다시 한 번 반문해 봅니다. 과연 자신의 노력에 의해서만 인생이 살아진 것일까요? 오늘의 삶이 자신이 흘린 땀의 결과뿐이었던가요? 내가 심지 않았으나 거두어들인 삶의 경험을 가지고 있지는 않았었나요? '나의 삶을 돌이켜 볼 때 발자국마다 은총이었네'라고 노래했던 한 신앙인의 고백은 어떻게 들리는지요? 신학가 쬘레 D. Solle 는 삶 속에서 최상의 것을 거저 얻었다는 고백, 그것을 바로 은총이라 하였습니다. 최상의 것을 거저 얻었다는 고백, 그것이 바로 은총의 감각입니다. 그렇다면 우리의 삶 속에서 최상의 것은 무엇일는지요. 노력과 관계없이 주어지는 하나님의 은총을 다시 생각해 볼 일입니다. 어느덧 욕망의 노예가 되어 많고, 크고, 좋은 것에 집착하여 살아왔기에 은총의 영역을 망각하였으나, 최상의 것을 거저 얻었다는 사실을 잊고서는 그리스도인도 아닐 것이며, 우리가 원하는 참된 삶 역시 얻을 수 없을 것입니다.

하나님의 은총을 색으로 표현한다면, 먼저는 녹색이요, 다음은 적색, 붉은색으로 표현할 수 있겠습니다. 녹색 은총이란 인간 삶의 근거이자 토대를 이루는 자연과 관계된 고백이며, 적색 은총은 인간을 참된 인간(구원)으로 인도하는 하나님 사랑에 대한 그리스도교적 이해입니다. 지금껏 우리는 십자가의 은총, 곧 적색 빛깔만 강조했고, 그것에 매달려 왔으나, 실상 전자에 대한 고백 없는 후자에 대한 믿음은 공허해지기 십상입니다. 하나님의 선물인 두 은총 간의 상호관계성을 생각해 보는 것이 오늘 설교의 중심 주제가 될 것입니다. 녹색 은총이란 하나님이 자연 속에서, 자연을 통하여 베푸시는 치유와 회복의 사건을 의미합니다. 자연은 인간 삶의 근거이자 생명력을 지닌 공간입니다. 지금껏 종교와 도덕 체계들은 한결같이 자연이 영구불변한다는 전제 속에 세워졌습니다. 이스라엘 민족들이 자연 속에서 거룩한 지혜를 만나고 영적 차원을 경험한 예를 신·구약성서를 통해서 얼마든지 찾을 수 있습니다. 자연이란 인간을 하나님께로 인도하는 영적 안내자이며, 그 자체로서 아이콘icon인 까닭입니다. 개발 이데올로기, 성장과 발전에 눈 어두워 자연을 물질 획득의 대상으로만 보아 왔던 우리의 삶이 고쳐지지 않고서는 자연 안에서 하나님의 숨결과 현존을 느낄 수 없습니다.

우리가 하나님의 녹색 은총의 감각을 갖고 살고 있는지, 녹색의 의미가 무엇인지를 깨닫기 원한다면 다음 질문들에 대해 답할 수 있어야 할 것입니다. 우리가 매일 밟고 다니는 땅은 어떤 토양인지, 우리가 살고 있는 지역에서 생산되는 식물 다섯 가지를 말할 수 있는지, 지난 1년간 어떤 생명체가 우리 지역에서 멸종되었는지, 산에 오를 때 만나게 되는 풀의 종류 다섯 가지의 이름을 댈 수 있는지 등등. 이것은 모두 우리 자신이 발 딛고 사는 공간에 대한 지각 능력에 대한 물음들입니다. 이러한 공간 지각력에 바탕을 둔 생명력에 대한 존엄성, 경외감의 여부 역시 성찰의 대상입니다. 우리가 살고 있는 세계를 '살려고 하는 의지로 가득 찬 곳'으로 보았던 슈바이처와 같은 통찰이 요청되는 것이지요. 들판의 꽃이 인간에게 꺾이우기 위하여 존재하지 않고, 바다의 물고기가 인간에게 먹히우기 위하여 존재하는 것이 아니라 그 스스로 고유 가치를 지니고 있는 생명체라는 자각이 필요합니다. 이런 녹색 은총은 우리 몸에 대한 자각과도 긴밀히 연루됩니다. 지금껏 1초의 1/10까지 잴 수 있는 기계(시계)에 의지해 살아온 인간 몸은 자신의 한계 능력을 넘어 닦달되었기에 고통 중에 있습니다. 자연 그 자체이기도 한 인간 몸이 기계에 맞추어 사느라 자신 몸을 망가트렸던 것입니다. 지금껏 간과되어 온 인간 몸의 재발견, 상처받은 몸에 대한 새로운 자각이야말로 하나님이 주신 녹색 은총의 실상입니다. 끝으로 녹색 은총은 우리로 하여금 타자의 소리를 듣게 합니다. 산에 올라 나무의 흐느끼는 소리를 들어본 적이 있었는지요. 산에서 우는 새의 울음소리를 귀담아들은 적이 있었나요? 바람 소리, 강이 흐르는 소리는요? 돌이켜 보면 지금껏 우리는 자기 소리만 내고 살아왔습니다. 그것도 지나치리만치 크게 자기 하소연을 했던 것이지요. 정작 하나님의 소리를 들을 수 있는 내적인 고요, 기다림도 잊은 채 말입니다. 하지만 녹색 은총은 내 소리가 아니라 그들의 소리를 그들의 언어로 들도록 합니다. 그것이 나무이든, 돌이든, 바람이든 아니면 예기치 못한 고통을 당하는 이웃이든지 간에 그들의 소리를 그들의 언어로 듣게 합니다. 만약 이런 경험이 부재하다면 그것은 바로 우리가 실재적 무신론자로서 살고 있는 구체적 징표라 하겠습니다.

우리가 제대로 귀를 기울인다면 자연으로부터, 공간으로부터 그리고 우리 이웃에게서 들리는 소리는 비명이며, 고통뿐입니다. 노아 홍수 이후 새 세상의 존립 조건으로서 하나님은 인간에게 두 가지 단서를 지키라 했지요. 사람들 눈에서 억울한 눈물이 흐르지 않게 할 것과 동물들을 피 채 먹어서는 안 된다는 것이었습니다. 전자가 인간 간의 형평성 물음(정의)이었다면, 후자는 인간과 자연 간의 생태학적 균형에 대한 언급입니다. 하지만 이 두 가지 단서가 지켜지지 않음으로 해서 세상은 모든 피조물이 탄식하고 인간들이 고통하는 현실로 변해 버렸습니다. 로마서의 말씀, '모든 피조물이 탄식하며 하나님의 아들들의 출현을 기다리고 있다'는 것이 바로 이러한 실상을 적시합니다. 이러한 신음, 고통 때문에 우리 기독교인들은 녹색 은총만으로 충족될 수 없으며 하나님의 적색 은총, 곧 십자가 사건을 필요로 하게 됩니다. 적색 은총이란 바로 밖으로부터 들려지는 소리들, 비탄과 탄식을 듣고 그 소리와 내적으로 하나 되게 하는 힘인 까닭입니다. 이로써 적색 은총은 인간을 참으로 인간 되게 하는, 새로운 피조물로서 하나님의 자녀 되게 하는 내 밖의 사건일 수밖에 없습니다.

적색 은총으로서의 십자가 사건은 다음의 방식으로 인간에게 은총이 됩니다. 우선 적색 은총은 세상의 고통에 대해 우리 자신을 개방시킵니다. 세상의 고통을 자신의 몫으로 인정하고 고통 속에서 피조물들과 연대할 수 있는 힘이 바로 적색 은총의 몫인 것입니다. 실직자로 내팽겨쳐지고 고통 받으며, 탄식하는 존재들이 더 이상 부담스러운 대상이 아니며 오히려 우리 자신을 구원시키는 동인이 된다고 가르치고 있습니다. 또한 적색 은총은 우리 속에 숨겨진 폭력을 승인하고 인정하도록 도와줍니다. 주지하듯 자신의 유한성을 인정치 않고 끝 모르는 욕망의 노예가 되어 버릴 때 그로부터 폭력이 발생하고 파괴가 비롯합니다. 우리는 기독교가 타민족, 타종교, 타문화에 대해서 그리고 인간 외적인 피조물(자연)에 대해서 얼마나 악마적 존재가 되어 왔는지를 익히 알고 있습니다. 그렇기에 적색 은총은 인간의 죄를 환기시키며 인간 속에 숨겨진 폭력성을 들추어냅니다. 십자가에 달린 예수가 우리 속에 내재된 폭력과 당당히 맞서도록 돕는 것이지요. 적색 은총은 우리 자신의 폭력뿐만 아니라 가난한 자를 더욱 어렵게 만드는 가진 자들의 폭력에 대항하도록, 그러나 비폭력적 방식으로, 스스로가 십자가에 달리는 방식으로 세상의 악과 싸우도록 추동합니다. 비폭력은 예수 십자가의 길이자 적색 은총의 힘으로만 가능할 수 있는 승리의 길인 것이지요. 교회에서 절기마다 행하는 성만찬 예식은 우리에게 바로 이 길을 가도록 촉구합니다. 믿음으로 먹고 마신 떡과 포도주가 내 몸속에서 그리스도 예수의 살과 피로 변했다면 우리의 몸은 더 이상 내 몸이 아니라 그리스도의 몸이 되었다고 고백해야 옳습니다. 예수 그리스도의 몸이 남을 위하여 자신을 내어주는데 그 본질이 있었기에 적색 은총 역시 이러한 자기 희생, 비폭력의 삶을 가능케 합니다.

지금까지 이 땅의 교회들은 붉은색 은총만을 강조하여 왔습니다. 그렇기에 피조물들 속에서 신음하는 하나님의 현존에 대해 무관심했고, 그 속에서 나오는 소리가 고통과 탄식인 것을 망각했습니다. 자신만의 구원, 이기적인 종교생활로 자신의 그리스도인 됨의 정체성을 삼아 온 탓입니다. 하지만 녹색 은총만으로도 우리는 충분한 그리스도인이 될 수 없습니다. 우리 모두가 폭력적인 존재인 탓입니다. 우리가 처한 세상 속 뭇 고통과 연대할 수 있는 적극적인 힘도 기대하기 어렵습니다. 오로지 이러한 두 빛깔의 은총을 경험할 때, 이러한 은총 속에서만 참된 삶을 영위할 것이며 그리스도의 구원을 이룰 수 있습니다. 중국 작가 루쉰이 말했듯 희망은 있다고도 할 수 없고, 없다고도 할 수 없는 것이겠습니다. 하지만 그는 그것을 산 속에 있는 오솔길로 비유했습니다. 본래 산속에는 길이 없었습니다. 그러나 사람들이 늘 같은 곳을 걷게 되면 비로소 길이 생겨날 수 있는 것이지요. 이렇듯 은총의 두 빛깔을 자각한 우리부터 세상은 희망이란 길을 얻게 될 것입니다. 그렇기에 최상의 것을 거저 얻었다는 은총의 감각을 회복하는 것이 우리의 급선무가 되었습니다.

도시 문화를 넘어서

녹색 신앙의 길

누가복음 14:15-24

오늘의 신학이 교회론, 기독론 그리고 신론보다 성령론을 강조하게 된 이면에는 다음 몇 가지 이유가 있습니다. 성령은 살리는 영으로서 이 땅(자연)에 내주하며 삶의 열매(행위)를 중시하고 약자에 대한 배려와 함께 차이의 축제를 허락하기 때문입니다. 다시 말해 성령의 활동은 우리에게 새로운 문화를 창조할 것을 명하고 있습니다. 지금껏 자신만을 척도로 하여 살아온 우리에게 타자의 존재를 확인시키며, 말만 무성하던 우리에게 행위를 요구하고 자연이 소유의 대상이 아니라 하나님의 영이 활동하는 공간임을 알려주며, 이 땅의 수많은 약자(희생양)들과의 연대적 삶을 살도록 권면하기 때문입니다. 이렇게 본다면 성령강림과 자연환경 그리고 평신도의 일상성은 분리될 수 없이 상호 연결된 주제일 것입니다. 누가복음 14장 15절에서

24절 말씀을 토대로 이런 중첩된 주제를 다루어 볼 생각입니다.

　모두가 인정하듯 문화가 중요한 시대가 되었습니다. 문화 경쟁력 확보를 통해 문화 강국을 일구어 보자는 이야기도 회자됩니다. 이에 발맞추어 대학의 종교학과, 심지어 국문학과까지 문화콘텐츠학과로 과명이 바뀌고 있습니다. 모두가 문화를 말하고 있는 이때, 다시 물을 것은 정말 무엇이 문화인가라는 것입니다. 영화 및 IT 산업의 부흥, 감각적 예술 활동, 가상현실 속에서의 삶, 쾌락으로서의 성, 레저 활동 등 이전 세대가 경험하지 못한 새로운 문화 현상에 우리 모두가 노출되어 있습니다. 그러나 목하 대중 사회는 문화를 소비재로만 인식하고, 일회적 오락으로 즐기려고만 합니다. 더욱이 자본주의 사회에서 소비는 상품의 소비를 넘어 차이를 나타내는 기호가 되었습니다. 도시 문화는 이에 편승하여 기능주의와 실용주의를 부추기며 차이 기호의 소비를 위해 안간힘을 쓰고 있습니다. 종교마저도 자신의 본질적인 것에 대한 관심보다도 이런 유사 대중문화에 더 많이 관심하는 듯 보입니다. 하지만 이런 대중문화는 서구적 정신 상황에서 비롯한 것이기에 문화적 종속을 심화시킬 수 있습니다. 한나 아렌트가 말했듯이 문화란 영구한 것을 현실 속에서 형상화시켜내는 확장된 의식, 일종의 성聖의 차원을 지녀야 마땅합니다. 모두가 문화를 말하며 그것을 경쟁력으로 인식하는 이때 정말 도시 문화 속에 지속 가능한 거룩의 차원이 내재하고 있는가를 묻는 것이 종교(신앙)인의 태도입니다. 아프리카 밀림 한 가운데서 서구 문명의 몰락을 지켜보며 생명 외경을 토대로 새로운 문화를 재건하려 했던 슈바이처의 마음이 오늘 우리에게 절실히 필요합니다.

이런 맥락에서 오늘의 본문은 우리에게 많은 점을 시사하고 있습니다. 어떤 사람이 큰 잔치를 준비하고 사람들을 초대하기로 하였습니다. 그러나 저마다 분주하여 부름에 응하지 않았습니다. 어떤 이는 밭을 샀기에 밭을 돌보러 나가야 한다고 이유를 말했고, 어떤 이는 소를 여러 마리 샀기에 그를 돌보기에 여념이 없다고 하였습니다. 또 다른 이는 장가를 갔기에 분주한 일이 많아 초대에 응할 수 없다고 했습니다. 초대한 주인은 거리의 사람들을 초대하여 잔치 자리를 채웠고 그들과 즐거움을 나누었습니다. 그러나 본문은 앞서 초대받은 자들이 결단코 잔치의 맛을 경험하지 못했음을 강조하며 섭섭함을 토로했습니다. 본문에 대해 다양한 해석이 가능하겠으나 본인은 여기서 도시 문화의 실상을 보고자 합니다. 하나님은 우리들을 초대하여 자신과 더불어 뜻과 정신 그리고 삶을 나눌 수 있는 시간과 공간을 갖기 원하였습니다. 다시 말해 자신의 본질에 상응하는 기독교 문화를 꽃피우려 했다는 것입니다. 물론 자신들만의 언어로, 자신들의 교회 공간에서 생산되고 소비되는 고립적 기독교 문화가 있는 것도 사실입니다. 그러나 그것은 엄밀한 의미에서 문화라 할 수 없습니다. 지속적인 영향력을 줄 수 있는 기독교의 본질적인 것이 이 땅에 아직 문화화되지 못했습니다. 역사적으로 볼 때 최초의 종교인 샤머니즘은 생존을 위한 존재의 현재적 기반을 강조했고, 불교는 오히려 현세적 삶의 영역을 무화 시키는 힘을 보여주었으며 유교는 일상을 거룩의 영역으로 승화시킨 예禮의 문화를 창출했습니다. 이 땅에 들어 온 기독교는 이 민족을 위해 또 다른 문화 양식을 제시하고 기존 종교 문화의 부정적 현상을 고쳐나가야 할 책임이 있습니다. 하지만 현실 교회는 도시 문화 속에 길들여져 있고, 오히려 자본주의 문화의 기저 역할을 할 뿐입니다. 본문에서 사람들이 하나님의 초대에 응할 수 없었던 이유로 밭과 소와 가정에 대한 관심, 집착을 든 것이 바로 이것을 뜻합니다. 여기서 밭은 물질 소유에 대한 상징이며 소는 도구, 곧 컴퓨터로 대변되는 기술문명에 대한 상징이고, 결혼이란 가족주의 내지는 자유로운 성 문화를 지칭한다고 말할 수 있겠습니다. 이런 일로 모두가 분주하게 된 것이 바로 도시 문화의 실상입니다. 이런 것을 얻고 더 많이 소유하려는 욕망과 남이 소유한 것에 대한 부러움과 자신의 불만족 때문에 우리는 하나님의 소리를 들을 수가 없고 그와 함께하는 삶을 만들지 못하고 있습니다. 도시 문화가 끝도 없이 욕망을 모방하도록 삶을 추동하는 탓입니다.

온갖 편리와 안락을 보장해주는 도시, 그 풍요로운 공간을 처음 세운 사람은 아우인 아벨을 돌로 쳐 죽이고 고향을 떠난 가인인 것을 우리는 압니다(창세기 4장 16-17절). 자크 엘륄Jacques Ellul이란 신학자는 가인이 고을을 세운 것은 더 이상 신의 보살핌을 받을 수 없게 된 인간이 스스로 안전을 도모한 결과로 이해했습니다. 신 없이 살겠다는 의지가 가인으로 하여금 도시를 건설토록 했다는 것이 가인 설화의 중심 메시지란 것입니다. 신 없이 스스로 존재하려는, 즉 신의 초대를 거절하고 자신의 욕망을 끝없이 실현하려는 인간들의 거주 공간이 바로 도시였습니다. 성서는 가인의 후예들의 삶을 열거하며, 가인이 지은 죄보다 도시문명 속에 길들여 살아온 그의 후예, 곧 라멕이 지은 죄가 훨씬 크고 중하다고 기록했습니다. 돈이 되는 것만 중시하고 그렇지 않은 것을 경시하며, 그를 위해 폭력도 마다치 않는 것이 도시 문화의 현실태라는 것입니다.

르네 지라르René Girard는 도시 문화 속에 만연된 폭력에 대해 새로운 견해를 밝혔습니다. 타자의 욕망을 그대로 배우고 모방하는 탐욕적 욕망

(Mimesis)을 폭력의 발단이라 했습니다. 경험하는 바지만 도시 문화에 길들여진 인간은 이런 욕망을 자신의 생득적 본성으로 알게 되고, 그럴수록 주체적 삶이 불가능해지며, 타자의 기호에 의해 좌우되는 노예로서의 삶을 지속할 뿐입니다. 그러나 더욱 본질적인 문제는 이처럼 저마다 탐욕적 욕망을 무한정 갖게 되면 그 실현을 위해 엄청난 폭력을 행사하고, 그렇게 되면 차이, 곧 변별력의 상실을 두려워한 나머지 인간 사회는 자신의 기득권 유지를 위해 희생양을 요구하게 된다는 것입니다. 욕망의 모방이 폭력을 부르고, 차이를 유지하기 위해 타자를 희생시키는 악순환이 반복되는 곳, 바로 이곳이 우리가 발 딛고 있는 도시의 본질입니다. 밭과 소와 결혼 때문에, 다시 말해 폭력적 모방으로 인해 하나님의 소리가 들려지지 않을 때 우리는 살리시는 하나님의 영의 역사에 참여할 수 없습니다. 틴달로스Tindalos란 희랍 신화가 말하듯 형벌로 인해 일평생을 물속에 갇혀있으나 정작 한 모금의 물을 마실 수 없어 일생 목마른 자의 운명을 살 수밖에 없다는 말입니다. 성서에 나오는 바벨탑 이야기도 동일한 의미를 담고 있습니다. 성서 속 사람들 역시 커다란 도시를 세우고 탑을 하늘에 닿게 하고자 하였습니다. 그리하여 자신들의 이름을 만방에 떨치고자 했었지요(창세기 11장 4절 이하). 그러나 하나님께서 사람들의 언어를 달리하여 의사소통의 길을 막아 도시(바벨탑)의 지속을 허락하지 않았습니다. 결국 도시에서 보는 것은 인간의 지혜(爲) 그리고 탐욕적 욕망뿐입니다. 종교마저 도시 문화에 길들여져 있고, 도시 문화의 가치를 종교의 본질로 여기는 것이 오늘의 현실입니다. 이는 결국 살리시는 하나님의 영이 탄식하고 있음을 보여줍니다(로마서 8장 17절 이하). 자신의 소리만을 너무 크게 내며 살고 있기에 그 소리를 못들을 뿐이지 성령의 탄식은 지금 너무도 크고 깊은 소리로 다가오고 있습니다. 이 점에서

성령강림절은 어쩌면 평소 듣지 못하고, 아니 듣지 않으려 했던 이런 탄식의 소리를 듣는 절기라 해도 좋겠습니다.

이런 맥락에서 하늘과 땅을 결합시키며 사람들(남녀노소) 간의 의사소통을 회복시킨 하나님의 영은 이 땅에 성사적sacrament 문화를 새롭게 창조합니다. 성사적 문화란 신이 인간이 되어 죽기까지 세상을 사랑하고, 전全 자연 안에서 탄식하면서도 이 땅에 내주하는 살리시는 하나님 영의 삶의 양식을 뜻하지요. 하나님과 인간, 인간과 인간 그리고 인간과 자연 간의 의사소통 구조를 만들어 내는 것이라 하겠습니다. 욕망 때문에 신과 반목한 인간은 형제인 이웃에게 폭력을 행사했고, 그로 인해 자연이 인간을 토해 낸 것이 바로 죽음의 문화이자 모두가 흩어져 통할 이치를 상실한 것이 도시 문화의 실상이라면, 성사聖事 문화는 하나님, 인간 그리고 자연 간의 잘못된 관계를 회복하고 치유하는 힘(영성)을 지녔습니다. 자신의 울타리를 넓히는 일에만 관심하고 양화된 사고에 길들여져 있으며 조그만 불편함도 참아내지 못하는 성급함이 어느덧 인간 제2의 본성으로 자리 잡고 있는 현실에서 성사 문화는 세상의 치유와 회복을 위해 새로운 차원의 신앙과 구원의 길, 곧 녹색 신앙과 녹색 구원을 제시합니다. 녹색 신앙은 일상적 삶의 안팎을 거룩하게 만들어 가는 지속적 과정을 중시합니다. 종교 유무를 막론하고 자율적이 될수록 종속적이 되며, 빨라질수록 더 바빠지며, 많이 지닐수록 박탈감이 커지는 이율배반적인 삶과의 단절을 일상에서 강조합니다. 물질의 힘에 의지해 소비자로 전락하는 자신의 일상을 반성하며 손발의 창조적 역할, 곧 노동을 중시하고 몸의 느낌에 충실하며 땅의 생명성에 감동하고 가능한 한 최소한의 물질로 사는 삶을 살도록 한다는 것입니다. 이는 종교 없는 영성은 가능하지만 영성 없는 종교는 존재할 수 없다고 믿는 성령 시대의 특징일 것입니다. 이 점에서 하나님께서 홍수 이후에 새 문명을 개척한 사람 노아를 가인의 후예가 아니라 아담과 하와의 또 다른 아들 셋의 후손임을 알려주신 것은 대단히 의미 깊습니다. 가인의 후예로서가 아닌 전혀 새로운 문명이 시작될 수 있음을 알려주기 때문입니다.

이제 기독교는 성사적 문화 창출을 위해 일상적 가치를 소중히 여기고 남녀 간의 의사소통 구조를 만들며 산 자와 죽은 자의 연대인 제의 문화의 가치를 존중해야 합니다. 또한 공공성에 대한 관심을 증진시키고 소비적인 문화에 넋을 빼앗기지 않도록 정신을 바짝 차려야만 합니다. 이것이 바로 이 땅에 뿌리내려야 할 한국 기독교의 문화 정체성입니다. 소를 샀다고, 밭을 샀다고, 가족을 돌보고 성적인 쾌락을 즐기고 싶다고 변명하며 하나님의 초대에 응하지 않았던 어리석음을 중단해야 할 때입니다. 하나님과 함께하는 잔치 자리, 즉 새로운 문화를 이 땅에 만들어내야 할 책임이 있습니다. 이를 위해 오늘의 기독교는 불고 싶은 대로 부는 하나님 영의 바람에 자신을 내맡겨야 합니다. 살리시는 하나님의 영은 기독교의 생명력을 위해 우리가 만든 어떤 담론의 벽도, 욕망의 울타리도 부술 뿐만 아니라, 전 피조물들을 위해 대신 빌며 그들을 위해 탄식하고 있는 까닭입니다. 성령에 의해 사로잡힌 삶은 그래서 때론 세상 사람들에게 걸려 넘어지는 돌(Skandalon)로 여겨질 수도 있습니다. 불고 싶은 대로 부는 성령의 바람에 우리 자신을 내어 맡기십시다. 그렇게 되면 그동안 듣지 못했던 수많은 탄식의 소리가 들릴 것이며 하나님의 초대의 소리도 다시금 귀에 쟁쟁히게 될 것입니다. 영에 취한 사람이 될 때 비로소 우리는 세상의 스캔들이 되어 새로운 기독교 문화를 창출할 수 있을 것입니다.

녹색 은총의 실상

나무

욥기 37장, 시편 104편, 마태복음 6:25-34

성서에는 크게 두 가지의 사상
적 흐름이 있습니다. '구속사'적인 맥락과 '우주사'적인 맥락이 그것입니
다. 전자는 하나님이 이스라엘 백성을 선택했으나 그 뜻을 배반한 민족
의 잘못을 용서하여 구원의 길로 이끌었다는 역사관으로서 신약 시대에
오면 교회론으로 정착됩니다. 교회 안에서 신앙인들을 하나님이 구원한
새로운 이스라엘 백성이라 일컫는 것도 이런 이유에서입니다. 이렇듯
구속사적 시각은 인간의 죄성을 강조하는 것으로서 인류 역사를 신적
인 뜻으로 구원코자 하는 강한 의지를 표출합니다. 이런 흐름과 맥을 달
리하는 또 다른 사조, 구속사에 대해서 '우주사'(보편사) 혹은 '창조영성'이
라 일컫는 신학적 차원이 있습니다. 여기서는 인간의 죄성보다는 오히
려 창조성에 무게중심을 두며 역사보다는 그를 포함한 자연의 신비, 우

주의 섭리를 중시합니다. 이 두 가지 흐름 중, 아무래도 구속사적인 사조가 기독교의 본류이자 핵심이었던 것을 부정할 수 없습니다. 그럼에도 인간의 죄성보다는 창조성에 무게중심을 둔 흐름이 성서에 있다는 발견역시 대단히 중요합니다. 우리가 읽었던 욥기, 시편, 그리고 예수의 말씀이 담겨 있는 마태복음은 전자보다는 후자의 흐름에서 하나님의 뜻을생각할 수 있는 대단히 좋은 본문입니다.

욥기 37장부터 39장까지의 내용은 하나님이 욥에게 하는 질문으로일관되어 있습니다. 익히 아는 대로 하나님은 사탄과의 대화를 통해 욥을 시험하셨습니다. 죄 없이 고통받는 욥은 계속해서 하나님의 의로움을 질문했고, 자신의 무죄를 항변했습니다. 자신의 무죄, 억울함, 고통을하소연하는 욥에게 하나님의 답변은 너무도 의외였습니다. "내가 이 세상을 세웠을 때 너는 어디에 있었는가?" 고통당하는 욥의 입장에서는 너무 잔인한 물음일 수도 있겠습니다. "내가 왜 이런 고통을 당해야 합니까"라고 질문하는 욥에게 하나님은 이 세상을 지었을 때 너는 어디 있었는가, 굶주려 울부짖는 사자에게 먹을 것을 한 번이라도 준 적이 있었는가, 당나귀의 빠른 다리를 위해서 네가 한 일이 무엇이냐고 묻고 있는 것입니다. 욥의 상황이 억울하고 안타깝지만 그런 상황에서도 하나님은욥으로 하여금 자신보다 앞서 있었던 것이 무엇인지를 생각하게 했습니다. 이 질문 앞에서 욥은 지금껏 했던 모든 하소연을 다시는 되풀이하지않을 것을 다짐했습니다. 욥의 이런 태도 역시 여전히 이해하기 어려운부분입니다. 욥기 37장 이하 내용은 인간이 없더라도 하나님은 계시고, 인간이 없더라도 창조의 세계, 자연은 있을 것이기에 구속사 중심, 인간중심, 역사 중심의 사조와는 변별된 우주사적인 신학 통찰의 중요성을 환기시키고 있습니다. 하나님은 인간을 위한 존재만이 아니라 우주 만물을 위해 우주 만물 속에 존재한다는 것입니다.

두 번째로 생태학적인 시편으로 알려진 시편 104편을 읽었습니다. 이 본문 안에서 하나님은 사려 깊은 생태학적인 살림꾼으로 묘사되었습니다. 자연 질서 속에 살아가는 모든 존재가 배고픔의 문제를 해결하기 위해 사자는 사자대로 으르렁거리며, 사람은 사람대로 아침 일찍 나가서 밤늦도록 수고하여 먹을 것을 찾아야 합니다. 이처럼 먹이를 위해 저마다 울부짖는 생명체들에게 하나님은 먹을 것을 주시는 분이십니다. 하지만 먹을 것을 염려하되 어느 것 하나가 어느 것에게 희생당하거나 전멸되지 않도록 사려 깊은 살림꾼의 모습으로 하나님은 자연 세계를 운영하고 이끌었습니다. 한마디로 우리 시대가 요구하는 생태학적 경영자의 모습을 지녔던 것입니다.

마태복음 6장에는 '들에 나는 백합화와 공중 나는 새를 보라' 하시면서 구체적으로 하나님을 알 수 있는 지평으로 교회나 인간 내면이 아닌 자연을 말씀하고 있습니다. 자연이 하나님을 알 수 있는 지표(아이콘)란 것입니다. 자연 속에서 하나님을 체험하며 그를 공감하라 했습니다. 하나님은 자연을 보면서 내일 일을 걱정하지 말라 했고, 들의 풀과 공중 나는 새를 입히고 먹이는데 하물며 너희를 먹이지 않겠느냐고 반문하였습니다. 한마디로 걱정과 염려를 그치라는 것이지요. 그래서 마태복음을 일컬어 구약성서의 창조 신앙에 해당하는 본문이라 했습니다. 이렇게 보면 욥기, 시편 그리고 마태복음은 오늘 우리에게 구속사 중심의 신학 틀과는 전혀 다른 신학적 틀거지를 제공하고 있습니다. 우주사적인 신학의 길을 걷게 하는 것입니다. 우리는 지금 나무가 우거진 숲 속에서 예배를 드리고 있습니다. 우리의 예배가 세상에서 가장 아름다운 예배가 되기 위해서 우리를 둘러싸고 있는 나무를 보며 하나님을 떠올리고, 녹색의 은총, 창조의 영성을 느낄 수 있어야 할 것입니다. 자연과 교감하면서 정말 걱정과 염려를 그칠 수 있는지 물어야 하겠습니다.

이제껏 말씀드린 세 본문을 가지고 새로운 하나님을 만나고자 합니다. 인간의 죄성만큼이나 인간의 창조성을 새롭게 발견하려는 것이지요. 새롭게 발견된 우주와 자연을 근거로 기독교를 옳게 이해할 수 있는 신앙 틀을 얻고자 하는 것입니다. 토마스 베리Thomas Berry라고 하는 가톨릭 배경의 신학자이자 신부는 이런 말을 남겼습니다. "성서를 당분간 접고 대신 자연에 좀 더 주목하자"고 말입니다. 물론 역설적인 말이겠지만, 문자를 넘어서 자연 속에서 하나님을 느끼고 경험하며 공감하는 일에 더 마음을 쏟자는 의도에서였습니다. 몇 년간이라도 성서를 서고에 꽂아놓고 자연 속에서 하나님을 느끼고 체험하는 데 집중해보자는 것이었지요. 오늘 저 역시 우리를 둘러싼 뭇 나무를 바라보며 그를 주제 삼아 설교할 생각입니다. 하나님의 녹색 은총, 창조영성의 실재인 나무를 보면서 어떻게 새로운 하나님을 만날 수 있겠는가를 생각해보겠습니다.

숲 속에 들어오면 신성한 느낌이 우리를 사로잡습니다. 숲을 이룬 하나하나의 나무들이 대지의 고요함에 뿌리를 내리고 있기 때문이지요. 숲 속에서 우리는 고요하고, 맑아지며, 신선해집니다. 나무는 소음을 낼 줄 모릅니다. 고요한 땅에 뿌리를 내리고 있기 때문에 그렇습니다. 나무는 이리저리 돌아다니지 않습니다. 한 곳에 붙박여 있습니다. 우리 역시도 고요함을 얻기 위해 자신 속 깊은 곳에 정주해야 하겠지요. 풍랑을 만나 두려움에 휩싸여 소란스럽고 분주했던 제자들의 모습을 떠올려봅니다. 그런 제자들과는 달리 뱃전에서 편안한 잠을 주무셨다는 예수의 모습도 함께 떠올려지네요. 제자들은 야단법석했고, 혼돈가운데 불안에 휩싸였지만 예수 그분은 시종일관 평온했습니다. 하나님께서 허락하신 고요한 삶의 자리에 삶의 뿌리를 내렸기 때문일 것입니다. 우리의 일상은 풍랑을 만난 배 위에 있는 사람들의 모습과 같습니다. 이리 흔들리면 이렇게 걱정하고, 저리 흔들리면 저렇게 야단법석입니다. 흔들리는 뱃속의 요란함이 우리들 실존의 모습입니다. 하지만 예수께서는 그 순간에도 고요하셨습니다. 예수는 자기 존재의 뿌리가 고요 그 자체임을 알고 계셨던 것이죠, 자신과 하나님이 둘이 아니고 하나인 것을 믿었다는 말입니다. 우리 역시도 예수를 아들로 불렀던 하나님 마음에서 비롯한 존재들입니다. 평온과 고요함을 하나님 형상의 또 다른 의미로 생각해도 좋을 것입니다.

나무들은 태풍에 부러지듯 흔들리면서도 중심을 잃지 않고 제자리를 굳게 지킵니다. 나무의 실체는 고요와 평화입니다. 숲에서는 우리 역시 고요하고 평화롭게 됩니다. 숲속 나무를 통해 우리가 보고 듣고 깨달아야 하는 것은, 혼돈스러운 세상 속에서 하나님은 고요 그 자체라는 사실입니다. 숲 속에 들어오면 풋풋하고 상큼한 나무의 향기가 풍겨납니다. 나무의 향기는 그 뿌리의 고요함에서 비롯합니다. 나무의 실체가 고요와 평화이듯이 오늘 우리도 고요와 평화가 삶의 실상이 되었으면 좋겠습니다. 우리의 향기, 사람됨의 향기는 고요함에서 넘쳐나는 것이지요. 야단법석하는 삶에서는 향기가 나올 리 없습니다. 사람됨의 향기는 존재의 중심인 고요에서 나오는 아름다움입니다. 숲 속 나무의 고요함과 향기를 통해서 하나님을 느낄 수 있고, 하나님의 형상인 자신의 실상을 느낄 수 있다면, 오늘 우리는 욥기와 시편 그리고 예수가 말씀하신 창조의 영성을 만날 수 있습니다. 성서의 또 다른 큰 줄기를 만나는 것입니다. 주보에 그려진 아름다운 나무와 우리가 두 팔 벌려 감싼 나무를 통해 배우는 창조의 영성, 녹색 은총의 감각이 우리에게 다가오길 바랍니다. 풍랑이 일어나 사방이 흔들려도 주무실 수 있었던 예수의 그 엄청난 고요한 자리가 우리에게도 있음을 믿기 바랍니다. 그 바탕에서 우리 역시도 사람됨의 아름다운 향기를 품을 수 있는 삶을 살아 내야겠습니다. 잠시 눈을 감고 보이지 않는 나무의 뿌리를 생각해 보십시다. 내 안의 보이지 않는 하나님이 계신 그 깊은 곳, 비어있는 곳, 고요한 곳을 생각하면서 풍랑 속에서도 잠을 청할 수 있었던 예수의 고요함을 맘껏 그리워하십시다.

이기심과 이타심 사이에서

마태복음 22:34-40

설 연휴가 시작되었습니다. 최대 열흘까지 연휴를 누릴 수 있는 황금 기간이라고 합니다. 전체 인구의 1%에 해당하는 40만 명이 해외로 나간다고 하니 정말 엄청난 사건입니다. 설은 '또 한 번의 시작'을 뜻하는 명절이기에, 흐트러진 우리의 마음을 다시 한 번 다잡는 계기가 되었으면 합니다. 이미 새해가 시작되었으니 설을 통해 한 해를 달리 살아보고자 본문을 택해 보았습니다. 기독교의 황금률이라고 불리는 이 말씀은 우리의 뜻과 마음과 정성과 목숨을 다해서 하나님을 사랑할 것과 이웃을 자기 몸처럼 사랑할 것을 요구합니다. 성서학자들은 이것이 모세가 전해준 십계명을 간략하게 두 마디로 축약한 것이라 말합니다.

주지하듯 십계명은 이스라엘 민족들이 애굽으로부터 탈출하는 과정에서 만들어졌습니다. 광야 40년의 긴 여정을 힘들게 겪으면서 축적한 지혜라 할 것입니다. 성경에는 모세가 석판에 새겨진 십계명을 하늘로부터 받았다고 기록되어 있지만 실상 그것은 한순간에 하늘로부터 내려받았다기보다 이스라엘 민족 공동체의 지난한 40년의 삶의 경험으로부터 비롯한 것입니다. 이스라엘 민족이 건넜던 광야는 14일이면 건널 수 있는 그리 넓지 않은 곳이었습니다. 하지만 40년 동안 광야에 머물렀던 것은 그만큼 백성들 간에 이견이 컸고, 갈등이 있었음을 의미합니다. 이 기간 동안 백성들 불평불만이 하늘에 닿았습니다. 많은 이들이 광야의 굶주림보다는 차라리 애굽 땅이 좋다며 그곳으로 고개를 다시 돌렸고, 남의 재물을 가지고 자신의 배를 불렸으며, 남의 아내를 탐하기도 했던 것입니다. 그래서 2주면 건널 수 있는 광야를 40년 동안이나 헤매고 있었습니다. 십계명은 이렇듯 망가지고 해체되어야 마땅한 이스라엘 민족 공동체를 지켜내는 지혜였습니다. 십계명이 이스라엘 공동체를 결속시켰다면, 우리가 읽은 예수의 계명 역시 향후 인류 공동체를 유지시키고, 살리는 역할을 할 것이라 믿습니다. 두 줄로 압축된 예수의 새 가르침이야말로, 인류를 지속시키고, 발전시키며, 안정되게 만들 수 있는 지침이라 할 것입니다. 우리의 뜻과 정성과 마음을 다 바칠 수 있는 궁극자(窮極者)가 있다는 믿음, 나만이 아니라 내 이웃도 나처럼 사랑하겠다고 하는 이 마음이 인류를 한 걸음 앞으로 나아가게 하는 동력이 될 것입니다.

오늘 본문 앞뒤를 살펴보면 예수께서 이 계명을 가르치신 배경이 있습니다. 바리새파 사람들이 예수가 사두개파 사람들의 말문을 막아버렸다는 소문을 듣고 한자리에 모였습니다. 주지하듯 예수는 이스라엘 민족, 특별히 권위를 가지고 행세하던 이스라엘 민족 지도자들에게 불편한 존재였고 걸림돌이었습니다. 예수께서 '옛날에는 그렇게 말했지만 나는 이렇게 말한다'고 하면서 과거의 정통과 권위를 한순간에 무너뜨리셨던 까닭입니다. 이스라엘을 구성하는 두 집단이 있었지요. 하나는 사두개파 사람들이었고, 다른 하나는 바리새파 사람들이었습니다. 이들은 이스라엘 민족을 구성하는 두 중심세력이었습니다. 이들 간에는 좁힐 수 없는 교리적 틈새가 있었고 그로 인한 갈등이 그칠 날 없었습니다. 사두개파 사람들은 창세기, 출애굽기, 레위기, 민수기, 신명기라고 불리는 '모세오경'만을 자신들 경전으로 삼았던 반면 바리새파 사람들은 모세의 오경을 근거로 포로기 이후 생겨난 많은 문서들도 경전으로 받아들였습니다. 바리새인을 지독한 율법주의자, 보수주의자로 알고 있지만 사실 당시 그들은 이스라엘 민족 내에서는 진보, 자유주의자들이었습니다. 모세오경만을 믿고 그에 근거하여 사유하던 사두개파 사람들이 오히려 보수세력이라고 보는 것이 옳습니다. 모세오경에는 부활 기사가 없었던 탓에 사두개파 사람들이 부활을 믿지 않았으나, 후대의 경전 속에는 그것이 존재했기에 바리새파 사람들은 부활에 의문을 품지 않았던 것이지요. 그래서 부활 교리를 두고 두 집단 사이에 많은 갈등과 싸움이 늘 있었습니다.

사두개파 사람들이 예수를 앞에 세워놓고 부활에 대해 질문을 하고 있었습니다. 그들은 모세의 말을 빌려서 예수를 시험합니다. "제일 큰형이 결혼해서 살다가 부인보다 먼저 죽으면 모세의 율법에 따라 동생이 형수와 결혼해야 하며, 그 동생이 또 죽으면 그 밑의 동생과 다시 결혼하여 형수와 살아야 하는데 이렇게 해서 7명의 형제 모두가 형수와 결혼하여 살다 죽었다면 장차 부활할 때에 이 여인은 누구의 아내로 부활할 것인가?"하는 것이었습니다. 물론 이들은 부활을 믿는 사람들이 아니었습니다. 부활이 있다고 하면 모세의 율법에 어긋나는 일이 되고 부활이 없다고 해도 바리새인들과 갈등하게 되니 사두개파 사람들로서는 예수를 곤경에 빠뜨릴 수 있는 최적의 질문이었습니다. 그러나 예수는 누구도 생각지 못하는 명쾌한 답을 내놓았습니다. 하나님은 죽은 자의 하나님이 아니라 산자의 하나님이라는 것입니다. 죽음 이후의 부활이 아니라 지금 살아있는 사람들을 위한 하나님을 믿으라 했습니다. 사두개파 사람들은 이렇듯 신학적 논쟁에서 예수에게 크게 완패를 당하고 말았습니다.

이제는 바리새파 사람들이 예수를 곤경에 빠뜨리고자 했습니다. 자신들이 예수를 치겠다고 나선 것입니다. 그들은 안식일 규정을 수없이 어겼으며 부정한 자들과 식탁에서 함께 먹고 마셨던 예수를 곱지 않게 보았습니다. 바리새파 사람들이 예수에게 했던 질문은 '율법 중 가장 큰 것이 무엇인가' 하는 것이었습니다. 예수께서 조금이라도 규정을 어기는 틈새를 보이면 즉시 문제 삼을 생각에서입니다. 이런 정황에서 예수께서 하신 말씀이 바로 "온 맘과 온 정성과 목숨을 다해 주 너희 하나님을 사랑하고 네 이웃을 네 몸처럼 사랑하라"는 것이었습니다. 이 말씀은 예수께서 하나님이 죽은 자의 하나님이 아니라 산자의 하나님인 것을 재차 우리에게 알리신 것이라 생각합니다. 산자의 하나님이 말씀하시는 바가 바로 황금률이었던 것이지요. 사두개파 사람들과 바리새파 사람들은 죽은 자의 하나님에 대해, 어떤 계명이 더 큰가에 대해 관심이 있었지만 예수는 살아있는 자의 하나님, 인간 공동체를 살리는 구체적인 하나님의 말씀을 가르쳤던 것입니다.

오늘날 기독교와 불교, 여타 모든 종교를 막론하고 성직자 중에는 실제 삶에는 자신이 없으면서 누구도 알 수 없는 죽음 문제를 가지고 장난하는 사람들이 많습니다. 죽음을 빙자하고, 천국을 말하며, 묘지, 납골당 등을 내세워 장사하는 사람들도 많이 있지요. 하나님을 죽은 자의 하나님으로 알고 있고, 믿고 있기 때문에 그렇습니다. 자기 종교가 더 크다하며 배타적, 적대적인 행위를 하는 것 역시 성행하고 있는 것도 사실입니다. 이런 상황에서 정작 산자의 하나님과 인간 공동체의 안녕과 평화를 위한 예수의 큰 계명이 잊혀지고, 왜소해져 가고 있습니다. 따라서 관건은 과연 어떻게 이 큰 계명과 다시 만날 것인가 하는 것입니다. 이를 인류 모두를 위한 말씀이라고 믿는다면, 이 말씀이 결국 산자의 하나님을 우리에게 가르친다면, 그래서 이 큰 계명을 우리에게 지키라고 말씀하시는 것이라면, 어떻게 이 말씀과 우리의 삶이 맞닥뜨릴 수 있겠는가 하는 것이 관건입니다.

첫 번째 계명은 온 마음과 정성과 뜻을 다해 하나님을 사랑하라는 것이었습니다. 정말 삶에 있어서 뜻과 정성과 목숨을 다할 수 있는 어떤 대상을 갖고 산다면 그것은 축복일 것입니다. 어떤 신학자는 이 첫 계명을 일컬어 인간의 궁극적 관심이라고 했습니다. 예수께서는 다른 본문에서 이렇게도 설명하였습니다. 한 농부가 있었습니다. 남의 밭에서 일하다가 그 밭에 깊이 숨겨져 있는 보물단지를 보았답니다. 그러자 그것을 본 농부는 조금도 지체하지 않고 자기 집으로 가서 자기가 가진 것들을 모두 팔아서 그 밭을 샀습니다. 그러면서 하나님 나라와 관계하는 우리의 삶의 태도가 이러해야 함을 가르쳤습니다. 소중한 것 궁극적인 것을 발견한다면 자기의 모든 것을 다 바쳐서라도 그것을 사야 한다는 것입니다. 그것이 하나님과 하나님 나라와 관계하는 인간의 방식이란 것입니다.

제가 존경하는 어떤 한 분이 계십니다. 그는 일제치하에서 목사의 아들로 태어나 고등학생 시절부터 주일학교 학생들이나 때로는 성인들에게까지 설교를 하며 지냈다고 합니다. 하지만 설교를 하면서도, 정작 그 자신은 도무지 믿음이 없었습니다. 자신이 말하는 것을 자신도 믿을 수가 없었답니다. 그래서 그는 20대 초반부터 믿음을 얻기 위해 온갖 노력을 다했습니다. 믿음을 얻는 것이 그에게 인생의 목표가 된 것입니다. 당시 부흥 목사들의 설교를 듣고자 집회를 다니면서 6년이란 세월을 보냈습니다. 마음이 뜨거워지는 경험도 여러 번 있었습니다. 하지만 불같던 마음이 흔적도 없이 사라지는 것 또한 수차례 경험했습니다. 일본 유학 중 우찌무라 간조의 제자들이 이끄는 무교회 집단과 만나서 성서를 지적으로 공부하는 훈련을 쌓았습니다. 긴 세월동안 성서 지식은 넘치도록 쌓였으나 여전히 믿음은 생기지 않았습니다. 다시 한국에 돌아온 그는 믿음을 얻기 위해 선생을 찾았습니다. 그 선생은 하루 한 끼를 먹으며 언제든 걸어 다녔고 무릎 꿇고 온종일 묵상하는 분이었습니다. 그가 바로 다석 유영모였습니다. 그로부터 혹독한 의지를 배웠다고 했습니다. 이런 방식으로 그는 십수 년에 걸쳐 지知, 정情, 의意, 즉 지식과 감성, 의지의 전 과정을 온몸으로 체득하였습니다. 이런 과정을 거쳐 어느 순간 홀연히 믿음의 세계가 찾아왔습니다. 이제 '내가 하나님을 믿는 것이 아니라 하나님이 나를 믿고 있구나' 하는 생각이 들었답니다. 내가 하나님을 믿는 것이 아니라, 하나님이 나를 믿고 있다는 역전의 논리, 참으로 대단한 깨침이었습니다. 이렇듯 하나님에 대한 사랑은 우리의 엄중한 뜻과 마음과 목숨이 함께해야만 합니다. 모든 것을 팔아 밭을 산 농부처럼, 오늘 본문의 말씀처럼 내 삶의 일부가 아니라, 내 삶에 남아있는 어떤 것으로가 아니라, 자기 삶의 모든 것을 다 걸고 하는 일이어야만 합니다.

등산하는 사람들에게 있어서 고산병은 무서운 질병입니다. 오르고자 하는 고지는 바로 저긴데 8부 능선, 9부 능선에 이르면 한 발자국도 앞으로 내디딜 수 없게 하는 고산병, 그 고통스러움에 다시 산에서 내려오지만 내려오고 나면 더 오를 수 없었다는 안타까움에 절망하는 것이 바로 고산병입니다. 우리 신앙의 영역에도 그런 고산병이 있습니다. 얼마만큼은 아주 열심을 내어 신앙의 길을 걷습니다. 어느 지점에 이르면 고산병에 걸린 사람처럼 산에서 내려오고 싶은 맘 또한 간절해집니다. 온 마음과 온 정성과 온 목숨을 다하는 일이 고통스럽기 때문입니다. 그러나 그것이 우리의 믿음을 포기토록 한다면 우리의 회한과 안타까움 역시 적지 않을 것입니다. 그렇기에 오늘 말씀에 의지하여 신앙의 세계, 하나님과의 관계를 옳게 복원시켰으면 좋겠습니다. 그분을 향한 우리의 사랑이 우리를 세상에서 가장 강한 사람으로 만들어 주기 때문입니다. 내가 하나님을 믿은 것이 아니라 하나님이 나를 믿는다는 확신이 있다면 세상에서 두려운 것이 없을 것입니다.

두 번째 계명은 네 이웃을 네 몸처럼 사랑하라는 말씀입니다. 이 역시 첫 번째 말씀만큼이나 우리를 어렵게 만듭니다. 일상 속에서 우리는 이기심과 이타심 사이에서 갈등하며 혼란스럽게 살아갑니다. 나 자신만을, 내 가족만을 위해 살고 있으나 마음이 편치는 않습니다. 이웃에게 친지들에게 동료들에게 마음을 쓰자니 가진 것 없기도 하지만 인색한 마음도 떨칠 수 없습니다. 이런 딜레마를 가진 것이 우리의 '현실태'입니다. 때로는 부모에게조차 인색한 마음을 드러낼 정도로 참으로 부족한 존재들이지요. 형제자매 간에도 냉정한 마음을 표출하는 참으로 어리석은 존재입니다. 그럴수록 예수가 인간에게 불가능한 것을 지키라 명한 것인지, 아니면 할 수 있기에 이런 말씀을 주신 것인지에 대해 깊이 생각하게 됩니다.

하지만 네 이웃을 네 몸처럼 사랑하라는 말씀은 인간 본성의 타락을 가르치고, 인간의 원죄를 강조했던 기성 교회의 가르침과는 사뭇 다르게 느껴집니다. 이런 일을 할 수 있는 존재라고 믿고 인간을 선하게 충동하는 예수의 가르침은 오히려 동양의 지혜, 동양의 생각을 닮았습니다. 하지만 문제는 이 계명이 우리 삶 속에서 어떻게 가능할까 하는 것입니다. 리처드 도킨스Richard Dawkins 같은 생물학자들은 인간의 선함, 이타적인 사랑도 결국은 이기적인 유전자의 작용이라면서 인간의 이타적인 본성을 부정했습니다. 이타적으로 보일 뿐 결국 그것 역시 이기적인 유전자의 작용이라고 본 것입니다. 만약 그렇다면 참으로 난감한 일입니다. 종교라는 것, 인간의 정신과 양심 역시도 유전자라는 물질로부터 될 경우, 종교와 정신과 도덕의 세계는 설 자리를 잃게 됩니다.

그러면 예수께서 네 이웃을 네 몸처럼 사랑하라, 할 수 있기 때문에 하라고 말씀하신 이 이야기는 어떻게 이해되어야 옳을까요. 이런 고민 끝에 『이타적 인간의 출현』이라고 하는 책을 접했습니다. 예전에 주문한 책인데 이제야 정독할 수 있게 되었습니다. 주지하듯 인류가 관심하는 것이 경제이고, 이러한 경제학을 가능케 하는 것이 인간을 이기적인 존재라고 보는 시각이라 합니다. 이기성에 바탕 호모 에코노미쿠스Homo oeconomicus, 이기성을 근간으로 하는 경제적인 동물, 이런 인간 이해가 경제학을 가능케 하는 원리라는 것이지요. 그러나 이 책은 인류의 기나긴 진화 과정이 이기적인 인간을 극복하여 이타적인 인간의 출현을 가능케 했다고 말합니다. 인간이 지니고 있는 이타적인 속성이 처음에는 혈연관계, 가족관계에서 발생했으나 이후 혈연관계를 넘어 사람들 사이의 호혜성互惠性, 은혜와 사랑을 베푸는 상호 간의 호혜성이 진화의 방향을 이끌었다는 것이지요. 어떤 물질적인 것보다 인간 상호 간의 사랑의 중요성을 역설하며, 그것이 진화의 추동력이었다고 설명했습니다.

저는 이 책을 읽으면서 '이웃을 네 몸처럼 사랑하라'는 예수의 말씀을 깊이 묵상했습니다. 인간을 이기성에 근거한 경제적인 존재로 보는 것도, 인간을 이기적인 유전자의 활동으로 환원시키는 과학도 인간에 대한 올바른 이해에 근거하지 않았다 생각했습니다. 인간에게는 더불어 살 수 있는 이타성, 상호 간의 호혜성, 때로는 모두를 위해 하나가 되기도 하지만 '하나를 위한 모두'가 될 수 있는 힘이 있기 때문입니다. 저는 이것이 하나님께서 태초로부터 인간 역사 속에 내재하는 방식이라 믿습니다. 세계의 창조자이신 궁극적인 하나님에게 온 맘과 뜻과 정성을, 우리 인간이 가지고 있는 지知와 정情과 의意를 모두 돌릴 수 있다면, 우리 일상이 그렇듯이 이기성과 이타성 사이에서 고민하지 않고 의인에게도 악인에게도 햇빛과 비를 내릴 수 있는 넉넉한 존재가 될 수 있다고 확신합니다. 물론 이것은 우리의 바람입니다. 그런 존재가 되기에는 턱없이 모자란 것이 우리 현실이지요. 그럼에도 인간을 그렇게 살 수 있도록 삶의 방향을 정해 놓으신 하나님과 그런 하나님에게 우리의 온 마음과 정성을 돌리는 우리가 세상을 더불어 사는 아름다운 공간으로 만들 수 있을 것입니다. 바로 이것이 가장 큰 계명이 될 수 있는 이유입니다. 이런 계명 덕분에 우리 사회는 유지되고 종속되고 지켜질 수 있습니다.

이기심과 이타심 사이에서 오늘도 그리고 내일도 늘 반복적으로 고민하는 우리이지만 예수께서 말씀하신 큰 계명, 나와 내 이웃과 우리를 살릴 수 있는 하나님의 말씀을 다시 한 번 믿고 따를 수 있는 계기가 정초에 우리 마음속에 살아나기를 바랍니다.

차라리, 한 마리
길 잃은 양이 되라

마태복음 18:12-14, 누가복음 15:1-7

오늘 성경 말씀은 길 잃은 양을 구원하는 이야기이지만 저는 '차라리, 한 마리 길 잃은 양이 되라'라고 제목을 달리 정해 보았습니다. 기축년, 새 해가 시작되었습니다. 12년 만에 한 번씩 돌아오는 소의 해가 된 것입니다. 혹시 소띠이신 분도 이 자리에 계실 것입니다. 그러나 기축년 소띠 생은 아닐 것이에요. 기축년 소띠는 60년 만에 한 번 돌아오는 것이라 그렇습니다. 60년 만에 돌아오는 기축년 소의 해에 사람들이 특별한 의미를 두고 있는 것 같습니다. 지난 시기를 돌아보면 기축년마다 우리 역사 속에서 큼지막한 사건들이 있었답니다. 1949년 기축년은 김구 선생이 피살된 해였지요. 민족통일을 염원하며 분단을 오고 간 김구 선생이었지만 남쪽의 좌우분열과 대립으로 목숨을 잃고 말았습니다. 바로 그다음 해인 1950년 해방된 조국을 지키지 못하고 이 땅을 두 동강 나게 만들어버린 6·25전쟁이 60년 전 기축년, 그다음 해에 일어났습니다. 세간에서 기축년에 여러 의미를 두고 올 한 해를 걱정스럽게 지켜보는 것도 1949년 기축년의 경험 때문입니다. 경제적인 능력 하나만 보고 이 나라 대통령을 뽑았던 우리 민족은 그에 대한 대가를 톡톡히 치르고 있는 듯합니다. 여전히 빈부차는 커져만 가고, 현실을 읽는 시각의 차 역시 골이 깊어졌으며, 좌우 대립으로 인해 역시 심각한 수준입니다. 대통령은 신문지상에서 백성을 실망시킨 가장 큰 역할을 한 사람으로 평가되고 있습니다. 북한과의 대립이 심화되는 것도 경제가 불안한 것 이상으로 우리가 걱정해야 할 사안이 되고 말았습니다.

주역에는 '기축지혁己丑之革'이란 말이 있습니다. 기축년의 해에 큰 변화가 있다는 말입니다. 기축년, 소의 해에는 어떤 큰 변화가 올 것이라는 예감입니다. 역대의 기축년을 보면 농지법 개정, 대동법의 시행 등 국민들이 간절히 원하던 큼직한 제도의 변혁들이 있었습니다. 아마도 소로부터 상상되는 이상과 꿈을 실현시키려는 열망이 '기축지혁'이라는 말 속에 담겨져 있는 듯합니다. 본래 소는 덕을 상징하지요. 동양의 군자상을 담고 있습니다. 일반 선한 백성들을 말할 때도 소의 이미지를 빌려왔습니다. 비록 약삭빠른 쥐에게 12지간의 으뜸 자리를 빼앗겼지만, 소는 12지간 중에서 가장 소중한 사랑스러운 이름입니다. 온순, 슬기, 느림, 근면, 나아가 한집안의 재산 목록 1호로 평가받는 소. 그래서 우리 민족의 삶은 소와 떼어서는 생각할 수 없게 되었습니다.

그러나 그토록 온순하며 인간 삶의 근간인 이 소가 한 번 화가 나면

호랑이도 벌벌 떠는 무서운 짐승이 되고 맙니다. 소가 자신의 평상심을 잃으면 누구도 걷잡을 수 없는 힘을 발휘하지요. 대광고등학교 다니던 시절, 우리에게는 이미 신화가 된 한 목사님이 계셨습니다. 재학 시에 이미 만날 수 없었던 황광은 목사님이 바로 그분입니다. 4·19 당시 저의 모교는 고등학교 중에서 제일 먼저 4·19 데모에 앞장섰으며, 그 중심에 황광은 목사님이 계셨습니다. 목사님은 학생들을 향하여 이렇게 말을 했답니다. "대광은 황소와 같다. 평소에는 고요히 풀을 뜯다가 결정적인 순간에 씨잉하고 들이받는다"라고. 그것이 4·19 때에 고려대 학생들과 더불어 고등학생들로는 제일 먼저 데모에 참가하게 된 이유라 했습니다. 소는 한없이 자비롭고, 성실하며, 온순하지만, 누구도 걷잡을 수 없는 무서움을 발휘하는 존재이기도 합니다. '기축지혁', 뿔을 곧게 세워 성나게 날뛰는 소의 모습을 통해 우리 사회에 큰 변혁을 상상하는 것도 이 때문입니다.

교수신문에서는 올해의 사자성어로 '화이부동和而不同'이라는 단어를 택했습니다. '화이부동'이라는 말은 협력은 하되 결코 그들과 같아지지는 말라는 것이지요. 성난 소의 여지를 남겨둔 한국 최고 지성인들의 바람이 담겨 있는 표현이 아닌가 싶습니다. 협력은 하되 같아지지는 말라는 것입니다. 다를 수 있다는 사실을 고려하라는 것이지요. 성서에는 소라고 하는 동물이 나오지 않습니다. 목축을 생계로 했던 유대 민족에게 중요한 동물이 있다면 그것은 양이겠죠. 그래서 오늘 소를 대신하여 저는 양을 주제로 한 성서 본문을 택해 보았습니다. '잃은 양 한 마리의 비유'로 알려진 이 이야기는 마태복음과 누가복음에만 등장합니다. 잘 아시는 대로 가장 먼저 쓰인 소위 원자료라고 알려진 마가복음에는 이 본문이 들어있지 않습니다. 몇 차례 말씀드린 기억이 있습니다만 이것이 의미하는 바는, 마태와 누가가 공동으로 원용한 또 다른 자료가 마가 외에 있다는 말이겠지요. 그것은 독일어 크벨레^{Quelle}, 원천을 뜻하는 말의 첫 글자를 따서 Q문서라고 합니다. Q자료는 예수의 어록, 예수의 말씀만으로 구성되어진 초기 문서입니다. 이 어록을 경전 삼아 살아갔던 기독교 공동체가 존재했었습니다. Q문서와 40% 이상 내용이 겹치는 것이 바로 도마복음서입니다. 비록 도마복음서가 우리의 경전에 들어가 있진 않지만, 학자들은 도마복음서의 가치를 대단히 중시합니다. 왜냐하면 그 속에서 예수의 본모습, 사셨던 모습을 원형대로 찾을 수 있는 단서가 있다고 믿기 때문입니다.

저는 오늘 본문을 마태와 누가가 인용했던 Q자료와 도마복음서에서 가져왔습니다. 특히 도마서에는 본문의 제목처럼 차라리 잃어버린 양이 되라 했습니다. 마태복음과 누가복음에서 말하고 있는 잃어버린 양의 비유와 견줄 때 너무도 획기적인 발상입니다. 물론 마태와 누가복음에도 잃은 양이 의미하는 바가 다르긴 했습니다. 마태복음에서는 잃어버린 양을 죄인이란 신학적 개념과 결부시키지 않았습니다. 하지만 누가복음에는 잃어버린 양을 죄인으로, 종교적으로 의미 지워 이해했던 것이지요. 잃어버린 양을 죄인과 같이 보고 죄인 하나가 회개하면 이처럼 하나님이 기뻐한다는 신학적, 교회 공동체적인 관심이 누가복음에 첨가된 것입니다. 그러나 Q복음서와 도마복음서에는 마태와도, 누가와도 다른 '양'의 이야기가 실려 있습니다. 오늘 저는 이 점을 생각하면서 Q복음서와 도마복음서, 즉 원자료가 가지고 있는 길 잃은 양의 비유가 무엇을 뜻하는지를 '기축지혁'의 의미와 연결지어 생각해보고자 합니다.

어느 때, 어느 공간을 막론하고 사회의 통념과 다른 생각을 가지고 산 사람들은 반항아로, 이단자로 치부되기 십상입니다. 더구나 한 사회를 특정한 이념과 방향으로 몰아갈 의도를 가진 정치 지도자의 입장에서 그 뜻에 반하는 사람들은 자신이 꿈꾸는 사회를 파괴할 자로서 제거 대상으로 삼습니다. 우리가 분명히 아는 바는 예수 역시도 화석화되고 박제화된 유대 율법, 유대의 (제사)문화를 따를 수 없었던 시대의 이단자란 사실입니다. 안식일을 위해 사람이 존재해야 한다는 종교 체제에 맞섰고, 더욱이 그런 종교 체제를 유지하기 위하여 외세의 군대에 의존하던 유대 체제에 대하여 '하나님 나라'라는 새로운 꿈을 갖고 맞섰습니다. 그래서 예수는 스스로 길 잃은 어린 양이 되기로 작정했습니다. 예수가 스스로 그 시대에 길 잃은 어린 양이었습니다. 유대 종교가 길이라 불렀던 그곳에서 예수는 과감히 일탈하셨습니다. 이런 예수께서 제자들을 부르실 때 하신 말씀이 '길을 잃어라', '길을 떠나라'였다는 것이 Q자료와 도마복음서의 원내용입니다.

길 잃은 한 마리 어린 양이 되는 것은 결코 쉬운 일은 아닙니다. 한 번 양 떼들을 머릿속에서 상상해 보십시오. 백 마리의 양이 있다면 그 무리 속 다수의 양들은 길들여진 체제에 안주, 정착하며 지낼 것입니다. 하지만 그중 생각이 있는 양, 창조적인 존재 몇몇은 질서에 동화되지 못한 채 무리에서 일탈할 수 있을 것입니다. 안정된 정체로부터, 익명의 사회로부터 홀로 떠난다는 것은 불편한 일이고, 고통을 동반하는 어려운 일임이 틀림없습니다. 왕들과 대제사장들은 자기 백성들이 예외 없이 무리 속에 머물기를 바랐을 것입니다. 그러나 분명한 것은 백 마리로 상징되는 무리, 떼 속에는 어떤 에너지도 없으며, 죽음과 다름없는 현실이 반복될 뿐입니다. Q복음서의 예수는 그렇기에 길 잃은 양이 되기를, 99마리의 무리로부터 일탈한 존재가 되기를, 그래서 당시 사회적 통념상 자발적인 죄인이 되기를 선포했던 것입니다. 무리에서 일탈하여 독립적인 존재가 되라는 것입니다. 아흔아홉 마리가 모여 있는 집단에서 개체란, 개인이란, 주체란 없습니다. 집단정신에 길들여진 삶만이 있을 뿐이겠죠. 무리로부터 일탈한 존재, 바로 그것이 한 마리 길 잃은 양일 것이고, 그것이 바로 당시 기준으로 죄인 된 삶의 모습이었을 겁니다. 동·서 역사를 막론하고 위대한 사상가, 명상가는 모두 무리, 떼로부터 일탈하여 그 시대에 죄인 된 사람들, 길 잃은 양이 되었습니다. 가톨릭에서 일탈했던 루터, 성공회에서 벗어났던 웨슬리 그리고 기존 교회와 다른 길을 걷겠다고 나선 우리들, 실상 우리 모두는 자발적으로 길을 잃고, 길을 버린 양들입니다.

풀밭에서 잠잠하게 풀을 뜯고 있지만 소가 뿔을 들이대기 시작할 수도 있음을 생각할 때가 되었습니다. 저는 지난 성탄절 설교에서 무르익은 사상만큼 무서운 것은 없다고 말했습니다. 정말로 그러합니다. 무르익은 사상만큼 무서운 것이 없습니다. 신약성서가 첫 장을 열자마자 이야기하는 것은 '때가 찼다'는 것이었습니다. 때가 찼다는 것은 어떤 사상이, 하나님 나라가 무르익었다는 고백과도 다르지 않습니다. 하나님 나라만큼 무르익은 사상이 어디 있을까요. 오늘 기도의 내용처럼 그것은 막힌 담을 허물고, 하나님과 인간의 간격도 허물고, 남자와 여자의 간격도 허물며, 인간과 짐승의 간격도 허물고, 이념 간의 간격 역시 해체시킨 전혀 새로운 사상일 것입니다. 현실은 여전히 경제의 벽, 남과 북의 벽, 이념의 벽, 수없이 많은 장벽이 거듭거듭 높아지고만 있습니다. 이들 장벽이 높아질수록 때는 무르익습니다. 그럴수록 기축지혁을 말하는 사람들 역시 주변에 많아지기 때문입니다. 길 잃은 어린 양이 되려고 하는 사람들이 생겨날 것입니다. 영원하리라고 믿었던 자본주의도 붕괴할 수 있다고 설명하는 월러스틴Immanuel Maurice Wallerstein이라고 하는 학자도 생겨났습니다. 보다 더 좋은 체제를 이런 위기를 통해서 이루어야 한다는 '때'의 감각이 살아나고 있는 것입니다. 영원불변하다고 믿는 그것조차도 붕괴될 수 있고 더 좋은 것이 가능하다 믿는 사람들이 오늘 우리 시대의 길 잃은 어린 양입니다. 기성 사회와 제도 그리고 교회는 이런 사람들을 죄인이라고 말할 겁니다. 그러나 성서는 '그렇다면 과감히 죄인이 되라'고 말을 합니다. 무리로부터, 집단정신으로부터, 아흔아홉 마리로부터 일탈하여 진정한 한 개체가 되어보라고 말입니다. 진정으로 한 개체가 되어보지 못한 사람은 우주를 품을 수 없습니다. 진실로 홀로 되었기에 세계의 중심을 뚫을 수 있습니다. 거듭 말씀드리지만 이런 존재는 그 사회에서 죄인들입니다. 사회의 유지, 존속을 위해, 부도덕한 체제를 유지할 목적으로 사회는 희생양을 거듭 만들어야 하기 때문에 그렇습니다. 이렇듯 아흔아홉 마리 양들의 세계에서 만들어지는 것이 바로 종교입니다. 그러나 우리가 추구하는 영성의 종교, 새로운 종교는 잃어버린 한 마리 양의 마음에서 생겨납니다. 아흔아홉 마리로 구성된 제도적인 기성 종교는 앞으로도 존재할 겁니다. 그러나 영성의 종교, 새로운 종교는 잃어버린 한 마리 양에게서 비롯합니다.

우리는 종교 안에 머물러 있기를 원하지 않고 새로운 삶을 간절히 원하는 사람들입니다. 감리교의 창시자 존 웨슬리의 유명한 말이 있습니다. "나는 내가 창시한 감리교회가 이 땅에서 사라질 것을 조금도 두려워하지 않는다. 단지 감리교회가 예수의 정신을 잃어버릴까 그것만을 두려워한다." 이런 유언을 남기고 그는 죽었습니다. 그러나 감리교회, 아니 어느 교파와 교회를 막론하고 예수 정신은 실종되었습니다. 정말 이것처럼 두려운 일이 없음에도 불구하고 이를 두려워하는 마음을 느끼는 사람들이 없습니다. 우리는 기독교인이 되기를 원하는 것이 아니라 예수를 따라 사는 사람들이 되고 싶습니다. 제도적인 종교인이 되는 게 아니라 예수처럼 살아가는 삶이 구원인 것을 믿는 존재들입니다. 이것을 바란다면 우리는 과감히 죄인이 되어야 합니다. 잃은 양 한 마리가 되는 길밖에 없습니다. 아흔아홉 마리가 모인 곳에 안주해서는 아니 될 일입니다. 그곳에서는 여전히 제도가 확대 재생산될 뿐입니다. 하나님 나라를 무르익은 '사상'으로 알고, 때가 왔다고 고백하는 성서적 신앙을 따르려면 이제 우리는 교회와 사회를 향해 '씽!'하고 한 번 뿔을 들이대야만 할 것입니다. 길을 잃으라는 것입니다.

오늘 저는 여러분들에게 새해 선물로 책 한 권씩을 준비해왔습니다. 『울림』이라고 하는 책입니다. 한겨레신문 조현 기자가 '우리가 몰랐던 이 땅의 예수들'이라는 부제를 달아 우리에 앞서 스스로 길을 잃었던 사람들의 이야기를 진솔하게 책으로 묶었습니다. 이들은 한결같이 이 땅에서 길을 벗어났던 사람들입니다. 안주했던 사람들이 결코 아니었습니다. 그런데 세월이 지나니 이들이 우리에게 울림을 주고 있습니다. 이들이 우리에게 때가 찼다고 말하고 있습니다. 『울림』 속 저자들 역시 당시 현실에서 아흔아홉 마리 속에 있지 않았고, 한 마리로 존재했기에 세성에 울림을 줄 수 있는 큰 사람들이 된 것입니다. 오늘 읽은 Q자료와 도마복음서의 본문 마지막 말씀은 이렇게 이어져 있습니다. "양치기 소년이 잃은 양 한 마리를 아흔아홉 마리 양에게로 데리고 왔을 때, 아흔아홉 마리 양들은 한 마리 양을 반기지 않았다. 그들은 이 한 마리 양을 자기와는 별개라고 여기고 있었다. 그런데, 예수가 정작 기뻐했던 것은 잃어버린 한 마리 양 때문이었다." 이렇듯 예수의 삶을 피부로 느낄 수 있는 Q자료와 도마복음서가 말하는 양의 이야기는 기축년에 우리가 느끼는 정서와 다르지 않은 메시지를 전하고 있습니다. 감히 두렵지만 차라리 한 마리 길 잃은 양이 되라고 말입니다. 저는 이것이 기축년 한 해를 살아갈 지혜이자 용기라고 믿습니다.

말씀(말숨)과 말

창세기 1:1-5, 요한복음 1:1-4

　　　　　창세기 1장에 언급된 태초의 '말
씀'과 또 '태초에 말씀이 계시다'라는 요한복음 서두에 있는 말씀으로 이
야기를 시작하겠습니다. 신·구약성서 모두가 태초의 이야기를 담고 있
습니다. 이 두 본문에서 중요한 것은 공히 '말씀'이며 그에 대한 제대로
된 '이해'입니다. 이해라고 하는 말을 영어로 써보면 understand입니다.
understand라고 하는 말은 글자를 이해한다는 것인데 생각하는 주체
인 내가 그 글자 밑(under)에 서 있는(stand) 것을 뜻합니다. 글자를 이해
하기 위해서 내가 글자 밑에 들어가는 것으로 여기서는 글자가 중심이
됩니다. 글자 밑으로 들어가서 글자에 종속되는 것을 일컬어 '이해'라 합
니다. 하지만 저는 '태초에'가 들어 있는 창세기 말씀과 요한복음에 대해
understand理解하지 않고 overstand越解하려고 합니다. 문자 위에 한 번

서보려는 것이지요. 문자 위에 선다고 해서 문자 자체를 부정하려는 것은 결코 아닙니다. 동양적인 전통에서의 불립문자不立文字, 즉 진리는 말이나 문자로 전달되지 않고 이심전심, 즉 마음에서 마음으로 전달된다는 것을 염두에 둔 발상입니다. 문자로 모든 것을 온전히 설명할 수는 없는 노릇입니다. 문자, 글자의 한계를 주장하는 동양식 이해법으로서 불립문자를 김흥호 선생에게 배운바, understand에 대해 overstand라는 말로 달리 언술하려는 것입니다. understand가 문자의 노예가 될 여지가 많은 것처럼 overstand 역시 작위적이 될 위험성이 농후합니다. 그러나 이런 위험을 가능한 피하면서도 문자 위에 서서 본문 말씀을 생각해보려고 합니다.

오늘 읽었던 두 본문의 공통점은 '말씀'입니다. 이 말씀은 창세기에는 하나님의 말씀이라 했고, 요한복음서에는 '말씀이 곧 하나님이다'라고 언표되었습니다. 물론 창세기에 쓰여 있는 말씀은 히브리어로 '다바르'이며, 요한복음의 말씀은 희랍어로 '로고스'로 표기됩니다. 같은 말씀이지만 히브리어 '다바르'와 희랍어 '로고스'로 각각 달리 언표된 것이지요. 히브리어는 본래 동적인 언어, 움직거림, 움직임이 강한 언어이기에 역동적인 뜻을 갖습니다. 그래서 히브리어로의 '다바르'는 사건을 일으키는 역동성에 역점을 둡니다. 반면에 희랍어는 존재론적이고 정적인 언어입니다. 존재론적이고 정적인 상태의 세계를 표현하는데 희랍어 '로고스'는 아주 적절합니다. 이렇듯 히브리어와 희랍어 간의 특성상 차이가 있음에도 불구하고, 두 본문은 모두 말씀이 세상보다 먼저 있었고 세계를 창조하는 능력이라 설명했습니다. 말씀에 생명력이 있기 때문입니다. 말씀에 진실, 생명이 있기에 말씀은 반드시 사건을 불러일으켰습니다. 그 말씀이 있었기에 빛이 있었습니다. 말씀으로 세상이 지어졌기에 세상 모두 생명력을 갖게 된 것입니다. 생명은 여기서 진실을 뜻합니다. 그래서 말씀을 말의 기운, 말의 생명, 말의 숨 , 최종적으로 '말숨'이라고 풀어낼 수 있겠습니다. 진실과 생명력을 지녔기에 즉 말씀은 이제 '말숨'입니다.

성서에는 창조 이야기에 이어 타락의 이야기가 전해집니다. 하지만 앞선 맥락에서 볼 때 성서가 말하는 타락 역시 달리 이해됩니다. 말씀, '말숨'이 말로 변질된 것, 즉 말씀, 말숨의 상실이 바로 세상의 타락이란 것입니다. 본래 하나님의 형상으로 지어진 인간 역시 그분의 '말숨'이기에 인간은 말숨을 지닌 존재여야 합니다. 그래서 인간의 말숨도 사건을 불러일으키는 힘을 지녀야 마땅합니다. 누군가와 약속을 할 때 그 약속에도 말숨이 있기 마련입니다. 숨, 생명이 있기에 말은 반드시 사건을 일으켜야 옳습니다. 인간이 하나님 형상이라는 것은 이 인간 역시 말숨을 지닌 존재라는 뜻입니다. 말씀은 우리 존재의 집입니다. 시詩도 한자어로 말씀 언言변에 절 사寺자로 되어 있습니다. 시라고 하는 것도 언어가 거하는 집, 언어가 거하는 사원이란 뜻입니다. 말씀이 존재의 집이든, 언어가 거하는 사원이든 간에 인간 역시도 하나님과 같은 말씀을 지닌 존재이며, 말숨을 전하는 존재라는 의미입니다. 흔히 불교인들이 하는 말이 있습니다. 어떤 집안에서 스님이 나오려면 집안의 3대가 덕을 쌓아야 한다는 것입니다. 출가를 3대가 덕을 쌓아야 가능한 지난한 일이라 보았습니다. 남을 돕는 것 중에서 가장 큰 보시는 말씀을 전하는 것이라고 합니다. 스님이 되는데 3대가 덕을 쌓아야 할 만큼 어려운 것은 그가 말씀을 전하는 존재이기 때문일 것입니다. 우리 기독교도 마찬가지입니다. 하나님은 우리 인간을 말숨을 지닌 존재로 불렀습니다. 하지만 인간은 타락했습니다. 세상의 타락은 말숨의 상실 때문에 일어난 결과입니다. 말숨은 없고 무수한 말들뿐입니다. 사건을 일으키지 못하는 생기 잃은 빈말(허언)만 세상에 가득 차있는 것입니다.

다시 성서로 돌아가 보겠습니다. 하나님의 형상, 즉 말숨으로 지어진 인간이었으나, 말숨을 쉬며 살아가야 할 인간이었음에도 그가 했던 첫 번째 일이 바로 거짓과 핑계와 속임수였습니다. 말숨을 잃어버린 것입니다. 주변에는 아담 이래로 말숨은 없고 체면치레의 말, 임기응변의 말, 사탕발림의 말, 무례한 말, 남을 속이는 말, 시치미 떼는 말, 심지어 사랑한다는 말조차 그 속에 말숨을 담지 못하고 있습니다. 성서가 말하는 타락이란 말숨을 지녀야 할 인간이, 말숨을 가지고 살아야 할 인간이 말숨을 잃어버리고 헛된 말의 존재로 전락해 버린 것을 일컫습니다. 말숨이 없는 것 바로 이것이 인간 타락이며 세계 타락의 모습입니다. 말숨이 없을 때 사건은 도무지 일어날 수 없습니다. 그 속에 생명이 없고 진실이 없기 때문에, 끊임없는 타락의 역사를 이어 갈 수밖에 없습니다. 이것이 바로 말숨과 말의 차이이자 태초의 신비와 우리 시대의 거짓과의 구별된 모습입니다.

일상의 세계 역시 말숨을 잃어버렸습니다. 말숨으로 창조된 세계는 사라지고 인공의 세계, 조작된 세계만이 우리 눈앞에 펼쳐지고 있습니다. 하나님의 생명, 하나님의 말숨이 깃든 공간이 사라지는 터무니없는 세상이 된 것입니다. 인공의 세계, 조작된 현실이 세계의 실상이란 것은 하나님에 대한 부정과 다른 말이 아닙니다. 창조의 부정은 하나님을 거부하는 것과 동전의 양면입니다. 피조물을 함부로 대하는 것은 하나님을 함부로 대하는 것과 다르지 않습니다. 인공 댐을 만들고, 인위적으로 땅을 넓히며, 인공 장기를 만들어 팔고, 배아 복제를 서슴지 않으며, 유전자 조작조차 가능한 현실이 되었습니다. 있는 그대로의 얼굴을 보기 힘들게 되어버린 시대입니다. 모두가 고치고 변화시킨 얼굴을 아름답다고 말합니다. 하나님 앞에 있다 하면서도 자신을 꾸미고 가식합니다. 교회 안에서도 외식하는 자들이 넘쳐납니다. 남 보기에 합당한 언어, 남 보기에 아름다운 말만이 무성합니다. 하나님의 창조를 선물로, 거룩한 사랑으로 두려움으로 느낄 줄 모르게 된 탓입니다. 말숨이 잊혀졌기 때문에 그리된 것입니다. 말씀이, 말숨이 사라진 인간 세상의 안일함, 그것이 타락이며 멸망이라고 성서는 말합니다. 살아 있는 고통과의 진실한 대면보다도 가상현실 속에서 더 큰 자유를 느끼는 현대인들이 모두 죄인들입니다.

말숨이 없는 인간, 말숨이 없는 교회, 그곳은 무덤입니다. 왜냐하면 그 속에서 태초의 말씀처럼 세상을 새롭게 하는 사건이 발생하지 않기 때문입니다. 새로움을 야기하는 사건이 없는 삶은 인격의 죽음이자 교회의 무덤일 수밖에 없습니다. 예수는 말씀이 육신이 된 존재로서 그 자체가 사건이었습니다. 말숨이 육신이 되었기 때문입니다. 그의 말씀은 그 태초에 하나님처럼 언제나 진실했고 생명력이 있었습니다. 그래서 예수 말씀은 언제나 사건이 되었습니다. 병자를 향해 나을 것이라고 하면 병자가 고쳐졌습니다. 예수를 따랐던 베드로도 마찬가지였습니다. 금과 은은 없으나 나사렛 예수의 이름으로 걸으라 말했기에 사람들이 걸었습니다. 그러나 말숨을 잃어버린 인간과 세계는 오히려 그의 말씀을 거부하고 있습니다. 세상을 주겠노라고, 명예를 주겠다고 말한 광야의 무서운 존재들에게 자신의 영혼을 다 빼앗겼던 탓입니다. 하지만 예수는 영혼을 빼앗긴 존재들에게 하나님의 말숨을 새롭게 붓고자 합니다. 영의 사람, 즉 육의 존재가 아니라 인격을 지닌 창조적 존재로의 재탄생을 바라고 있습니다. 말숨을 우리에게 돌려주려 하십시다. 말숨을 회복하는 것이야말로 구원의 길입니다. 구원은 하나님께서 우리 인간에게 주신 말숨입니다. 하나님은 우리 모두를 말숨을 회복한 자로 만들기를 원하십니다. 그래서 우리가 하는 말이 세상의 사건이 되고 생명이 되기를 바라고 계십니다. 지금 우리의 말은 몸으로 낳은 우리 자식조차도 듣지를 않습니다. 힘이 없어진 탓입니다. 말숨을 잃었기 때문에 그렇습니다. 예수께서 세상을 이기셨던 것처럼 우리도 세상을 생명이 깃든 공간으로 만들어가야 할 것입니다. 바로 이것이 새해에 모두가 다짐해야 할 과제입니다.

말숨이 없는 나는 살아도 사는 것이 아닙니다. 사람이 사는 것은 짐승이 사는 것과 달라서 살아도 죽은 사람이 있고, 죽어도 영원히 사는 사람이 있습니다. 말숨을 회복하는 인간, 그것이 성서가 말하는 영적인 인간이자 구원받은 자의 모습이며, 세상은 이런 사람을 인격자라 할 것입니다. 우리가 사용하는 일상의 말, 힘도 없고 거짓과 겉치레가 무수한 말, 그런 말로 인생을 계속 살 수는 없는 노릇입니다. 하나님은 말씀으로 우리를 창조하셨고 그 말씀이 하나님의 형상이 되어 우리 역시도 예수처럼 말씀이 육신이 된 존재로 살 것을 바라고 계시기 때문입니다. 우리의 말을 '말숨'으로 바꿀 수 있는 축복된 시간이 임하길 바랍니다.

이성에서 신앙으로,
신앙에서 공감으로

마태복음 11:15-19

 오늘 본문은 기뻐해도 같이 기뻐
할 줄 모르고, 곡을 하며 슬퍼하고 슬퍼해도 같이 슬퍼할 줄 모르는 당
대 현실에 대한 예수의 한탄을 담고 있습니다. 이 본문은 세례요한까지
의 시대와 자신의 시대가 다르다는 전제 속에서 예수가 하신 말씀이기
에 그 의미가 작지 않습니다. 예수는 세례요한의 업적과 위대함을 충분
히 인정하였습니다. 하지만 자신의 시대는 세례요한에 이르는 선지자들
의 시대와는 다르다며 처한 시대적 상황을 새로운 비유로 설명했고, 세
례요한의 방식과는 다른 방식으로 살 것을 가르쳤습니다. 요한은 광야
에서 석청을 먹고, 가죽옷을 입었으며, 메뚜기를 음식으로 하여 금욕적
인 삶을 살던 예언자였습니다. 많은 사람들은 그를 선지자 중의 선지자
로 생각했고 그를 따라 광야로 나갔습니다. 광야의 삶은 화려한 옷을 입

는 삶을 버려야 했습니다. 화려한 옷을 찾지 않고, 석청과 메뚜기로 만족하며 금욕적으로 생활했던 세례요한에게서 사람들은 말씀과 삶을 배웠고, 자신들의 고통을 이겨내고자 하였습니다. 대단히 훌륭한 일이고 어려운 일이었을 것입니다. 그들은 부드러운 옷을 입지 않았고, 맛있는 음식을 먹지 않았으며, 안락한 처소를 갖지 않았습니다. 그런 모습으로 임박하게 도래할 하나님 나라를 기다렸고 세상과 격리된 광야의 삶을 견뎠습니다. 예수는 요단강에서 이런 삶을 살고 있는 세례요한에게 세례를 받았습니다. 여자가 낳은 자중에 이보다 큰 자가 없다는 말씀까지 남겼습니다. 그만큼 세례요한을 높게 평가했던 것입니다. 종교적 삶을 살고 있는 오늘 우리에게도 이런 삶이 때로는 요구될 것입니다.

그러나 예수는 '그런 방식은 세례요한까지의 선지자들의 삶이었지만 나의 역할은 다르다고, 내 삶은 그와는 구별된다'고 말씀하셨습니다. 선지자와 율법의 가르침은 요한까지만 해당되며 자기의 시대는 그렇지 않다는 것입니다. 왜냐하면 예수가 본 세상은 본문에 나와 있는 것처럼 아름다운 피리를 불어도 춤추지 않는 세상이고, 누가 슬피 울어도 가슴을 치지 않는 세상이었던 탓입니다. 금식하고 금욕하며, 먹지도 마시지도 않고 광야에서 하나님 나라를 바라고 원하는 것은 예수의 입장에서 더 이상 옳게만 보이지 않았습니다. 하여 예수는 세례요한처럼 금욕하지 않았습니다. 삶의 터전 역시도 광야가 아니었습니다. 그는 오히려 자신과 만나는 사람들과 함께 먹고 마시기를 좋아했습니다. 당시 율법의 기준으로 죄인이라고 여겨지는 수많은 사람들도 그와 함께 자리했습니다. 제한을 두지 않고 모두를 품어 안았던 탓입니다. 그래서 모두가 함께하는 '밥상 공동체'를 일구어냈던 분입니다. 그런 예수를 향해 붙여진 별명이 '먹기를 탐하는 자'였습니다. 선지자로서 금욕하지 않고, 광야라는 특정한 공간에 머물지 않았으며, 떠돌며 살아가는 예수를 당시 사람들은 낯설어했습니다. 죄인들이었던 세리와 뭇 여인들과 더불어 먹고 마시며 떠들던 그를 종교지도자들이 좋아할 리 없었습니다. 암 하레츠, 즉 '땅의 사람들'이라 일컬어지는 형편없는 사람들, 로마에 낼 세금도 없고, 성전에 바쳐야 할 종교세도 없어 율법 규정에 따라 죄인으로 내몰려 공동체로부터 추방된 떠돌이 존재들의 아픔과 탄식과 아우성을 듣고 그들과 함께 먹고 마시며 위로하는 것이 예수가 할 수 있는, 해야 할 일이었습니다.

이는 예수가 지닌 하나님 나라에 대한 새로운 이해로 인해 가능했습니다. 선지자 세례 요한과 예수의 하나님 나라 패러다임은 전혀 달랐습니다. 오늘의 설교 제목을 "이성에서 신앙으로, 그리고 신앙에서 공감으로"라 하였습니다. 물론 이성과 신앙과 공감을 전혀 다른 차원으로 여길 생각은 없습니다만, 그러나 이성에서 신앙으로 그리고 신앙에서 공감으로 우리의 신앙적인 패러다임도 한 번씩 바뀔 수 있었으면 좋겠습니다. 이런 제목을 택한 이유는 우리의 신앙 양태와 교회의 과제를 새롭게 이해하여 '공감'이라는 말 속에서 형식적인 종교마저도 넘어서는 새로운 인식 틀을 찾을 목적에서입니다. 우리에게도 예수를 알지 못하던 시절이 있었을 것입니다. 신앙이나 믿음이란 개념에 익숙하지 못했던 때가 있었을 터이지요. 그것을 이성의 시대라고 정의해 볼 생각입니다. 원대한 삶의 목표를 갖고 자기 존중감을 극대화하면서 자율성, 이성에 근거하여 남들보다 더욱 빠르게, 더 많고, 더 크고, 더 좋은 것을 얻으려고 기를 쓰며 살던 삶의 단계가 있었을 것입니다. 자기 몫을 남보다 많이 챙기는 것을 인생 최고의 가치로 알던 시점이라 하겠습니다. 네 것과 내 것의 차이가 너무도 분명한 시절이었겠지요. 지금도 많은 사람이 이성의 시대를 살고 있습니다. 그러나 이성과 자율성만으로 삶이 살아질 수 없다는 것을 깨닫는 시기가 찾아옵니다. 부모 신앙을 받아들여 인습적 신앙인으로 사는 경우도 있겠으나, 많은 경우 사람들은 '흔들리는 삶의 터전'을 경험하고, 삶 자체를 다르게 인식하곤 합니다. 낙관했던 현실, 자신만만했던 세계였으나 지금껏 지켜온 가치들을 신뢰할 수 없는 시점이 불현듯 찾아올 것입니다. 다수의 사람들은 이런 방식으로 대가를 혹독하게 지불한 채 신앙의 길에 입문합니다. 이런 그들에게 신앙은 광야 속 삶과 동일시됩니다. 자신의 삶을 제약하고, 옥죄이며, 하늘을 바라며 세상과는 다른 방식의 삶을 살 것을 작정합니다. 오늘의 교회가 이런 사람들에게 광야가 되고 있습니다. 하늘만을 바라보고 세상의 것과 전혀 다른 길을 제시하는 교회는 이곳만이 구원의 공간이요, 위로의 장소라고 말합니다. 이들은 누구보다 경건하길 바라고 열성적인 삶을 살지만 그들 삶의 지평은 아직 광야입니다. 그래서 광야 밖에 있는 사람들을 옳게 여기지 않고, 어둠의 세력이라 반목하며, 광야의 본래적 의미마저 왜곡시키고 있습니다. 그 광야를 기사 이적의 장소로 만들곤 하지요. 나무에서 감 떨어지듯 천국을 대망하며 신앙생활을 영위했던 당시 그들처럼 말입니다.

하지만 여기서도 탐욕의 성향만 바뀌었을 뿐 신앙의 이름 하에 자기상실을 보상받으려는 움직임이 지속되고 있습니다. 생명의 본능이 아니라 죽음의 본능, 타나토스θάνατος의 형태로 신앙적 삶을 살고 있기 때문입니다. 오늘의 교회가 세상과 유리된 광야가 되었으나 정작 예수는 광야에 머물지 않았습니다. 예수는 우리에게 새로운 엑소더스Exodus, 출애 굽을 요구합니다. 광야로부터 나오라는 것입니다. 광야에 살던 세례 요한의 시대와 자신의 시대가 다르다는 것이지요. 마을 한가운데서 그는 뭇 죄인들을 만났고, 함께 먹고 마시며 자신의 공생애를 시작하셨습니다. 거듭 말하지만 예수에게 붙여진 별명은 '먹기를 탐하는 자'였습니다. 세례요한과 견줄 때 이 별명은 그가 얼마나 다른 삶을 살았는지를 여실히 보여줍니다. '먹기를 탐하는 자'란 별명을 얻은 것은 그가 함께 춤추고 아파했던 공감의 존재였기 때문입니다. 광야의 시대에는 피리를 불어도 춤추는 사람이 없었고, 슬피 울어도 가슴을 치는 사람 없었습니다.

최근 시작된 새로운 잡지「시사인」에는 '한국교회, 예수 버리고 권력을 탐하다'라는 특집 기사가 실려 있습니다. 굳어버렸고, 변질된 광야의 모습, 교회의 실상을 보여주고 있습니다. 이런 맥락에서 함께 춤추고 곡하는 공간, 그것이 광야시대를 넘어선 새로운 신앙의 양태라 생각해보고 싶습니다. 여기서 중요한 개념이 '공감'입니다. 공감은 어떤 종교적 형식보다 앞서있는 것으로 인간 본연의 마음을 회복할 때 나오는 원초적이고 보편적인 감정입니다. 이 땅을 사셨던 예수께서 진정 원하셨던 것은 지금 우리가 말하는 믿음도, 신앙도 아니었다고 생각합니다. 예수는 한번도 신조credo를 원하신 적이 없었습니다. 그가 바랐던 것은 오로지 하나님 아버지가 주신 그 영靈에 사로잡혀 소통할 수 있는 능력, 공감할 수 있는 힘이었습니다. 진실로 함께 웃을 수 있는 마음만 있다면 우리에게 거칠 것 없을 것입니다. 그런 마음이 없다면 그것을 안타까워해야 하고, 그 마음이 사라진 나를 고통스러워해야 하며, 마음 문 닫고 사는 자신을 부끄러워해야 합니다. 공감의 능력을 잃어버린 것이 바로 하나님의 영을 받지 못하고 있는 증거인 까닭입니다. 예수가 받았던 하나님의 영을 왜 당신들은 받지 못하는가를 M. 보그라는 성서 신학자는 묻고 있습니다. 영이 없기에 삶 본연의 마음에서 우러나오는 감동을 서로 나누지 못하고 있습니다. 바로 이것이 우리가 죄인이라는 징표일 것입니다.

제레미 리프킨Jeremy Rifkin 같은 석학은 미국인들의 자부심이었던 '아메리칸 드림'의 시대가 끝났다고 선포했습니다. 아메리칸 드림의 본질이 무엇이었습니까? 과거, 미국은 누구든지 능력껏 일하면 부자가 될 수 있는 기회의 땅이었습니다. 미지의 광야에서 불가능이 없다는 배타적인 종교적 열정이 합세하여 아메리칸 드림을 만들어 냈습니다. 이성과 신앙이 결집된 형태가 아메리칸 드림의 본질이었던 것입니다. 하지만 지난 100년, 200년을 지배해왔던 아메리칸 드림이 허구라는 사실이 밝혀지는 세기에 우리가 살고 있습니다. 세계인 모두가 부러워했던 아메리칸 드림이 깨어진 자리에 인류 모두의 새로운 가치로서 리프킨이 제시한 것이 공감sympathy이었습니다. 공감은 진정한 의미의 보편적 세계화를 위한 '오래된 새길'이었습니다. 그것은 '남이 내게 하길 원하지 않는 것을 남에게 하지 않는 것', '남에게 대접을 받고자 하는 대로 남을 대접하는 것'입니다. 하나는 유교의 말이고, 하나는 성서의 말씀입니다. 이 두 말 속에서 리프킨은 인류를 이끄는 새로운 비전으로서의 공감의 본질을 찾았습니다. 이성이 추구했던 자유도, 신앙의 이름하에 요구되던 금욕(종교성)도 아니었습니다. 그것은 예수가 제시했던 비전, 즉 함께 춤추고 울 수 있는 인간의 마음, 바로 그것이었습니다. 사실 우리 인간은 이타적인 존재가 될 만큼 그렇게 강하지 않습니다. 하지만 여기서 말하는 공감은 스스로를 부서지고 깨어지기 쉬운 존재라고 인정할 때, 그리고 그런 자신에 비춰서 남도 약하고 깨어지기 쉬운 존재라는 사실을 자각할 때 생겨나는 감정입니다. 그렇기에 공감은 이타심과도 다릅니다. 나 역시 깨어지기 쉬운 존재인 것을 인정하기 때문이지요. 남의 슬픔과 고통에 공감하는 것은 자신의 나약함을 알았기 때문입니다. 예수께서 우리에게 권한 바가 바로 그것이었습니다. 주변에 있는 사람들의 고통, 기쁨, 절망에 공감할 수 있는 힘이 생길 때 그를 일컬어, 우리는 하나님의 영에 취했다 할 것입니다. 그 마음이 닫힐 때, 즉 그것이 의무가 되고, 체면이 되어 부담이 된다면 하나님의 영이 아직 우리에게 함께하지 않았다 여길 일입니다.

바라기는 우리 모두가 하나님의 영에 취해 있기를 희망합니다. 그런 교회 공동체가 될 수 있기를 노력해야 할 것입니다. 공감하는 마음이 없는 시대를 질타하시면서 당신 스스로는 먹기를 탐하는 자라는 별명을 얻으면서까지 사람들과 소통하며 사셨던 예수를 오늘 우리가 다시 만나야 할 것입니다. 그래서 우리의 존재 방식을 다르게 설정하고, 교회가 지금과는 다르게 세상을 바라보고, 우리의 신앙고백도 달리 방향을 바꿀 수 있었으면 좋겠습니다.

부자의 후회와
거지 나사로

누가복음 16:19-31

추수감사절이 되었습니다. 자연
을 벗 삼아 땀 흘려 일한 적 없는 우리에게 감사절을 지키는 것이 억지스
럽게 생각되기도 합니다. 대부분 교회에서는 일 년 예산 중 가장 많은 헌
금을 기대하는 절기이기도 하지요. 추수감사절과 감사헌금이 등치적 관
계로 이해되었기에 혹자에게는 이 절기가 부담스럽게 인식되고 있습니
다. 하지만 꼭 물적인 것이 아니더라도 정신적 열매가 있었는지를 되물
어 보는 절기인 것은 분명합니다. 이런 물음 앞에 정히 떠오르는 것이 없
어 걱정일 뿐입니다. 나무가 나이테를 먹어가듯 인생의 나이가 더해지
는 것 외에 자신의 내면을 꽉 채우는 그 무엇으로 삶의 희열이 느껴지는
절기가 되었으면 좋겠습니다. 감사란 본래 가장 지극한 믿음과 기쁨의
표현입니다. 모든 것이 주고받는 인과의 틀 아래에서 이뤄지나, 삶에서

최상의 것을 값없이 얻었다는 고백이 있을 때 비로소 하늘과 주변을 향한 고마운 감정이 솟아나는 탓입니다. 한 해의 끝을 앞두고 모든 것이 자연으로 돌아가는 절기에, 여름 내내 자신을 감쌌던 두꺼운 옷을 벗고 적나라한 모습을 드러내는 이때에 우리는 무슨 열매를 남기고 그리될 것인지를 생각할 일입니다. 자연을 보며 우리 역시도 언젠가 다가올 인생의 끝을 생각하면서 하나님 주신 생명의 씨앗을 어떤 열매로 키울 것인가를 물어야 할 것입니다. 짧게 살아도 열매를 충분히 맺고 떠난 사람이 있는가 하면, 긴 시간을 살았으나 자신과 이웃에게 빈 쭉정이처럼 메마른 인생을 살다가 간 사람도 허다하지요. 오늘 우리에게 주신 추수감사절에, 우리 앞에 놓여 진 자연이 준 아름다운 열매를 보며 다가올 그 날 하나님 앞에선 자신의 모습을 상상해 보면 좋겠습니다. 아마도 그것이 오늘 우리가 감사절 예배를 드리는 한 이유일 것으로 생각해 봅니다.

오늘 본문은 예수의 한 비유로서 우화 같은 이야기입니다. 그러나 기회 있을 때마다 강조했듯 예수의 비유 속에서 우리는 역사적으로 살았던 그분의 삶의 진정성을 보아야 하지요. '부자와 나사로'란 이름 하에 부자의 죽음 이후 그의 후회 어린 이야기를 그리고 있습니다. 세상에서 부족함 없이 호화롭게 살다 죽었던 부자에 비해 문전에서 그가 흘린 부스러기로 목숨을 부지하다 죽은 두 사람의 운명이 전혀 달라졌다 합니다. 거지였던 나사로가 아브라함의 품 안에 안겨 있는 반면, 부자는 불구덩이에서 고통가운데 소리치고 있는 것입니다. 그 모습이 너무 불쌍하여 나사로가 물 한 모금을 부자에게 주려 했으나 그들 사이에는 넘나들 수 없는 협곡이 있어 도울 수도 없는 형편입니다. 급기야 부자는 나사로를 시켜 자신의 자식들이 이곳 지옥으로 오지 않도록 일러주기를 청했습니다. 하지만 살아있는 사람들 곁엔 이미 많은 예언자들이 있으니 그들 이야기를 듣고도 깨닫지 못한다면 누가 죽었다 다시 살았다 해도 믿지 못하리라는 것이 아브람함의 응답이었습니다. 이미 사람이 달라질 수 있고 상황이 살아생전에 수없이 주어졌다는 말입니다. 이런 식의 천당과 지옥이 죽음 저편에 있는지 잘 모르겠습니다. 어떤 기준으로 천국/지옥의 문을 열고 들어갈지도 모를 일입니다. '예수 천당 불신 지옥' 팻말을 들고 다니는 사람이 갈 곳이 천당이라면 그들과 함께 그곳에 가고 싶지 않다는 사람도 많습니다. 하나님 앞에서는 의로운 자가 한 사람도 없다는 것이 성서가 증언하기에 천국을 보장받은 사람은 실상 아무도 없을 듯합니다. 그러나 본문에서 알 수 있는 것은 부자가 지옥에 떨어지게 된 이유입니다. 성서는 그가 부자였다는 이유만으로 그의 지옥행을 정당화하지 않습니다. 화려하게 살았던 부자의 죄는 자신의 일상에서 나사로의 고통에 둔감했다는 데 있습니다. 길가에서, 문전에서 오가다 만난 배고픈 나사로의 고통을 전혀 의식하지 못한 것이 그를 불구덩이 속에 빠뜨릴 만큼 심각한 죄였다는 것이지요. 그렇다면 부자에 대한 개념도 달리 설정될 필요가 있겠지요. 수십억의 연봉을 받는 대기업 이사들쯤 되어야 부자인 것이 아니라 일상에서 접하는 이웃의 고통에 냉담한 채 자기 속에 함몰된 사람들이 바로 그들이라 하겠습니다. 물론 오늘의 말씀은 어디까지나 비유입니다. 사실적 언어가 아니란 것이지요. 이 우화 같은 이야기를 통해 예수는 누가 네 이웃인가를 묻는 율법학자처럼 되지 말고, 원수지간임에도 불구하고 강도 만난 자의 절규를 들었던 사마리아인의 삶을 요구하고 있습니다. 바쁘다는 핑계로, 여유가 없다는 이유로 우리는 현실에 마음을 다하지(Mindfulness) 못할 때가 너무도 많습니다. 이런 냉담과 무관심으로 인해 현실에서 얼마나 많은 사람들이 벼랑

끝으로 내몰리는지를 언론들이 말하고 있지 않습니까? 며칠 전 신문을 읽다 한참이나 울먹이며 저를 주저앉혔던 한 기사가 있었습니다. 가난한 노동자로 만나 결혼했고 딸 하나를 키웠으나 남편이 병으로 죽자 남겨진 두 칸짜리 집을 담보로 생활하다 빚을 갚을 수 없어 집에서 내몰렸고 어쩔 수 없이 초등학생 딸의 목을 조르고 스스로 목숨을 버리려 하다 경찰에 자수한 젊은 엄마의 이야기였습니다. 자신만 죽으려 하니 딸의 남은 인생이 너무 불쌍해 그리했다고 엄마는 가슴을 치며 울고 또 울었습니다. 이 사건 앞에서 저는 너무도 큰 부자였습니다. 죽어 유황불에 던져질 그런 존재라 여겨졌습니다. 오가며 스치는 사람들 속에 나사로와 같은 이들이 얼마나 많을 터인데 우리는 그들의 고통에 무지했고, 냉담했으며, 마음을 주지 못한 것입니다. 우리 자신에게만 몰두하여 살았던 탓일 것입니다.

이런 제 생각에 대해 혹자는 지나친 신앙적 자학이라 여기는 분도 계실 것입니다. 자본주의 사회에서 개인에게 지나친 책무를 지우는 것이 부당한 처사일수도 있겠습니다. 여러분들 중에는 나사로와 같은 이들을 돕고 있다고 자족하시는 분도 있겠지요. 그러나 오늘 예수의 비유는 이런 우리의 생각이 좀 더 철저하고 과격해질 것을 요구하십니다. 새로운 생각, 새로운 가치관 없이 새로운 세계가 없는 까닭입니다. 언젠가 우리는 2013년 가을의 산하처럼 모든 것을 벗고 떠날 존재들입니다. 그렇기에 살아있는 동안 자신의 미래, 자신의 영혼을 위해 더 많은 하늘 씨앗을 뿌렸으면 좋겠습니다. 예수께서 하늘나라의 꿈을 펼쳤던 것처럼 우리도 이 세상이 기준일 수 없는 까닭입니다. '되갚을 능력이 없는 자'들을 초대하여 잔치를 베푸시는 것이 하나님 나라의 실상인 것을 예수가 가르치지 않았습니까? 이런 가치관을 씨앗 삼아 뿌리고 키우는 것이 이 시대 예언자들의 할 일이자 교회의 존재 이유입니다. 비록 조ㅇㅇ 목사의 타락상으로 인해 현실 교회가 날개 없는 천사처럼 한없이 추락하고 있지만 말입니다. 죽은 자가 다시 현실로 돌아와 지옥 상(像)을 말하지 않더라도 살아있는 예언자들이 충분히 그 역할을 하고 있는 바, 만약 그들 말을 듣고 따를 수 없다면 그들의 미래, 참된 생명을 보장받을 수 없다는 것이 오늘 본문의 결론입니다. 즉 기존 체제 안에서만 사유하는 한 우리는 부자의 죄에서 자유로울 수 없다는 것이 말씀의 핵심이지요. 설상 유황불이 이글거리는 지옥과 같은 공간이 아니라 할지라도 어쩌면 우리의 현실이 영원히 목마른 지옥이 될 수도 있는 노릇입니다. 비록 우리가 부자가 아니더라도 익명의 뭇 나사로와 어떤 식으로 관계를 맺고 살았는지를 거듭 돌아봐야 할 때입니다. 자연이 모든 것을 비우고 흙으로 돌아가면서 형형색색의 과실을 내는 것을 보며 우리 역시도 분명 열매를 생각해야 할 시점에 이른 것입니다. 본문이 말하는 아브라함의 품과 지옥 유황불의 차이가 비록 문자적 의미대로는 아니겠으나 인생의 끝자락에서 이런 차이는 불가피하게 우리들 각자의 몫이 될 것입니다. 중년기 이후 라이프 사이클을 분석한 어느 보고서의 내용입니다. 그에 의하면 대개 50대 중후반에 이르러 사람들은 자기 인생에 가장 많은 후회를 한다고 합니다. 더 이상 다른 삶을 선택할 다른 가능성이 사라진 탓일 것입니다. 우리 교우들 다수의 연령대가 이에 해당하니 어쩌면 '후회'가 우리의 당면 현실일 수도 있을 것 같습니다. 그러나 후회가 아니라 '감사'가 우리 삶의 마지막 고백이 되기 위해서 우화 같은 오늘의 본문이 추수감사절 본문으로 채택되었는지 모르겠습니다. 마지막으로 윤동주 시인의 '내 인생에 가을이 오면'이란 시 한 편을 소개하는 것으로 설교를 마무리할 생각입니다. 이어지는 신앙의 선배들, 달려갈 길을 달려온 이들의 삶의 증언들이 우리들 영혼을 더욱 살찌우는 시간이 되기를 간절히 소망합니다.

내 인생에 가을이 오면 나는 나에게 물어 볼 이야기들이 있습니다.
내 인생에 가을이 오면 나는 나에게 사람들을 사랑했느냐고 물을 것입니다.
그때 가벼운 마음으로 말할 수 있도록 나는 지금 많은 사람들을 사랑하겠습니다.

내 인생에 가을이 오면 나는 나에게 열심히 살았느냐고 물을 것입니다.
그때 자신 있게 말할 수 있도록 나는 지금 맞는 하루하루를 최선을 다해 살겠습니다.

내 인생에 가을이 오면 나는 나에게 사람들에게 상처를 준 일이 없었느냐고 물을 것입니다.
그때 자신 있게 말할 수 있도록 사람들에게 상처 주는 말과 행동을 하지 말아야겠습니다.

내 인생에 가을이 오면 나는 나에게 삶이 아름다웠느냐고 물을 것입니다.
그때 기쁘게 대답할 수 있도록 내 삶의 날들을 기쁨으로 아름답게 가꾸어 가야겠습니다.

내 인생에 가을이 오면 나는 내게 어떤 열매를 얼마만큼 맺었느냐고 물을 것입니다.
내 마음 밭에 좋은 생각과 씨를 뿌려 좋은 말과 좋은 행동이 열매를 부지런히 키워야 하겠습니다.

돌이 아니라 떡을

마태복음 7:7-12, 사도행전 1:1-4

지난주는 교회력으로 성령강림 주간이었습니다. 그 주간의 의미를 놓치고 지냈을 것 같은 생각이 들어서 오늘의 본문과 성령강림절 말씀을 함께 생각해 보려 합니다. 예수가 죽고 부활한 것은 세상이 전부가 아니고 죽음 역시 전부가 아니며, 악이 승리할 것 같지만 결코 그리되지 않는다는 믿음과 진실성을 우리에게 보여 준 사건입니다. 그리고 부활 후 승천하신 예수께서 다시 성령으로 이 땅에 오신 것은 죽음이 끝이 아닌 세상, 악이 궁극적으로 승리할 수 없는 현실, 비록 눈앞에 현실이 악이고 고통이지만 그것이 최종의 언어가 될 수 없음을 알리려는 목적에서입니다. 따라서 오순절은 현실 한가운데서 현실을 넘어설 수 있는 하나님의 초현실을 생각하는 절기라 하겠습니다. 오순절에 하나님의 영을 경험한 사람들은 술에 취해 있다는 평을 받았습니다. 술 취한 사람들처럼 평소와는 전혀 다른 사람의 모습을 하고 있었던 것입니다. '저들은 새 술에 취한 사람들 같았다'고 하였습니다. 새 술에 취한 사람들, 악이 지배하고 있는 현실이지만 그것이 끝이 아니라고 믿었던 사람들, 인간에게 스스로를 넘어설 수 있는 길을 제시했던 오순절의 사람들, 그들이 도대체 어떤 사람들이었는가를 세 가지로 정리해 보았습니다.

첫째로 그들은 새로운 기독교를 꿈꿀 수 있었던 사람들이었습니다. 하나님이 저 위에 계신 것이 아니라 지금 내 안에, 우리와 함께 있는 분이 되었기 때문입니다. 지금껏 하나님을 저 어느 곳에 계신 분처럼 생각하여 예배했으니 오순절 사건은 그가 우리 안에 내재하고 있다는 새로운 종교성, 새로운 영성을 우리에게 각인시켰습니다. 하나님은 예배를 드리는 제단 어느 곳에 계시지 않고 우리 안에 계신 분이 되었습니다. 이것이 바로 새로운 기독교의 모습입니다. 둘째, 하나님은 우리들에게 각기 다른 카리스마를 주셨습니다. '카리스마'란 어떤 권위를 말하는 것으로 특별한 사람만이 소유하는 능력이 아니라 그것이 우리 모두의 분깃이 되었다는 것입니다. 어느 카리스마가 다른 카리스마보다 우월하거나 월등할 수 없습니다. 흔히 특별한 사람에게 귀속된 능력을 카리스마라고 이해하나 오순절 이야기는 우리 모두가 저마다의 고유한 카리스마를 가지게 되었음을 선언합니다. 사는 모습이 다르고 하는 일이 다르더라도 하나님은 모두에게 은사를 주었다는 것이지요. 그렇기에 이런 은사들은 차이이지 결코 차별이 될 수 없습니다. 오순절 사건은 차이의 축제를 우리에게 허락하신 사건이 되었습니다. 서로 다른 카리스마가 축제의 이유가 된 것입니다. 지금까지 죄인이고 타락한 존재였지만 하나님이 우리 안에 내재하므로 나 자신을 다르게 볼 수 있는 사건이 되었습니다. 이처럼 카리스마의 다양성, 은사의 다양성은 우리들 사회를 전혀 달리 보게 한 혁명적 사건이었습니다. 셋째로 새 술에 취한 사람들의 새로운 종교는 새로운 공동체를 꿈꾸게 했습니다. 공동체들이 많이 있지만 오순절 사건은 우리에게 새로운 공동체를 상상토록 합니다. 성경은 오순절 공동체를 이렇게 묘사합니다. 자기 것으로 여겼던 물건을 그들이 내놓았으며, 성전에 모이기를 즐겨했고 함께 떡을 뗐다고 말입니다. 이것이 바로 오순절 사건 속에서 일어난 새 공동체의 모습입니다. 하지만 모이기를 즐겨했고, 떡을 같이 뗐으며 물건을 함께 통용했던 공동체는 아직 인류 역사가 이루지 못한 미완의 과제로 남아있습니다.

부활은 세상이 전부가 아니고, 현실이 현실로만 끝나는 게 아니며, 악이 악으로만 끝나지 않는다는 믿음을 갖게 한 사건이었습니다. 오순절 사건은 우리에게 그런 부활을 어떻게 살아내는가를 확연히 보여주었습니다. 한마디로 우리가 서로 사랑해야 한다는 것입니다. 자신을 달리 새롭게, 우리 사회를 전혀 다른 방식으로 이해하며 새로운 공동체를 만들어나가야 한다는 것입니다. 하지만 새 술에 취한 사람들의 새로운 사회는 어느덧 2000년 역사 속에서 사라져버리고 말았습니다. 신학자 폴 틸리히는 성서를 인간과 사회를 자기 초월로 이끄는 책이라 하였습니다. 하지만 우리 교회는 한쪽으로는 '제도화'되었고, 다른 한편으로는 '마성화'의 길로 치닫고 있습니다. '제도화'라는 것은 무엇입니까. 교회가 새 술에 취한 사람들의 모임이 아니라, 목사가 있고, 장로가 있고, 권사가 있고, 속회가 있어 제도가 교회를 대신하는 현실을 일컫습니다. 한 신학자는 성령을 세속화, 타락시킨 대표적인 사례로서 교회의 제도화를 꼽습니다. 하나님과 인간의 틈새를 거듭거듭 벌려 놓은 것이 제도적인 종교의 특성이란 것입니다. 종교가 제도화될수록 우리 안에 하나님이 있다는 성령의 가르침을 외면하고 인간과 하나님의 틈새를 많이 벌려 놓습니다. 이야말로 성령을 타락시키는 일입니다. 또 하나는 '마성화'입니다. '초합리적인' 어마어마한 성령의 사건을, 합리 이전의 '비합리'로 만들어서 사람을 미혹하고, 혼동시키며, 이성을 빼앗는 일들이 다반사로 일어납니다. 사회적 가치를 초월하는 진실된 사랑을 말하지 않고 신비적인 황홀감으로 이성을 상실케 하는 일들이 예배란 이름 하에 자행되는 것입니다. 그래서 어떤 학자들은 말합니다. 한국교회 1,000만 신도들 가운데 500만 이상은 마성화의 늪에 빠지게 되었다고 말입니다. 성령의 자기 초월의 역사가 이렇듯 제도화와 마성화를 통해 타락된 것이 2,000년 기독교 역사라 할 것입니다.

이런 제도화와 마성화 속에서 종교가 사람에게 주는 것은 돌입니다. 종교라는 이름으로 사람에게 던지는 메시지가 살아있는 떡이 아니라 돌덩이로 변질되었다는 말입니다. 여기서 '돌'이란 추상적인 이념이요, 법이며, 규범을 뜻합니다. 무거운 멍에를 안기기에 돌, 곧 교리는 생명이 될 수 없습니다. 복음이 율법적인 이념이 되었고, 추상적인 관념이 되었으며, 사람을 목 조이는 무거운 관습이 된 탓입니다. 성령을 타락시킨 교회가 복음이라는 미명하에 큰 돌덩어리를 사람들에게 안기고 있습니다. 성서는 하나님께서 돌이 아니라 빵을 주신다고 했습니다. 빵이라고 하는 것은 무엇입니까? 힘의 원천을 뜻할 것입니다. 낙망할 수밖에 없는 현실 속에서 빵을 먹고 새로운 힘을 얻어 자기초월을 통해 새로운 사회를 만들고 아름다운 공동체를 만들어 보라는 것입니다. 그래서 돌이 아니라 빵을 주려고 했던 것이지요. 성령을 타락시킨 교회는 사람들에게 빵을 주지 못하고 오히려 마성화와 제도화의 덫을 놓습니다. 하지만 하나님은 돌덩이가 아니라 빵을 주시는 분입니다. 오늘 읽은 본문은 자기 욕망을 실현시키는 말씀으로 오용될 때가 많습니다. 가진 것을 더욱 크게 해달라는, 자기에겐 없지만 다른 사람이 가지고 있는 것을 얻기 위한 신앙적 수단으로 이용되어 왔습니다. 하나님은 구하는 자에게 좋은 것을 주시는 분입니다. 그러나 하나님의 입장에서 볼 때 구하는 것이 좋아야만 합니다. 부모는 의당 좋은 것을 자식에게 줍니다. 자식이 아무리 원해도 부모의 입장에서 좋은 것이 아닐 경우 절대 주지 않습니다. 그렇기에 하나님의 입장에서 우리에게 좋은 것이 무엇인지를 미리 생각할 일입니다.

무엇을 구하며 살 것인지가 예수의 주기도문 안에 너무도 분명히 적시되었습니다. 무엇을 구할 것인지, 어떻게 구할 것인지, 무엇을 생각하며 살 것인지에 대한 답이 주기도문 안에 존재합니다. 무엇보다 일용할 양식을 구하라 했습니다. 이것은 부정할 수 없는 우리의 기본 욕구에 관한 것입니다. 우리가 구할 것은 일용할 양식입니다. 하나님은 만나를 하루 치만 구하라고 했으나 욕심 많은 사람들이 이틀 치, 삼일 치, 일주일 치씩 구하여 저장했다가 썩혔다는 이야기를 알고 있습니다. 그렇기에 우리가 구할 것은 일용할 양식입니다. 하나님은 우리에게 일용할 양식이 얼마나 소중한지, 얼마나 필요한지, 이것이 없으면 인생이 얼마나 힘들어지는가를 아는 분입니다. 우리 가운데서도 행여나 일용한 양식 때문에 걱정하고 염려하고 고민하는 분들이 있을지 모릅니다. 이를 의당 구하십시오. 하나님은 여러분들의 일용할 양식을 구하라 할 것이며, 하나님은 그것을 당연히 주실 것입니다. 이어서 죄의 용서를 구하라고 말씀합니다. 무엇을 죄의 용서라 할 것인지 물어야겠지요. 이렇게/저렇게 지은 마음의 갈등, 윤리적인 문제들은 노력하여 줄여갈 수 있습니다. 하지만 하나님이 우리 안에 있다는 사실을 잊고 살았던 삶은 용서받아 마땅한 일입니다. 오순절 성령 사건 이후 하나님은 우리 안에 내재하는 분입니다. 성령을 받으라고 강요하는 사람치고 제대로 된 성직자라 불릴 수 없습니다. 성령은 이미 우리와 함께 내재하고 있는 까닭입니다. 나 자신을 좀 더 거룩하게 만드는 것이 하나님을 경배하는 길이 되었습니다. 성령은 누가 갖고 있다가 주는 것이 아닙니다. 하나님의 영이 오순절 이래로 우리 안에 내재했으나, 그것을 잊은 채 살아왔을 뿐입니다. 성서의 하나님은 내 머리카락까지 헤아리시는 분이며, 내가 나를 아는 것 보다 나를 더 잘 아는 분입니다. 하나님이 내 안에 있다는 사실을 더 이상은 잊지 마십시다. 어쩌면 이후 우리의 삶은 "하나님, 저 밥 먹습니다", "하나님, 지금 제 마음이 이렇습니다" 하는 일상적인 대화가 시작되어야 할 것입니다. 그렇기에 성령강림절은 내 안에 있는 하나님을 잊은 채, 그와 대화하는 삶을 살지 못한 우리를 향해서 죄가 있다고 말합니다. 이런 죄에 대해 필히 용서를 구할 일입니다. 마지막으로 우리를 악에서 구하옵소서입니다. 우리 속에 하나님이 내재하지만 여전히 인간에게 폭력성이 잠재되어 있습니다. 자연을 파괴하는 세력들을 비난하지만 우리 안에서도 수많은 폭력성이 불현듯이 일어날 수 있습니다. 욕심과 분노 그리고 편견 역시 모두 우리들의 본성입니다. 그럴수록 내 안에 하나님이 있음을 잊지 않고자 노력해야 옳습니다. 그것이 바로 악에서 구원받는 길이기 때문입니다. 일용한 양식을 구하고, 내 안에 하나님이 살아있음을 잊고 사는 죄의 용서를 구하며 끊임없이 넘어지는 우리를 악에서 구해달라고 하나님께 구할 때 그분은 우리에게 필요한 생명의 빵을 주실 것입니다.

이것이 바로 새 술에 취했던 사람들이 경험했던 바였습니다. 종교의 제도화와 마성화를 넘어서 성령께서 역사하는 초월의 삶을 진실로 살아냈던 것입니다. 돌이 아니라 빵을 가지고서 말입니다. 자녀들을 훈육할 때에도 우리의 훈육이 돌인지 빵인지, 교인들 간에 서로 관계할 때에도 내 말이 상대방에게 돌덩어리를 얹어주는 것인지 아니면 빵을 주는 것인지를 생각해야 합니다. 우리의 현실을 살아내도록 아니 현실을 넘어서도록 하나님께서는 "구하라 그러면 줄 것이다", "돌이 아니라 빵을 줄 것이다"라고 지금도 말씀하고 있습니다.

이제 고만 하시지요

욥기 2:3-6, 마태복음 13:44-46

추수감사절 설교 말씀 제목을 '이
제 그만 하시지요'라 했으니 생뚱맞다 여기실지 모르겠습니다. 이제 나
뭇잎도 거의 다 떨어졌습니다. 달려 있는 나뭇잎도 색이 바라 예쁘지만
은 않습니다. 입동이 되어 겨울비를 재촉하는 11월 중순에 추수감사절
예배를 드린다는 것이 절기상 잘 맞지 않는 듯한 느낌입니다. 손에 흙 한
번 묻혀 살지 않는 우리가 추수감사를 실감 나게 드릴 수 없는 것은 당연
한 일이겠지요. 하지만 기독교 신앙인들에게 이 절기는 한 해를 깊이 돌
아보고 마무리하며 자신의 삶을 결산하는 중요한 때인 것만은 틀림이
없습니다. 달력상으로 12월이 한 해의 마지막이지만 대강절과 성탄절이
있고 낮이 길어지기 시작하기 때문에, 우리 기독교인들에게 12월은 어
떤 면에서 한 해의 끝이 아니라 시작입니다. 그럴수록 추수감사절이 있

는 11월은 사실 우리가 한 해를 마감하는 의미가 큰 절기입니다.

우리 삶에서 알곡으로 거둬들인 것이 있다면 올 한 해 동안 과연 무엇일까요? 여러분들의 사정, 집안 형편에 대해서 그리 많은 것을 알지는 못하지만, 곰곰이 생각하면 대소사들로 분주했을 것이라 상상해봅니다. 어떤 분은 인생의 진로를 바꾸었고, 어떤 분은 자녀를 출가시켰으며, 취직을 했고, 건강하게 군대에서 제대를 했으며, 졸업을 했고, 또 전에 없던 희망을 품은 분도 있을 것이며, 깊은 절망에서 소망을 경험하신 이도 있었습니다. 자녀들이 어려운 고비 고비를 잘 감당해 주었고, 험난한 고3 생활, 입시의 과정도 겪어냈으며, 약한 몸이었지만 큰 병으로 번지지 않고 건강을 되찾게 된 것 등, 곰곰이 생각해보면 많은 것들을 헤아릴 수 있을 것입니다. 그럼에도 우리 마음은 밑 빠진 독 같아서 아직도 너무 부족하고, 갈급하며, 채워야 할 것들을 소망하는 채로 하루하루를 살아갑니다. 우리가 몸담고 있는 사회가 이렇게 살고 있는 나를 늘 부족하다고 자꾸만 추동해서 욕망을 한 없이 크게 만들고 있는 탓입니다. 한 해의 마지막에 감사를 생각하도록 하는 이 절기가 있다는 것은 참으로 감사할 일입니다. 욕망의 전차로부터 내려설 수 있는 고귀한 삶의 기회이기 때문입니다.

감사는 순수 우리말로 고맙다는 말입니다. 그런데 '고맙다'라고 하는 이 말은 본래 너무 많이 받아서 '이제 고만하십시오'라는 의미를 가지고 있습니다. 충분히 받았으니 이제 고만 하십시오. 오늘 예배를 드리는 우리 마음이 '하나님, 이제 고만하시죠', 우리 부모, 형제, 자매 그리고 우리 교인들을 향해서 '고만하시죠, 우리는 충분히 받았습니다', 이렇게 이야기를 할 수 있다면 오늘 예배는 정말 아름다운 감사예배가 될 것 같습니다. 성서는 좋은 나무가 좋은 열매를 맺는다고 했습니다. 먼저 좋은 나무가 되고픈 생각 없이 열매를 구한다면 그것은 오히려 악한 일이 될 것입니다. 신앙의 이름으로 얼마나 많은 악한 일들이 계속되고 있는지를 우리는 너무나 잘 경험하고 있습니다.

혹시 금번 미국에서 발생한 금융위기로 직·간접적으로 어려움에 처한 분들은 아니 계신지 모르겠습니다. 경제를 모르는 저도 『미국은 왜 신용불량 국가가 되었나』와 같은 책들도 사서 보게 되었고, 그리고 케인즈 John Maynard Keynes가 어떻고, 하이에크Friedrich Hayek가 어떻고 하는 경제학자들의 책들에 흥미를 느껴 보기도 했습니다. 지금 우리는 국가, 개인을 막론하고 엄청난 자산을 잃는 고통을 경험하고 있습니다. 여기저기 모임에서 조금씩 차이는 있지만 자신들의 소중한 자산을 졸지에 잃어버린 사람들을 많이 접하게 됩니다. 천문학적인 돈을 하루아침에 신기루처럼 날려버린 경우도 보고 있습니다. 그렇게 허망하게 사라져버릴 돈이었다면 차라리 주고 싶은 사람에게 더 주고, 필요로 하는 곳에 나눌 수 있었다면 하는 아쉬움이 클 것입니다. 미국은 자신들의 풍요로운 삶을 위해서 무수히 달러를 찍어냈고, 그 결과로 세계는 달러가 없어도 걱정이고, 많이 가져도 걱정인 시대가 되었습니다. 미국이 망하면 큰일 나는 세상이 된 것입니다. 전 세계를 볼모 삼아 자신들의 풍요를 누려온 미국 중심의 세계 경제 현실에 비로소 눈을 뜨게 되었습니다. 우리 역시도 미국식 풍요로움에 종노릇하면서 살다가 급기야 상실을 경험하기에 이른 것입니다. 왜 우리가 이렇게 되었을까요? 그래서 추수감사 절기에는 '이제 그만하십시오. 그만하시지요'라는 마음이 더더욱 필요한지도 모르겠습니다. '이제 그만하십시오'라는 말을 할 수 있는 신앙인의 모습 되기를 원하는 것입니다.

오늘 우리는 본문 두 곳을 택해 읽었습니다. 욥기의 시작 부분인 2장이 첫 내용입니다. 지혜 문서에 속하는 욥기의 성격이나 신학적 의미에 대해서 말할 것이 많지만, 제게는 그것이 주제가 아닙니다. 고통의 의미를 새롭게 깨닫게 해주었던 지혜의 책이지만, 저는 조금 다른 각도에서 욥기의 의미를 주목고자 합니다. 욥의 고통과 좌절, 하나님을 향한 항변의 이면에는 하나님과 그와 맞서있는 다른 한 존재, 성서에 '사탄'이라고 표현된 존재가 있습니다. 성서에는 하나님과 사탄 간의 합의가 있었다고 말합니다. 한 인간의 삶을 두고 배후에서 엄청난 내기가 있었다는 것이지요. 한 인간의 인생을 두고 배후에 이런 도박이 있었다는 것이 황당함에도 여하튼 의미가 있다는 생각입니다. 제가 주목했던 것은 하나님이 보는 인간과 그 맞은편에 있던 사탄이 보는 인간 이해 간의 갈등과 대립, 차이에 관한 것입니다. 내기의 이면에는 인간에 대한 이해의 두 시각이 자리하고 있습니다.

제가 읽었던 성경 번역에는 인간을 보는 사탄의 고유한 시각이 이렇게 묘사되어 있었습니다. 인간은 본래 가죽으로 가죽을 바꾸며, 물건으로 물건을 바꾸다가 종국에는 자기의 생명을 물질과 바꾸는 존재라는 것입니다. 자신의 소유를 지키기 위해 급기야 생명조차 내놓을 수 있는 존재라 믿었기에 하나님과의 내기에서 이길 자신을 보였던 것이지요. 욥에게 주어진 소유를 앗아간다면 그가 하나님을 배반할 것이라 확신을 가졌던 것입니다. 우리들의 경우는 어떠하겠는지요? 소유로 인한 분쟁으로 친척 간에, 가족 간에, 사회적으로 더 소중한 것을 잃어버린 경험은 없었는지 묻고 싶습니다.

　인간을 이리 보았던 사탄에 비해서 인간을 보는 하나님의 시각은 전혀 달랐습니다. 하나님은 인간이 어느 상황에서도 의로울 수 있다는 무한한 신뢰를 갖고 있었습니다. 그렇게 보면 인간만 하나님을 믿는 것이 아니라, 하나님도 인간을 믿고 계신 분이 분명합니다. 하지만 우리 자신을 돌아보면 사탄이 보는 시각이 현실 속 우리의 모습과 일치됩니다. 인간사가 사탄이 보는 대로 되는 것 같습니다. 물질로 자기 생명조차 바꾸는 존재로 살고 있기 때문입니다. 우리의 감사도 이런 차원에서 일어나는 행위라 생각합니다. 나를 끝까지 믿어주는 하나님에 대한 감사가 아니라 삶의 제 조건들, 그것 때문에 생기는 감정들, 이것이 우리들 감사의 핵심이 되고 있습니다. 사람이 인과율의 세계로부터 벗어나지 못하면 진정 하나님의 아들이 될 수 없다 했습니다. 인과율의 세계란 제 조건들로 얽매여 있는 일상적 삶의 모습을 일컫습니다. 소유로 자기 생명을 바꾸며 사는 사탄의 시각으로부터 자유 할 수 없는 족쇄를 뜻합니다. 우리가 경험하고 있는 금융대란의 현실 역시 결국 사탄이 보는 인간 이해의 실상이자 결과라 해도 틀리지 않겠습니다.

　이제 마태복음 13장에 나오는 하나님 나라의 비유를 통해서 사탄적인 인간 이해를 벗을 수 있는 길을 찾고자 합니다. 본문 속에 열거된 하나님 나라에 관한 내용 중 핵심적인 것 하나를 정리해 보겠습니다. '천국은 밭에 묻힌 보화를 자기의 모든 것을 다 팔아서 사는 것과 같다. 또 천국은 진주를 찾으러 사방팔방으로 다니던 사람이 정말 값진 진주 하나를 발견하자 지금까지 갖고 있던 모든 것들을 팔아서 그 진주 하나를 사는 것과 유사하다. 자기의 모든 것을 다 팔아 보화가 묻힌 땅을 사는 농부의 마음이나, 자기가 가지고 있던 것들을 다 팔아 정말 소중한 진주 하나를 사는 상인의 마음, 바로 이것이 하나님 나라와 같다'는 것이 핵심 내용입니다. 여러 가지 해석이 가능하겠으나 저는 이 말씀을 다음처럼 풀고 싶습니다. 많은 것을 소유했으나 정작 자기 자신을 잃어버리면 이것처럼 빈곤한 일이 없다는 뜻으로 말입니다. 많은 것을 가졌으나 자기를 얻지 못하면 아무것도 아니란 것입니다. 어찌 부, 물질, 소유 자체가 잘못된 것이겠습니까? 그것이 잘못된 것이 아니라 문제는 그것들을 모으고 집착하는 것에 마음을 빼앗겨 정작 귀한 자기 삶을 잃는 것이 잘못되었다는 것이겠지요.

우리는 얍복강변 이전과 얍복강변 이후의 야곱의 삶에 차이가 있음을 알고 있습니다. 이전의 야곱은 수단과 방법을 동원하여 2등의 운명을 1등으로 바꾸려 했던 이기적 존재였습니다. 그러나 얍복강변에 이른 야곱은 그곳에서 하나님의 천사와 씨름했고 진정한 자아를 찾기 위해 갈등하면서 지금까지의 삶이 자신의 인생이 될 수 없음을 여실히 알았습니다. 일상을 살면서 우리 역시도 타인들 시각을 의식하며 인생을 버텨내곤 했습니다. 자기라고 하는 존재를 타인의 눈을 통해서 확인코자 했던 것이지요. 그래서 우리에겐 화려한 옷도 필요했고, 아름다운 언어도 필요했으며, 때로는 없는 것도 있게 보여야 할 순간도 많았습니다. 하지만 이것들은 귀중한 생명을 팔아서 쓸모없는 것을 사는, 그것으로 자신을 대신하고 소모하는 삶의 모습들입니다. 사탄이 보는 인간 이해에 어느덧 우리들이 적응되었던 결과입니다. 오히려 그것이 신앙의 모습처럼 왜곡돼 왔습니다. 하지만 하나님 나라는 많은 것을 버려서 하나를 얻는

데 있습니다. 버리고 또 버려서 자신 하나를 얻으라는 메시지입니다. 남을 속일 수는 있어도 자신을 속일 수 없고, 더군다나 머리카락을 헤아리시는 하나님을 비켜갈 수 없습니다. 바깥 세계에 휘둘리는 한, 귀한 생명을 놓치며 살 뿐입니다. 그것은 자신을 살지 못하고 결국 남의 인생을 살게 됩니다. 따라서 성서는 지금껏 쌓아두었던 많은 것, 축적된 것, 여럿, 그 모두를 버려서 하나를 사라고 가르칩니다. 이것이 바로 우리들이 가져야 할 생의 목표이자, 얻어야 할 열매라는 것입니다.

무수한 구름들이 수없이 나타났다 사라지지만, 하늘은 언제나 똑같은 상태로 존재합니다. 수많은 파도가 일어났다 사라졌다 하지만 바다는 언제나 여여如如한 상태로 있습니다. 우리는 본래 하늘이고 바다였고 빛이었습니다. 그렇기에 하나님은 우리를 사탄의 손에 맡기면서도 끝까지 우리를 믿을 수가 있었습니다. 이것이 하나님이 욥이라는 존재를, 아니 우리를 감히 사탄의 손에 맡길 수 있는 근거였고 이유였던 것입니다. 오늘 우리가 감사할 것은 바로 이점입니다. 나라는 존재를 하늘로, 바다로, 영원한 하나로, 빛으로 인정하셨던 하나님, 사탄에 내맡기면서까지도 우리 자신을 믿었던 하나님, 바로 이것이 오늘 우리가 감사할 내용입니다.

풍요 속의 빈곤

누가복음 12:13-21, 15:11-32

글 제목을 '풍요 속의 빈곤'이라고 했는데, 여기다 콤마()를 찍어 '빈곤 속의 풍요'라는 말을 하나 더 첨언해야 뜻이 더욱 분명해질 것입니다. '풍요 속의 빈곤, 빈곤 속의 풍요', 이 제목을 보니 누가복음 15장에 있는 잃은 아들을 되찾은 아버지의 이야기가 생각납니다. 이 말씀에서 '빈곤 속의 풍요'라는 말의 의미를 헤아려 볼 생각입니다. 첫 번째 읽은 본문은 소출을 풍성히 낸, 열매를 가득 맺은 자연 들판을 흐뭇하게 바라보는 한 부자의 얼굴을 떠올려 줍니다. 신약성서 중에서 가을 추수 들판 분위기를 자아내는 것으로 이만한 본문이 없다고 생각했습니다. 오늘의 주인공은 많은 땅을 소유한 사람입니다. 밭의 소출이 너무 많아서 지금 있는 창고를 갖고서는 그 곡식을 다 저장할 수 없는 상태였습니다. 그래서 그는 곳간을 헐고 더 크게 지어 거둔

소출을 가득 쌓아놓을 상상을 하고 있습니다. 상상은 그를 행복하게 했고 이 세상에 더 이상의 근심은 없다고 여길 만큼 좋았습니다. 스스로 대견해 하며 그는 자신의 영혼에게 이렇게 말했습니다. '영혼아, 내 영혼아, 참 수고했지. 한 해도 아니고 여러 해를 쓸 수 있는 곡식을 이렇게 쟁여놓았으니 이제 걱정하지 않아도 된다. 이제부터 할 일은 함께 먹고, 마시고, 쉬고, 즐기는 일뿐이야. 참 좋지? 감사하다.' 여기까지 본문을 읽다 보면 이 부자는 우리가 그렇게 되고 싶고, 닮고 싶고, 부러워할 수밖에 없는 사람인 듯합니다. 이 사람과 같을 수 있다면 원이 없겠다고 생각할 만큼 풍요로운 사람입니다. 이쯤 돼야 감사라는 말이 저절로 나올 것 같습니다. 풍요를 넘어 잉여의 상태로 자족하는 삶의 모습을 부러워하지 않을 사람이 없겠습니다. 그러나 본문 마지막 부분에는 하나님께서 이 부자를 어리석은 자로 규정하는 말이 나옵니다. 오늘 밤 네 영혼을 취하면 너와 이 재물이 무슨 소용이고 누구 것이 되겠는가를 묻습니다. 그러면서 자신에 대해서는 부유한데 하나님에 대해 풍요치 못한 이 사람을 꾸짖고 있습니다. 본문을 읽으면서 안타까운 생각도 들었습니다. 하나님이 자비, 사랑, 은혜의 모습으로 잘 떠올려지지 않습니다. 많은 곡식과 창고의 크기를 생각하며 풍요로운 삶을 마음껏 그려보는 이 부자의 마음을 그냥 이해해 주시면 좋으련만. 그래 너 참 수고했다, 눈감아 주시면 좋겠는데 하나님은 그리하시지 않습니다. 이런 하나님을 보며 기독교인들 중에서도 마음이 불편해지는 분들도 있을 것입니다.

저는 이 본문을 읽으면서 강남에 지어진 유명한 큰 교회가 생각났습니다. 너무나 많은 사람이 몰려와서 본래의 예배당으로는 예배드릴 장소가 부족하다고 판단했답니다. 그래서 서초구 어디에 일천억 원을 들여서 땅을 구입했고 이천억 원을 들여 교회를 지었다 했습니다. 저는 이 이야기와 오늘 성경 본문이 달리 읽혀지지 않습니다. 그렇기에 3천억짜리 교회 건물에 대한 걱정이 앞섭니다. 물론 본문은 비유입니다. 실제로 일어났던 사건이 아닙니다. 실제로 일어났던 사건은 오늘 읽은 본문 바로 앞부분에 실려 있지요. 어떤 형제들 사이에 재산 상속 싸움이 있었던 모양입니다. 저마다 많은 재산을 상속받기 위해 송사가 일어났는데 예수를 재판장으로 세워 자신에게 유리한 판결을 얻고자 힘을 썼습니다. 항상 우문현답으로 사람들을 부끄럽게 하는 말씀을 주시는 분이 예수인데, 자기에게 이로울 것으로 믿고 예수의 말씀을 청했던 것이었지요. 그런데 바로 그 사람 앞에서 예수가 한 말씀은 사람의 생명과 가치는 소유의 넉넉함에 있지 않다는 것이었습니다. 그렇게 말씀하시면서 어리석은 농부의 비유를 말씀했던 것입니다.

이 말씀은 실상 과거의 그들만을 향한 이야기는 아닐 것입니다. 3천억짜리 교회를 짓는 오늘 우리를 향한 말씀이기도 합니다. 한국에서 내로라하는 많은 대기업들, 현대, 롯데, 두산, 금호그룹에 이르기까지 재산 문제로 형제끼리 갈등하고 삶을 죽음으로 몰아가는 일들이 거듭 발생하고 있습니다. 어디 그들뿐이겠습니까. 소유와 관계된 송사가 가족사 안에서도 심지어 교회 내부에서도 빈번하게 일어나 서로 원수가 되고 생명을 마감하는 일들이 반복됩니다. 『뜻으로 본 한국역사』에서 함석헌은 형제 간의 반목과 죽임으로 시작된 조선의 탄생을 못마땅하게 생각하셨습니다. 조선의 탄생을 현실주의자들이 '이상'을 먹고사는 꿈의 사람들을 희생시킨 결과로 이해했습니다. 그래서 뜻을 잃은 민족이 되었고, 생각하는 백성이 되지 못했다고 하였지요. 형제끼리의 반목과 권력 다툼, 죽음으로 몰고 간 비극의 역사를 꿈을 잃어버린, 뜻을 잃어버린 민족에 대한 하나님의 심판이라 본 것입니다. 어느 역사가도 보지 못한 혜안을 함석헌은 가졌습니다. 이를 오늘 말씀과 견주어 본다면, 자신에게만 부유했지 하늘에 대해 한 번도 넉넉함을 몰랐다는 이야기라 할 것입니다.

저는 이 말씀을 묵상하면서 욥기의 첫 장 내용을 다시 떠올려 봅니다. 세상에서 악을 떠난 존재는 욥밖에 없다고 자랑스럽게 말씀하는 하나님을 사탄은 비웃었습니다. 욥에게 소유의 울타리를 다 거두면 그 역시 하나님을 떠날 존재가 되고 말 것이라고 사탄은 장담했습니다. 욥을 두고 하나님과 사탄 간에 내기가 벌어졌던 것이지요. 하나님이 보시는 인간과 사탄이 바라보는 인간 이해 간에 치열한 싸움이었습니다. 인간은 자신의 생명을 가지고서 물질을 바꾸는 존재라고 믿었기에 사탄은 자신이 이길 것을 확신했습니다. 그러나 사람의 가치란 소유에 있지 않다고 보았기에 하나님은 인간을 신뢰했습니다. 현실 속 우리는 하나님보다는 사탄이 보는 눈이 옳음을 매 순간 경험합니다. 하늘이 맺어준 형제자매의 관계를 물질로 깨버리기 일쑤고, 자기 목숨까지 버리는 일들을 행하고 있기 때문입니다. 본문에서 '어리석은 영혼아'라는 말씀은 이런 우리를 두고 하는 말입니다. 그럼에도 하나님은 인간을 향해 신뢰의 끈을 놓지 않습니다. 인간의 생명은 그 자체로 소중하고, 사탄이 함부로 다룰 수 없으며, 하나님께 달려 있는 것임을 강조하면서, 하나님은 끝까지 인간을 믿었던 것입니다.

두 번째 성경 본문으로 우리는 탕자의 비유로 알려진 말씀을 찾아 읽었습니다. 아버지의 재산을 갖고 타국에서 흥청망청 살던 아들이 있었습니다. 자신의 생명을 소유로 바꾼 대표적인 인간상이었습니다. 모든 재산을 탕진한 후 돼지 먹이로도 굶주림을 달랠 길 없었던 그는 모든 것을 잃고 난 상태에서 아버지를 떠올렸습니다. 모든 것을 잃은 순간 아버지를 기억했고, 생각했고, 찾았습니다. 하나님은 인간이 결국 자신에게 되돌아올 줄을 알았고, 인간을 기다리고 계셨습니다. 이것은 인간에 대한 하나님의 신뢰와 사랑 때문에 가능한 일이었습니다. 재산을 굳건히 쌓아놓고 풍요로운 잉여물로 삶을 즐기려 했던 부자는 '풍요 속의 빈곤'한 존재였습니다. 그러나 모든 것을 다 잃은 순간에 아버지를 떠올린 탕자는 '빈곤 속에 풍요'로운 자가 되었습니다. 풍요 속에서 빈곤함을 느끼는 자에게는 감사는 요란한 빈말입니다. 그에게는 끊임없는 갈급함 밖에 없습니다. 아메리카 인디언들에게 이런 말이 있다고 합니다. 말을 타고 초원과 광야를 질주하며 달려가다가 한순간 멈추어 서서 자신의 영혼이 잘 따라오고 있는지를 확인하고 다시 말을 달린다는 것이지요. 유명한 이야기입니다. 그러나 오늘 우리는 자신의 영혼이 자신을 따라오는지 살펴볼 여유가 없습니다. 오로지 자기가 만든 허상을 따라 갈급한 인생을 살뿐입니다.

'빈곤 속의 풍요로운 자', 모든 것을 잃었으나 아버지 하나님을 생각한 그 사람에게는 삶이 온전히 감사일 수밖에 없습니다. 돌아온 탕자의 이야기는 인간을 신뢰하는 하나님의 이야기인 탓입니다. 절망 속에서 하나님을 생각할 수 있는 인간, 모든 것을 철저하게 잃었음에도 하나님을 다시 찾을 수 있는 인간, 바로 그것이 인간인 것을 하나님은 알고 계셨습니다. 하나님은 그렇게 인간을 기다리고 있었습니다. 저는 하나님에 대해 부유하다는 말을 이런 의미로 이해합니다. 대다수 교회에서는 하늘에 대해 부유하다는 말을 교회에 많은 헌금을 내는 일과 같은 것으로 설교할 것입니다. 그러나 하나님께 부유하다는 것은 우리가 어떤 상황에 있든지, 때로는 뻔뻔스럽게도 늘 반복되는 실수와 좌절과 절망 속에서 모든 것을 다 잃어버린 상황 속에서도 다시금 아버지를 기억하는 마음이라 생각합니다. 그것이 하나님에 대한 부유하라는 뜻이겠습니다. 우리는 이 진리 앞에서 자신이 가진 지식, 지혜, 편견을 내려놓아야 옳습니다. 하나님에 대해 우리는 부유한 자가 되지 못했습니다. 그럼에도 불구하고 하나님은 우리가 부유한 자가 될 수 있다고 생각하십니다. 풍요 속의 빈곤을 느끼며 살고 있다면 우리는 하나님에 대해서 정말 부유하지 못한 겁니다. 자신에 대해서만 넉넉했기 때문입니다. 그러나 모든 상실 속에서도 하나님을 생각할 수 있다면 그것이 하늘을 향해 부유한 것입니다.

오늘 읽은 본문 다음에 이어지는 말씀도 주목해야합니다. 목숨과 몸을 위해 염려하지 말라는 것입니다. 몸과 목숨을 위해 필요한 것이 무엇인지 그분께서 잘 알고 있기 때문입니다. 오로지 하나님에 대해 부유해지는 것, 이것이 우리의 살길이란 말씀이지요. 자신에게만 부유하여 풍요 속에서 빈곤을 사는 것이 아니라 하나님께 부유한 자가 되어 오히려 빈곤 속에서도 풍요로운 인간이 되기를 바라고 있습니다. 시편 기자들이 외친 것처럼 '내 여호와를 성축하고 감사하라'는 고백을 오늘 우리도 할 수 있는 것입니다. 하나님은 풍요 속에서 홀로 자족하는 모습을 결코 기뻐하지 않으십니다.

저는 신학생 시절의 경험을 지금도 그리워하고 있습니다. 그때의 마음으로 돌아갈 수 있기를 기도합니다. 대학 4학년 시절 모처럼 한꺼번에 많은 돈이 생겼습니다. 장학금을 받았고, 아르바이트 월급도 들어왔으며, 책을 번역한 대가도 거의 같은 날 입금되었습니다. 시골집에서 용돈을 쓰라고 모처럼 돈도 보내주었습니다. 당장 필요하지 않은 돈이라 학교 앞 육교를 건너 은행에 저금하러 가는 중이었습니다. 육교 위에는 섣달 추위를 애써 참으며 어린 자녀 둘과 함께 얇은 옷을 입고 구걸하는 남루한 여인이 있었습니다. 마음속에 갈등이 생겼습니다. 지금 나는 여윳돈이 생겨 은행에 쌓아놓으려고 가는 길인데, 지금 당장 물질이 필요한 남루한 여인을 눈앞에서 마주쳤기 때문입니다. 저음 마음먹은 대로 은행에 저금하러 가야 하는가, 아니면 이 여인에게 주어야 하는가를 고민했습니다. 은행에 가지도 못하고 그 여인에게 가까이 다가서지도 못하면서 육교 위를 수차례 왔다 갔다 하였습니다. 사랑과 믿음이 부족했던 제가 취할 수 있었던 마지막 행위는 타협이었습니다. 반씩 나누는 것으로 제 갈등을 봉합했습니다. 그때의 결정이 부끄럽기도 하지만 아름답게 느껴지기도 합니다. 불교에서는 처음 일어난 마음을 초발심初發心이라고 하며, 그것을 아주 귀하게 여깁니다. 기독교에서도 첫사랑을 말하지요. 예수 오래 믿었고, 신앙생활 경력이 있다고 훌륭한 것이 아니겠습니다. 초발심, 첫사랑, 처음 일어났던 그때의 마음으로 돌아갈 수 있다면 우리는 하나님에 대해서 부유한 사람이 될 수 있습니다. 성서에 나오는 '내 영혼아, 여호와께 감사하고 송축하라'는 말은 넉넉한 가운데서 나왔던 이야기가 아닙니다. 혹독한 절망과 고통 속에서 나왔던 고백들입니다. 우리는 내일을 준비하며 살지만 어떤 사람에게는 오늘이 전부인 사람도 있습니다. 모든 걸 쌓아놓고 넉넉히 살아가는 사람에게 하셨던 하나님의 말씀과 모든 것을 다 잃은 상황에서 하나님께 나온 이를 기뻐하시는 말씀, 이 둘을 놓고 진지하게 우리의 삶을 고민해 보십시다.

감사의 절기입니다. 많은 것을 쌓았고 그래서 안정된 삶을 살기에 감사하는 것을 하나님께서 바라지 않습니다. 때로는 건강도, 가족도, 모든 것을 잃은 그 가운데에서 하나님을 생각하며, 하나님에 대해 넉넉해 질 때, 그것이 우리의 구원이자 감사가 될 것입니다. 돌아온 탕자의 이야기가 감사의 절기를 살아가는 지혜가 되었으면 좋겠습니다.

텅 빈 영혼의 위험

누가복음 11:14-26

본문 말씀은 귀신들린 사람들을 고치고 주변 사람들이 납득할 수 없는 기사 이적을 행하는 것을 보며 예수의 적대자들이 예수를 향해 중상모략하는 내용을 담고 있습니다. 귀신의 세력을 물리치고 사람들을 귀신으로부터 자유케 하는 예수의 행위에 대해 적대자들은 그가 귀신의 왕 바알세불과 결합해서, 그의 힘에 의지하여 행하는 것이라 모략하고 있는 것입니다. 그러한 예수의 능력이 하나님으로부터 온 것이 아니라 귀신의 왕으로부터 왔다는 비난에 대한 예수의 답변은 다음과 같았습니다.

먼저 예수는 "만약 내가 귀신의 왕 바알세불의 힘을 빌려 귀신을 쫓아내었다면 지금까지 귀신을 추방했던 경험을 갖고 있는 너희 동료들은 누구의 힘을 의지하였던 것인가?"라며 반문했습니다. 이러한 물음 이면에는 다음과 같은 예수의 의도가 자리했습니다. "더 이상 이런 문제를 가지고 분쟁하고 다투지 말자. 우리가 진정으로 관심해야 할 사안은 귀신을 찾고 그것을 사람들로부터 추방해내는 일이 아닌가?"라는 것이었지요. 한 인격 속에서 귀신의 실체가 밝혀지고 그로부터 자유케 되면 그것이야말로 하나님의 일이요 이 땅에 하나님 나라를 이루는 일이라고 예수는 믿었던 것입니다. 예수께서 병자들, 귀신들린 자들을 고치신 이유도 오로지 하나님 나라의 실현을 위한 것이었습니다. 더러운 귀신이 예수의 능력으로 인해 떠나감으로 몸과 마음이 정결케 된 새로운 삶이 바로 하나님 나라의 시작이었던 것이지요.

본문 말씀을 좀 더 읽어 나가면 우리는 오늘 말씀의 핵심 주제와 만나게 됩니다. 예수의 힘을 통해서 쫓겨나갔던 귀신이 여기저기서 새로운 거처를 찾다가 마땅히 거할 곳을 찾지 못한 채 옛날 자기가 머물렀던 그 사람의 마음을 기웃거렸다는 사실입니다. 다시 와 보니 옛 주인의 마음이 깨끗하게 비워져 있는데 어떤 것으로도 채워지지 않은 빈 그릇의 상태인 것을 발견했던 것이지요. 그래서 귀신은 자기 외에 일곱 친구 귀신을 데리고 와서 처음보다 더 강하게 그 사람 속에서 악한 역할을 하게 되었다고 했습니다. 본문 말씀에 대한 주석을 찾아보니 다음처럼 쓰여 있었습니다. "악한 영이 쫓겨나가면 그 집은 비워진다. 그러나 그 집을 그렇게 방치해 놓으면 안 된다. 빈집은 끝까지 책임 있게 관리하고 다스려야 마땅하다." 귀신의 세력으로부터 해방된 자기 자신에 대해서 스스로 참 주인이 되어야 할 것을 강조하고 있습니다. 해서 텅 빈 영혼의 위험, 곧 빈집의 우환으로 본문 말씀의 제목이 생각났던 것이지요.

그렇다면 본문 말씀이 우리의 삶에 어떤 의미를 주는 것일까요? 반복되는 일상생활 속에서 누가복음 11장의 말씀은 다음의 메시지로 들립니다. 언제부터인가 우리는 크리스천이라고 불렸으며, 예수 그리스도를 따르는 삶을 살고 싶어졌습니다. 그래서 우리는 이곳에 앉아 있고 이 시간을 성별하여 하나님께 바치고 있습니다. 사람마다 동기가 다르고 개인적 이유가 천차만별이긴 하겠으나 우리 모두를 하나로 묶어 주는 공통점이 있다면 그것은 예수와의 결정적인 만남의 순간이 있었고 그 사건을 통해서 자기 자신을 무(無, Nothingness)로, 깨어지기 쉬운 질그릇이라 고백했던 삶의 경험을 가지고 있다는 사실입니다. 세상에서 당당한 지위를 갖고 역할을 수행하는 사람이라 할지라도 하나님 앞에 티끌과도 같은 존재이며 바람에 날리는 겨요, 상한 갈대로서 자신을 낮춘 경험이 있었다는 것이지요. 하나님이 모든 것 중의 모든 것 되신다는 확신을 가져 본 사람들이 분명합니다. 그때에는 두려움보다 의욕과 용기가 넘쳤고, 거침없이 넘치는 사랑으로, 믿음으로 삶을 살려는 결의가 대단했었습니다. 이것을 이웃 종교인 불교에서는 초발심初發心이라고 말합니다.

그러나 어느덧 책임져야 할 가정이 생기고 좋든 싫든 생계를 꾸려가는 과정에서 직장이란 사회적 관계에 얽매이고, 남보다 물질적으로 풍요롭게 되는 것이 삶의 목표가 되면서, 요즘과 같은 불황의 시대엔 실직의 위험을 겪으면서 두렵고, 가치 있는 근본적인 것을 추구하기보다 현실적인 것에, 물질적인 것에 마음을 빼앗기며 살아가곤 합니다. 물론 이런 것을 불필요하거나 잘못되었다 말하려는 것은 아닙니다. 단지 근본적인 것을 비껴가며 처음에 붙잡았던 것을 놓아버린 채 곁가지 인생으로 살게 되는 안타까운 모습을 지적하려는 것이지요. 그럴수록 기계적으로 반복된 삶 속에서 우리는 윤기와 탄력을 잃어버린 푸석푸석한 쭉정이와 같은 존재가 되어버립니다. 많은 업적을 쌓았고 물질을 축적했으나 우리 마음은 여전히 공허합니다. 그래서 '우리는 텅 빈 인간, 그러나 가득 찬 인간, 즉 없어도 좋을 것으로는 가득 차 있으나 의당 있어야 할 것이 없는 인간'이란 어느 시인의 시 한 구절이 가슴에 와 닿습니다. 많은 것을 이루고 우리 스스로 '안정된 기반'을 얻었다고 생각했으나 영혼의 불꽃이 꺼져버린 메마른 삶, 바로 여기에서 우리는 텅 빈 영혼의 위험, 빈집의 우환을 느끼게 됩니다.

어떤 소설가가 있었습니다. 소설가란 글을 씀으로 자신의 삶을 이루어가는 존재입니다. 어느 순간부터인가 이 사람은 깊은 좌절에 휩싸이게 되었습니다. 글을 씀으로 자신의 삶을 성취하려고 애썼지만 글이 결코 자신의 삶이 될 수 없다는 한계에 부닥치게 된 것입니다. 이쯤 되면 글 쓰는 사람의 경우 살아도 사는 게 아닌 상태가 되어버리고 말지요. 그는 '나는 할 수 없다. 더 이상의 한 줄의 글도 쓸 수 없다. 거짓된 글을 써서는 안 된다'며 절규를 하고 있었습니다. 절망 중에 있던 이 소설가에게 한 친구가 찾아와서 한 산악인의 말을 들려주고 돌아갔습니다.

알프스 최고봉을 올랐으며 여섯 대륙의 높은 산들을 등정해 본 경험이 있는 메스너란 산악인이 있었습니다. 그는 곧잘 '나는 산 때문에 병들었다'라고 말하면서도 언제든 많은 산을 올랐답니다. 산에 오를 준비를 할 때마다 장비를 챙기면서 이 사람은 매번 울음을 터뜨리곤 했습니다. 정말 산에 오르는 것이 무서워서 운다고 하였지요. 너무 무섭고, 두려우면, 너무 많이 울게 되면 쌌던 장비와 짐을 다시 풀면서 '나는 할 수 없다'고 수십 번 되뇌기도 했습니다. 하지만 얼마 지나면 또 울면서 다시 짐을 챙기곤 했습니다. 그에게 산이란 두렵고 무섭지만 가야만 할 곳이었습니다. 하나의 산을 오를 때마다 이런 절망을 수없이 겪어야만 했습니다. 누군가가 그토록 무섭고 절망스러운 기분이 들면 그만두면 될 것 아니냐고 말하기도 하였지요. 그러나 그렇지 않았습니다. 무서움에 눈물을 흘림에도 불구하고 그는 떠났습니다. 다시 돌아오지 못할 것이라는 무서운 절망감에 울먹거리지만 막상 추락의 위기, 죽음의 사각지대에 홀로 서게 되면 오히려 삶의 전망이 새롭게 보이는 놀라운 경험이 있었기 때문이었습니다.

글을 쓸 수 없다고 절망하는 작가에게 친구는 이런 말을 덧붙이고 떠납니다. "누구에게나 무서워 울면서도 가야만 할 산이 있는 것이 아니겠는가? 메스나라는 산악인의 '산' 같은 것이 누구에게나 하나씩 있는 것이 아니겠는가?"

가야 할 길을 분명히 갖고 사는 사람, 본질, 근본으로부터 이탈하지 않고 두려워 떨면서도 가야 할 길을 가는 사람, 두렵지만, 그 두려움을 넘어서면 절망만이 아니라 삶에 대한 새로운 시각과 자유가 열린다는 것을 아는 사람, 바로 그것이 있음으로 해서 통곡을 하면서도 가야할 길을 가는 사람은 충만한 영혼의 소유자입니다. 결코 일곱 귀신이 들어올 수 있는 텅 빈 영혼, 빈집의 우환을 만드는 사람은 되지 않을 것입니다.

성서가 말하는 귀신들린 자란 무엇을 의미합니까? 자신이 가야 할 곳을 가지 못하고 이리저리 방황하는 사람을 일컫지 않습니까? 자기가 있어야 할 그곳, 자신이 발 딛고 살아야 할 그 자리를, 자신이 걸어가야 할 목표를 찾지 못하고 떠도는 우리네 인생을 말하는 것이 아닐는지요. 죄를 뜻하는 히브리 원어 '하마르티아'가 목표로부터 벗어나 있다는 의미라면 우리 모두가 죄인이라고 하는 것은 실상 귀신들린 자의 상태와 다름이 없어 보입니다. 현대인이라 자부하는 우리가 근본으로부터 벗어나 있는 귀신들린 자이며 죄인이라는 것이지요.

마땅히 가야 할 길, 예수와의 만남을 통해서 삶이 무엇인지를 알았던 우리가 어느덧 욕심, 욕망 때문에 가야 할 길, 붙잡아야 할 근본을 놓치고 이리저리 방황하고 헤맬 때, 그래서 예수를 알기 이전보다 삶이 더욱 혼란스럽게 느껴질 때 우리는 일곱 귀신의 실체를 내 안에서 다시 발견해야 옳습니다. 예수의 가르침과 현실 사이에서, 하나님의 한계 안에서 사는 삶과 그 영역 밖으로 나가려는 유혹의 와중에서 우리는 지금 더 큰 좌절과 갈등을 안고 살아가고 있습니다. 바로 그것이 일곱 귀신이 우리를 더욱 어지럽고 혼동되게 만들어 놓는 상황일 것입니다. 성서가 귀신 들린 자의 처소를 공동묘지라 말하고 있는 것은 삶의 터전인 마을, 곧 참다운 안식처에서 벗어난 인간 존재의 덧없음을 지적한다고 보입니다.

본문의 의미를 생각하면서 아주 오래전에 보았던 영화 'City of Joy'의 내용이 생각났습니다. 이 영화는 정형화된 의사의 길을 포기했던 한 미국인이 가난하지만 기쁨을 느끼며 사는 인도 민중들을 만나면서 진정한 의사가 되는 과정을 그리고 있습니다. 인도 여행 중 가난한 그러나 인간다운 인도 민중들과 맞닥뜨리게 되면서 관료주의, 물질주의에 찌든 미국 사회에 절망했던 의사는 삶에 대한 새로운 경험을 하게 됩니다. 그러나 이미 의사의 길을 포기했던 그로서는 그들 앞에, 병으로 고통받는 그들에게 의사로서 다시 서는 것이 쉬운 일이 아니었습니다. 그들의 삶이 좋아는 보였지만 자신이 몸담고 그들과 하나가 되기에는 너무나도 벅차고 괴로운 일이었기 때문입니다. 그들을 사랑하지만 그들에게서 벗어나려고 몸부림치는 이 젊은 의사에게 한 여성 사업가는 이런 말을 합니다. "삶에는 세 가지 길이 있습니다. 하나는 방관하는 길이고, 다른 하나는 그곳으로부터 도망치는 길이며, 마지막 하나는 맞부딪치는 방식입니다. 삶에는 이 세 가지 길밖에는 없습니다"라고. 회피하며 방관하는 자로서 인생을 살려 했으나 이 젊은 의사는 인도 민중의 고통과 삶을 몸으로 품으면서 오히려 자기 스스로 구원되어지는 경험을 영화는 감동스럽게 그려내고 있었습니다. 이미 말씀드렸듯이 예수와의 만남, 진리와의 만남의 경험이 있었던 우리는 가야 할 길을 지니고 있는 사람입니다. 그러나 그것이 점차 불분명해지고 있습니다. 방관하거나 그로부터 멀어져가고 있는 것입니다. 신앙을 말하긴 하지만 그것을 교리(Dogma, Belief)로서 받아들여 바리새인처럼 되며 신앙을 욕심을 채우는 수단으로 삼는 이들도 적지 않습니다. 이처럼 신앙의 실재Reality와의 만남이 점차 부재하고 있는 상황입니다. 그러나 분명한 것은 진리를 알고도 그것이 두려워 마땅히 가야될 그 산॥을 방관하거나 피하게 될 때, 가야 할 그 길 때문에 가지 않는 길을 남겨 놓은 우리가 남겨두었던 그 길에 다시 마음을 빼앗길 때 우리 삶은 더욱더 갈등과 혼돈으로 어지러워진다는 사실입니다. 성서가 말하는 일곱 귀신 들린 상태가 이를 두고 하는 말일 것입니다. 예수께서 말씀하십니다. "내가 너희를 자유하게 했으니 다시는 종의 멍에를 메지 말라"고. 그리고 "너희가 내 안에 거하면 진리를 알게 되나니, 진리가 너희를 자유하게 한다"고. 우리 모두 이 말씀을 붙잡고 텅 빈 영혼의 위험에서 벗어나길 바랍니다.

IV부

- 교회와 실천 -
체제 밖을 사유하라

교회를 다시 꿈꿔보자

갈라디아서 2:10, 요한1서 3:17, 마태복음 5:9

종교개혁일과 추수감사절을 지나 성탄을 기다리는 대강절로 접어들었습니다. 이 절기를 지나는 동안 우리는 어떤 개혁을 꿈꾸었으며 무엇을 감사했고 지금 우리가 간절히 염원하고 바라는 것이 무엇인지를 자문해 봅니다. 개혁은 물론 정말 절실한 희망조차 부재한 것이 오늘 우리의 모습입니다. 자신들의 부패와 타락으로 교회를 나눴던 지난 경험 탓에 교회부패에 대한 가톨릭의 치열한 자기 성찰에 견줄 때, 정작 사회의 문젯거리로 전락한 개신교의 현실 인식은 참으로 안일하고, 일천해 보입니다. 과거 종교개혁이 천 년을 지배했던 중세 가톨릭교회의 신학을 넘어서는 것이었다면 종교개혁 500년을 앞둔 오늘의 개혁은 기독교마저 집어삼킨 자본주의 체제와 맞서는 일이어야 할 것입니다. 이를 극복하려는 교회 밖 뜻있는 사람들의 움직임이 서서히 나비효과를 일으키는 중이나 아직도 다수 교회는 자본주의와 짝하며 번영 신학의 환상을 버리지 못하고 있는 듯합니다. 교회들의 존재 양태가 너무도 자본주의를 닮아 있다는 현실에 누구도 놀라지 않고 있는 것이 참으로 놀랍습니다. 하늘 뜻을 편다는 자신들의 존재 자체가 동이 서에서 멀 듯, 본질로부터 멀어진 그 참담한 간격을 애써 영적이란 말로 포장, 은둔시키면서 말입니다. 그럴수록 교종께서 이 땅을 방문하며 전한 것이 바로 '영적 세속성'에 대한 경계였음을 기억해야 할 일입니다.

지난 8월 세월호 아픔이 절정에 이르렀을 때 교종은 '복음의 기쁨'이란 화두를 갖고 이 땅을 밟았습니다. 너무도 단순한 말이고 당연한 것이었지만 그 말이 주는 감동이 결코 적지 않았습니다. 그 기쁨을 잊고 살았다는 자책감에 신앙적 괴로움도 일어났습니다. 하지만 교종 역시 복음이 기쁨이 되기 위해 두 가지 차원을 강조해야만 했습니다. 복음 앞에 '새로운'과 '지속적인'이란 형용사를 달아 놓았던 것입니다. 그는 복음이 전도나 선교의 차원과 동일시되는 것을 경계했고, 일회성 약발로 작용하는 것에 일침을 놓았습니다. 말씀드렸듯 하나님 영을 세속화시킨 번영, 성장 신학과는 복음이 너무도 이질적이란 것입니다. 오히려 그는 너무 당연한 것이라 잊고 있었던 복음의 본질을 성서에서 되찾아 그 본뜻을 깨닫게 했습니다. 복음은 우선적으로 가난한 자에게 기쁨이 되어야 한다는 것입니다. 작금의 세계화가 실상 무관심의 세계화인 한에서 복음이 의당 가난한 자를 위한 것이란 의미로 교종께서 '새로운 복음화'를 말했던 것입니다.

이처럼 가난이 새로운 복음화의 근거이자 토대가 될 수 있었던 성서적 근거로 우리는 갈라디아서 2장 10절의 말씀을 들 수 있습니다. 주지하듯 AD 49년 갈라디아에서 바울을 중심한 이방적 교회와 야고보가 이끄는 예루살렘교회가 상호 협상하여 각자의 존재를 공식적으로 인정하게 됩니다. 이방인 교우들에게 더 이상 할례나 율법을 강조하지 않겠다고 당시 권위를 지닌 예루살렘 공동체가 선포한 것입니다. 이후 교세가 역전되고 오히려 유대인 기독교 공동체가 이단(에비오니즘)으로 판명되어 아라비아 반도로까지 쫓겨났지만 당시로선 평화로운 협정이었습니다. 오늘 첫 본문은 본 협정 당시 바울이 한 말로서 깊은 뜻을 함축합니다. 예루살렘의 수장 야고보가 바울에게 협정을 통해 대 자유를 선포하면서 부탁한 것은 '가난한 사람을 기억해 달라는 것'이었습니다. 이에 대해 바울이 답합니다. '가난한 자를 돕는 일이 바로 지금껏 바울 자신이 마음을 다해 힘쓰던 일이었다'고 말입니다. 복음이 이방인, 유대인을 향해 각기 다른 정황에서 선포될지라도, 그렇기에 선포 방식에 차이가 있다 한들 공히 공통적인 것은 '가난한 자들에 대한 치유' 그 자체였던 것을 본문이 적시하고 있습니다. 이 본문을 인용하며 교종은 가난한 자를 잊지 않고 그들 편에 서는 것이 바로 '기독교 정통성'을 가늠하는 기준이라 하였습니다. 그렇다면 오늘의 교회, 번영과 성장의 상징인 다수 교회가 과연 정통인지 되물어야 하지 않겠습니까?

　　이처럼 가난은 사회, 정치적 주제 이전에 신학적 범주에 속하는 문제가 되었습니다. 기독교 정통성을 담보하는 핵심 사안이었던 까닭입니다. 따라서 우리는 두 번째 본문 앞에 서게 됩니다. 세상 재물을 갖고 있으면서도 형제의 궁핍함에 마음을 닫는다면 하나님의 사랑이 그 사람에게 머물 수 없다는 것입니다. 달리 말하면 하나님의 마음속엔 가난한 자들을 위한 특별한 자리가 마련되어 있다는 사실입니다. 그들을 편들기만 하는 것이 아니라 그들을 하나님 자신의 심중에 품고 있다는 것이지요. 예수께서 가난한 자의 모습으로 왔고 버림받은 자들의 친구로서 그들 '곁'에 있었던 것이 바로 하나님의 특별한 자리, 마음속 여백의 실상이 아닐까 싶습니다. 그렇기에 우리는 오히려 가난한 자로 인해, 그들 편에 섬으로써 우리 자신을 복음화시킬 수 있게 됩니다. 가난한 자가 수혜의 대상이 아닌 오히려 우리를 구원시키는 주체인 것을 오늘 본문이 강조합니다. 가난한 자들로 인해 오늘 우리가 구원된다는 말입니다. 그들에 대한 마음이 닫혀있다면 우리에게 하나님의 사랑이 거할 수 없는 까닭입니다. 인간의 얼굴을 한 하나님에 대한 봉사와 헌신, 바로 이것이 교회가 세상 마지막 때까지 존재해야 할 이유가 아니겠습니까?

이를 위해 우리는 자본주의가 부추긴 소비의 영성, 영적 세속성과의 지난한 싸움에 승리해야만 합니다. 가난한 자를 편드는 일은 우리 스스로를 가난케 하지 않고서는 이룰 수 없기 때문입니다. 그래서 교종은 '교회의 복음화 없이 세상의 복음화 없다'고 말한 것입니다. 교회 복음화에 가장 큰 걸림돌이 성직자로 판명된 것은 불행한 일입니다. 일찍이 고인이 된 김수환 추기경은 성직자들을 일컬어 쓰레기통에 비유한 바 있습니다. 거듭 비워내지 않으면 악취를 낼 수밖에 없는 존재, 바로 그들이 성직자의 자화상인 것입니다. 제 소리를 내지 못한 채 남의 말을 강단에서 쏟아 내거나, 자기 메시지를 삶으로 증명 못 하는 공허한 강론을 그치고, 설교가 성직자 자신이 바칠 최고의 봉헌이 될 것을 요청합니다. 따라서 오늘의 목자상은 자본주의 체제와 맞서 하나님의 정의를 이루고 체제의 종된 삶을 끊는 존재로서 표현되어야 옳을 것입니다. 교회가 이런 성직자를 육성하는 공간이 될 것을 기대해 봅니다.

이제 복음의 지속성을 언급할 차례가 되었습니다. 지금껏 우리는 일회적 부흥을 위해 복음을 사용했고 교회만을 위한 개념으로 이를 활용해왔습니다. 그러나 세상의 평화가 없다면 복음이 지닌 지속적 힘은 증명될 수 없습니다. 산상수훈에 기록된 대로 평화를 이루는 힘이 바로 복음의 지속성이라 하겠습니다. 지금껏 우리는 자기들 종교의 으뜸 됨을 주장하느라 상호 갈등과 대립을 일삼았습니다. 하지만 이제는 자신들 절대성의 요구보다 더불어 공존하는 지혜와 가치가 무엇보다 중요해졌습니다. 종교의 존재 이유도 바로 여기에 있을 것입니다. 이 점에서 이 땅의 교회는 아시아적 지혜를 십분 활용하는 것이 필요합니다. 일찍이 아시아의 한 신학자는 서구 기독교가 이 땅에서 존재하려면 먼저 아시아의 종교성과 민중성에 몸을 적셔야 한다는 명언을 남겼습니다. 예수의 공생애가 요단강 세례 이후 이뤄졌듯이 말입니다. 이 땅의 기독교는 세계화로 인해 문화적 뿌리가 급격히 손상된 것에 깊이 근심해야 옳습니다. 생명 종 다양성이 생태계를 지키듯 문화적 다양성이 세상을 풍요롭게 하는 탓입니다. 어느 하나의 문화가 독점하는 것은 하나님 보기에도 좋은 일이 아닐 것입니다. 그래서 기독교 신학은 오래전부터 어떤 하나의 문화가 그리스도의 신비를 온전히 담아낼 수 없다고 가르쳐온 것입니다. 일찍이 함석헌도 말했듯 저마다 이 땅에 '뜻'을 전하러 왔던 앞선 종교들과 더불어 기독교는 인류 미래를 위한 최대의 적, 무관심의 세계화, 생태적 파괴를 부추기는 자본주의 이념과의 싸움을 함께 감당할 필요가 있습니다. 인류의 공동선을 위해 향후 기독교는 감신대 학문 전통인 토착화 신학을 교회론과 접목시켜 발전시킬 책임이 있습니다.

    글을 접을 시점에 이르렀습니다. 종교개혁 500년을 앞두고 우리는 종교가 감당할 새로운 책무가 있음을 분명히 인식해야 합니다. 세상이 먼저 시대를 바꾸고자 하는 이때 우리 교회는 아직도 끓는 고미 가마솥이 있던 그 시절을 그리워하는 것 같습니다. 어림없는 일입니다. '복음의 기쁨'이란 말 말고는 모조리 바꾸어도 될 만큼 우리는 몰락 중입니다. 자본주의를 벗고자 하는 인류의 공동선에 기독교가 크게 일조하기를 기대합니다. 이것이 실정법이고 삶의 틀거리인 한 이 속에서 머물 수밖에 없으나 이것이 우리를 영원히 종노릇 하게 만드는 체제인 것을 잊지 맙시다. 어느덧 교회마저 이 틀 속에서 한 치도 벗어나지 못한 현실을 치열하게 고발해야 합니다. 오늘 우리에게 하나님의 은총이란 이 체제를 벗도록 하는 힘입니다. 실정법인 자본주의로 은총으로 다가오는 하나님의 정의를 억압하는 것이 용서받지 못할 죄인 것을 인지합시다. 이른 아침에 불려진 일꾼이나 황혼녘에 일하러 온 일꾼에게 일용할 품삯을 함께 준 하나님 나라 비유를 하찮게 여기지 맙시다. 지금 하나님 나라 이야기는 우리에게 체제를 거스르는 범법자(?)가 되기를 요구합니다. 세상 법인 자본주의 방식대로 존재할 것지 아니면 하나님의 은총으로서 정의의 나라에 거할 것인지, 바로 이것이 로마서 7장에 기록된 바울적 고뇌의 오늘의 실상입니다. 이제 창립되어 활동을 준비하는 〈평화연구소〉가 이런 고민을 해결하는 평화의 도구가 될 것을 축복합니다.

우리 시대의 자화상

다시 종교개혁을 묻다

예레미야 31:31-37, 누가복음 18:1-8, 디모데후서 4:1-5

누군가 사는 대로 생각하지 말고 생각하면서 살라고 충고한 바 있으나 우리 일상의 삶은 좀처럼 그리되지 않습니다. 하지만 이 권고를 따라 살지 못할 경우 어제와 오늘 그리고 내일이 조금도 달라지지 않을 것 같아 걱정입니다. 한 해를 시작한 지 엊그제 같은 데 벌써 10월, 서릿발이 치고 춥다고 몸을 웅크리며 햇볕 따스한 양지를 찾아 발길을 옮기는 때가 되었습니다. 더구나 10월의 끝자락에 있는 종교개혁일과 다시 맞닥트려야 한다는 부담감 역시 신학을 가르치는 자로서 적지 않습니다. 하여 세상보다 더 추한 꼴을 보이는 교회의 총체적 난맥상을 보면서 도둑같이 임한 10월의 마지막을 피하고만 싶습니다. 진보 신학자들의 로망이었던 WCC가 이 땅에서 열렸건만 그가 남긴 희망적 메시지보다 후유증에 대한 걱정이 더욱 큰 것도 이 절기를 사는 우리를 쓸쓸하게 합니다. 그렇지만 교회력에 따라 오늘 주신 말씀에 근거하여 희망을 전하고 말하는 것이 설교자의 소임이겠지요. 한국교회의 슬픈 자화상 속에 희망의 단초를 찾아내라는 것을 하늘의 명령이라 생각할 것입니다.

　오늘 함께 읽은 신약성서 두 곳의 말씀부터 생각해 보겠습니다. '과부와 재판관'의 비유라는 소제목이 붙어있는 누가복음 18장의 말씀에서 우리는 예나 지금이나 자신의 권리를 잃고, 소리를 빼앗겼으며, 존재감을 상실한 많은 사람들의 현존을 읽을 수 있습니다. 오늘을 사는 우리는 비유를 대개 옛이야기나 우화처럼 가볍게 듣고 넘기곤 하나 성서학자들의 경우 비유야말로 역사적 존재였던 예수의 삶의 흔적을 가장 많이 담아낸 본문이라 합니다. 달리 말하자면 비유 속에서 우리는 교리(제도)화되기 이전의 예수 상(像)과 그의 본뜻(眞意)을 옳게 파악할 수 있다는 것이지요. 오늘 본문은 당대에도 살아야 할 권리를 빼앗긴 사람들이 적지 않았음을 보여줍니다. 말씀에 의하면 아무리 악하고 게으른 재판관, 심지어 그가 하나님을 믿지도 두려워하지 않는 자라도 억울한 과부가 끈질기게 자신의 권리를 찾고자 울부짖고 졸라댄다면 귀찮아서라도 권리를 찾아 주지 않겠는가라고 반문합니다. 그리고는 누구라도 하나님에게 자신의 잃은 소리를 찾고자 소리친다면 그 역시 권리를 되찾게 하실 것이라 말씀했습니다. 저는 여기서 언급된 과부라는 존재를 깊게 생각해 보고자 합니다. 남편을 잃었기에 상대적으로 자기 권리를 박탈당한 사람이었겠지요. 살길도 막막하고 미래를 보장받을 수 없는 존재였을 것입니다. 받아도 되갚을 힘이 결핍된 사람, 일하고 싶어도 일자리를 보장받을 수 없는 존재라 생각할 수 있습니다. 살면서 누구라도 이런 존재가 되고픈 사람은 없을 것입니다. 하지만 우리네 인생살이에서 이런 예외적 사건이 거듭 발생한다는 것이 진실이고 사실입니다. 따라서 일상적 틀, 통용되는 담론 밖의 운명과 마주할 이들의 통칭이 '과부'일 것이고, 때론 그것이 이웃 종교인들, 동성애자가 될 것이며, 해직자의 모습을 띨 수도 있을 것입니다. 문제는 우리가 기존 규칙과 담론, 일상적 범례를 강조하는 보수주의자가 될 것인지, 아니면 이렇듯 거듭 새롭게 발생하는 예외적 사건들에 마음을 열 것인가 하는 문제입니다. 물론 성서는 예외를 사유하고 그것을 존중할 것을 우리에게 요구하지요. 심지어 하나님을 믿지 않는 사람일지라도 그리할 것이라 말합니다. 하지만 우리 교회는 지금 '예외'를 멀리하고 소수자들을 배격하며 그들 권리에 귀 막고 있습니다. 아무리 그들이 단식으로 소리를 쳐도, 수십 명이 목숨을 버려도 현장을 찾는 발길은 없었습니다. 어느덧 자신이 기득권자가 되어 예외자들의 주장에 귀 막고 '예외적 사건' 자체를 발생시키지 않고자 혈안이 되어 있는 것이지요. 하나님을 모르는 재판관도 허락하는 일을, 우리 사회의 통념이 인정하는 바를 하나님의 이름으로 거부하는 것은 끊임없이 약자의 편에 섰던 예수를 배척하는 것이자 하나님 나라의 비전을 폐기처분하는 일이라 하겠습니다. 보혜사 성령께서 탄식하는 자를 대신하여 탄식하신다는 것이 성서의 증언이건만 그를 거부한 채 자기소리만 내는 것은 성령을 모독, 훼방하는 일이기도 하겠지요. 이들의 탄식 소리를 듣는 것이 우리 시대의 성령체험인 것을 분명히 선포할 일입니다.

두 번째 본문 디모데후서에 우리 시대의 교회 상이 잘 언급되어 있습니다. 주지하듯 디모데전·후서는 바울서신으로서의 진정성이 의심될 만큼 제도화된 후대의 교회 상을 적시하고 있습니다. '사랑 장'으로 알려진 고린도전서 13장이 교회의 분열상을 치유하려는 목적에서 쓰여졌듯이 디모데후서 역시 사람들의 감언이설의 공간, 사교장으로 변질된 교회를 향한 염려와 질타를 담고 있습니다. 본래 교회가 '에클레시아' 곧 '내보내짐을 받은 자들'이란 뜻이건만, 자기들 귀를 즐겁게 하고자 그것이 유일한 기준이 되어 자신들을 위한 설교자를 청하는 것이 당시 교회의 일상이었던 것 같습니다. 하여 디모데는 진리가 선포될 수 없는 현실을 고발하며 이를 바로 잡는 것이 전도자의 일이라 천명했습니다. 바로 이 일이 바울이 말한 '선한 싸움'이었고 진리 선포를 통해서 자신의 믿음이 지켜질 수 있었다고 이어진 구절(7절)에서 고백한 것입니다. 이 일을 바로 잡는 것이 힘들고 고통스러운 일이었기에 본 서신은 우리에게 고난을 참고 그 임무를 완수하라고 권면합니다. 본문에서 보듯 전도자의 직무는 복음서가 말하는 '예외자'의 절규를 듣고 그들의 권리를 찾는 데 있지 않고, 아니 그 일은 생각조차 할 수 없는 일이 되었고, 오로지 교회를 바로 잡는 데 있게 되었습니다. 실상 교회가 바로 서지 않을 경우 내몰린 (예외)자들―당시로서는 죄인들―의 천국, 하나님 나라의 비전은 꿈꿀 수도 없는 일일 것입니다. 이 점에서 가톨릭교회를 새롭게 했던 1963년 제2차 바티칸공의회 50주년을 기념하며 한국 천주교회는 다음처럼 그 의미를 새겼답니다. '교회가 먼저 복음화되지 못한다면 세상의 복음화는 생각할 수 없는 일이다'라고. 이미 신·구교의 위치가 바뀌었다는 사회적 평가가 있은 지 오래되었지만, 이런 가톨릭의 자기 성찰에 견줄 때 대다수 개신교는 아직도 '목사의 크기는 교회의 크기'에 있음을 뽐내며 세상과 불통하는 것 같습니다. 당시 교회처럼 이들은 건전한 교훈을 들으려 하지 않습니다. 신학으로 하여금 자신들을 위한 애완견 되기를 바랄 뿐 자신을 견제하는 감시견의 역할을 허용치 않으려 하는 것이지요. 요람에서 무덤까지를 책임진다는 거대한 교회 조직의 탄생, 그런 교회에 출석해야 구원받는 줄 아는 교인들이 느끼는 것은 이제 한국교회가 그 운을 다했다는 징조일 뿐입니다. 이미 한 세기 전 대중의 친교 장으로 변질된 덴마크 교회를 질타했던 키에르케고르, 나찌 정권에 동조했던 독일 루터교회에 항거한 본회퍼와 같은 인물이 다시금 우리 한국교회에 나타나야 합니다. 그리스도의 제자를 만들지 못한 교회를 향해 예수를 한갓 신화나 이념으로 전락시킨 것이라 했던 본회퍼의 서릿발 같은 호령이 정말 그리워지는 때입니다. 디모데후서가 말하듯 이제는 잘못된 교회와 싸우는 일이 전도자의 직분이자 사명이고, 선한 싸움인 것을 종교개혁 절기에 생각할 수 있기를 바랍니다.

이제 구약성서의 말씀으로 되돌아가 보겠습니다. 본문을 보는 순간 '새 언약'이란 소제목이 불현듯 눈에 들어왔습니다. 하나님께서 당신이 택한 이스라엘 민족과 옛 계약을 폐하고 새로운 언약을 주시겠다는 것이지요. 굶주리며 종처럼 살았던 그들을 출애굽 시키는 과정에서 여호와 하나님을 잊지 말라고 돌 판에 새긴 십계명을 주었건만 위기를 모면한 이들이 그것을 헌신짝 버리듯 버렸던 까닭입니다. 예나 지금이나 하나님은 언제나 당면한 위기 모면(면피)용일 때가 많은 듯합니다. 하지만 이제 하나님은 돌 판이 아니라 우리 마음에 당신의 계명을 새겨 영원히 잊지 못하도록 하겠다고 하셨습니다. 그로써 우리와 하나님은 둘이 아닌(不二) 존재가 된 것입니다. 예수께서 가르치신 '임마누엘'이란 말도 바로 이와 같은 뜻이겠지요. 저는 여기서 중요한 가르침 하나를 얻습니다. 그것은 시대정신 및 인간의 성패 여부에 따라 하나님 계약이 달라질 수 있고, 달라져야 한다는 것입니다. 즉 신神은 언제나 새로운 방식으로 인

간과 관계하신다는 사실이지요. 얼음덩어리와 같은 고체(교리)적 존재가
아니라 언제든 물처럼 유연한 과정적 존재라는 말입니다. 율법에 청종
하는 자에게 복 내리는 신명기의 하나님이 있었던가 하면, 죄 없는 자의
고통을 지켜보는 욥기의 하나님도 있었습니다. 자연을 하나님의 합목적
인 유기체로 본 중세기 가톨릭 신학이 있었던 반면, 능동성, 유기체성을
부정하며 오로지 은총과 믿음을 강조한 개신교의 하나님도 존재했던 것
이지요. 지금 우리 개신교는 500년 역사 앞에 서 있습니다. 향후 몇 년이
지나는 2017년에는 종교개혁 500년이 될 것입니다. 주변에서는 500년
의 역사가 지났다면 과거 불교, 유교가 그랬듯 개신교의 명(命)이 다했다
생각하는 이들도 생겼습니다. 역사에서 지워지지 않으려면 적어도 뿌리
부터 달라져야 할 것을 요구하는 사람들도 다수입니다. 하지만 지금 개
신교는 종교개혁이 일어나던 당시의 가톨릭만 생각하고 그곳에 구원이
있느니 없느니 하며 허세만 떨고 있지요. 당시 프로테스탄트의 도전에
직면한 가톨릭의 대응 종교개혁이 얼마나 철저했고, 달라졌는가를 알고
자 하는 목회자들이 거의 없습니다. 루터의 종교개혁으로 인해 실상 가
톨릭교회 역시도 되살아 난 것을 알아야 합니다. 이런 이유로 디모데후
서의 말씀처럼 고난을 무릅쓰고 교회 개혁을 위한 선한 싸움을 시작하
는 전도자, 목회자 그리고 교회들이 반드시 필요합니다. 말하지 않으나
누구라도 느끼듯이 두 번째 종교개혁을 위한 카이로스적 시점이 온 까
닭입니다. 지금 신학계 안에서는 종교개혁의 원리였던 세 개의 '오직sola'
교리가 당시 가톨릭의 면죄부보다 더 타락했다는 반성이 일고 있습니
다. 믿음을 신조, 교리화 했고 은총을 거짓된 낙관론으로 변질시킨 탓입
니다. 본회퍼의 말처럼 그것이 지금 예수를 신화나 이념으로 전락시켜
버린 것입니다. 그렇기에 키에르케고르도 역시 "루터가 우리 시대 살았

다면 그렇듯 '오직'이란 말을 삼갔을 것"이라 했지요. 마찬가지로 역사적 예수 연구가들 중에서도 종교개혁 신학이 예수는 물론 바울서신—특별히 로마서—에 대한 왜곡에서 비롯했다는 비판을 서슴지 않고 있습니다. 극단적인 예이겠으나 실제로 있었던 경우를 말씀드려 보지요. 한 신도시에서 상당히 큰 규모의 교회를 담임하는 목회자가 동료 목사들 앞에서 어느 수련회 마지막 날 설교를 하고 있었습니다. 그는 확신에 찬 어조로 동료들에게 이렇게 말했답니다. "… 평신도들에게 윤리적으로 살라는 말을 하지 마십시오. 그러면 그들은 절대로 교회에 헌금을 갖고 오질 않아요. 그냥 마음대로 죄짓고 살라고 놓아두세요. 그래야 뭉칫돈 갖고 교회에 헌금합니다. 그래야 교회가 부흥되지요…." 이처럼 죄가 있는 곳에 은혜가 넘친다는 바울의 말을 왜곡했고, 그리스도의 대속을 천박하게 하면서까지 크게 만들고자 하는 교회, 그것이 도대체 무엇이란 말입니까? 교인들의 피와 땀인 헌금을 곧바로 은행이자로 지불하면서, 권력을 동원하고 법을 어기면서까지 세울 교회란 도대체 무엇입니까? 그것은 무너져야 할 성전일 뿐이지요. 예레미야의 말씀처럼 버려질 '돌 판'에 세워진 계명과 결코 다르지 않을 것입니다. 한국교회가 바울을 이처럼 천박하게 이해하고 있는 와중에 지난 달 두 명의 철학자들이 한국을 다녀갔습니다. 바디유와 지젝, 이들은 모두 자신의 철학을 신학에 바탕하였고 특히 사도바울에 주목했던 공통점을 갖고 있는 우리시대 최고의 사상가들이라 하겠습니다. 그들은 이 땅의 젊은이들에게 힘들어도 새로운 질서를 상상하고 창조할 것을 주문하였습니다. 이를 위해 필요한 것이 체제를 벗어난 '불온한' 사유라 하였습니다. 체제 안에서는 결코 희망이 없다는 말입니다. 그리곤 이런 사상의 원조가 예수였고 바울이었음을 결코 숨기지 않았습니다. 죄인들을 양산하는 성전(율법) 지배 체제 하에서 예수는 앞서 보았듯 예외, 소수자의 권리가 지켜지는 하나님 나라를 선포했고 바울의 다메섹 체험의 본질 역시 지금껏 자신을 지탱했던 유대적 특권주의, 헬라적 보편주의와의 결별이었으며 이들 담론 속에 없었던 새로운 길, 비천한 자들과 하나 된 삶을 사는 데 있었기 때문입니다. 과거 하나님이 당신의 민족에게 새 언약을 주셨듯이 오늘의 기독교인에게 두 번째 종교개혁을 위해 새로운 복음(신학)을 주실 것입니다. 이제 기독교는 나/너를 편 가르고 영/육을 분리하는 편협한 속죄론, 자본주의 체제에 길들여진 맹목적 낙관주의로서의 은총론 그리고 제자가 아닌 신도를 양산하는 믿음의 율법화를 과감히 벗어나야 마땅한 일입니다. 대신 크게는 유대인과 이방인 그리고 유대인과 기독교인, 좁게는 이방인 크리스천과 유대인 크리스천들을 하나로 묶어내고자 했던 바울의 화해론에 입각하여 교회의 역할과 기능을 다시 생각해야 될 때입니다. 그것이 종교든지, 이념이든, 성별이든, 무엇이든지 간에 막힌 담을 허무는 것은 지난한 과정이겠으나 불고 싶은 대로 부는 성령의 일이자, 화해자로 오신 그리스도의 역할인 것을 명심할 일입니다. 일찍이 함석헌이 말했고, 한국교회가 관심해온 남북 분단의 극복, 통일 역시 기독교가 우리 민족에게 갚아야 할 빚으로 남아 있습니다. 3·1 독립운동 당시 천도교의 지원이 없었더라면 민족대표 33인 중 절반을 낼 수 없을 만큼 기독교는 어리고 약한 종교였던 까닭이지요. 이를 위해 우리 기독교인들은 '그리스도의 남은 고난'에 참여할 존재일 뿐이며, 아직도 이르지 못한 푯대를 향해 달려갈 사람들—이를 일컬어 참여적 속죄론—이라 할 것입니다.

종교개혁은
계속되어야 한다

로마서 3:21-22

위의 제목은 필자 개인의 말이
아닙니다. 1517년 마틴 루터의 종교개혁이 있었던 직후부터 지속적으
로 서구 기독교 내에서 회자된 표제어였습니다. 정확히 2년 앞으로 다가
온 종교개혁 500년 역사 속에 이르기까지 수많은 사조, 부지기수의 신
학자들이 루터를 넘고자 했고, 그의 신학을 수정코자 한 것이지요. 17세
기 말 독일에서 일어난 경건주의 운동이 칭의稱義가 아닌 중생重生을 강조
하면서 그랬고, 20세기 덴마크 국가 교회를 비판했던 키에르케고르 역
시 비판의 주역이었으며, 올해로 서거 70년을 맞는 신학자 본회퍼가 루
터교에 속했으면서도 루터를 넘고자 했던 것입니다. 특히 본회퍼는 개
신교에서 한 치의 오차도 불허한다는 '오직 믿음Sola fide'을 비판하면서 루
터가 이 시대에 다시 올 경우 자신의 이 말을 거둬들였을 것이란 말을 남

겼습니다. '오직 믿음'이란 교리가 한국교회에서 너무도 오용된 탓에 본 회퍼의 말은 깊게 숙고할 가치가 있습니다.

　모든 신학적 질문과 대답은 구체적인 시·공간 속에서 행해집니다. 무 시간적으로 타당한 교리는 없습니다. 하여, 예수가 대답임을 고백하는 사람들일수록 시공간 속에서 발생하는 우리들의 물음에 관심해야 옳습 니다. 의로운 자 욥의 고통에 대해 당시의 신학, 곧 신명기사관은 아무런 대답을 줄 수 없었습니다. 축복받아야 할 어린 생명, 무고한 자가 죽거 나 고통 속에 있는 현실에 대해 오늘의 신학과 교회는 충분한 답을 주고 있는지 물을 일입니다. 우리에겐 돌덩이 같은 교리가 아니라 진정 생명 의 떡이 필요한 것이지요. 신채호나 함석헌의 말을 빌리지 않더라도 우 리에겐 남의 것을 숭상하며 자신의 것을 하찮게 여기는 못된 습관이 남 아 있습니다. 큰 나라에 기대며 살아왔고 나라 잃은 백성이 되어 숙명론 에 젖은 결과, 서구 사조와 생각을 조선의 그것으로 만들지 못하고 이 땅 조선을 쉽게 그들의 것으로 만들었던 탓입니다. 하지만 무엇이든지 절 대적 교리가 되면 우리는 그의 노예가 될 뿐 자유를 잃게 됩니다. 생각하 는 힘을 잃는 까닭이지요. 성서의 예수께서 우리에게 준 가장 큰 선물이 자유였습니다. '내가 너희를 자유케 했으니 다시는 종의 노예가 되지 말 라'(갈 5:1)는 말씀이 바로 그것입니다. 종교개혁의 원리가 담긴 루터의 3 대 논문 중 하나가 "교회의 바벨론 포로로부터의 해방"이었음을 기억할 일입니다. '기독자의 자유'라는 그의 논문 역시 같은 뜻을 품고 이후 유럽 의 역사를 바꿀 수 있었습니다. 근대의 여명을 밝혀 준 것입니다.
　이 땅의 역사를 보면 아무리 융성했던 종교라 해도 자신들 500년 역 사를 옳게 유지시키기가 버거웠습니다. 재再발견 되고 있긴 하나 불교와 유교의 역사가 그를 보여줍니다. 하지만 이 땅에 유입된 개신교 130년 역사는 생각보다 빠르게 초심을 잃고 있습니다. 개혁을 통해 생겨난 개신교가 개혁의 대상이 된 것은 어제오늘의 일이 아니고 심지어 교회가 죽어야 기독교가 산다는 말이 세간에 떠돌고 있습니다. 이 땅을 찾았던 교종이 "복음의 기쁨"이란 책자를 통해 한 말이 기억납니다. '교회 내 복음화 없이는 세상의 복음화 없다'는 말입니다. 교회가 교회답지 못한 탓에 세상이 복음의 기쁨에 냉담하게 되었다는 것인데 일차적으로 성직자들 그리고 신도들 모두의 책임입니다. 예수의 제자가 되지 못하고 교인과 신자로 남아있는 한 제도로서의 교회는 외딴 섬일 뿐 세상과 소통될 수 없습니다. 세상의 복음화 역시 요원할 수밖에 없을 것입니다. 왜 우리는 예수의 제자를 키워내지 못하고 교인, 신도만 양산하고 있는 것일까요? 삶이 부재한 믿음에 대해 심각하게 고민할 때가 되었습니다. 예수와의 동시성을 만들 수 없는 교회는 기독교를 영지주의(가현설)로 만드는 것이라 일갈한 본회퍼의 고언苦言을 다시 기억할 일입니다.

들리는 바로는 중세의 면죄부보다 개신교의 3대 원리인 '오직 믿음', '오직 은총' 그리고 '오직 성서'가 더 타락했다는 감당키 어려운 비판이 신학계에서 일고 있습니다. 하여, 종교 개혁 3대 원리에 대한 뼈아픈 메타비판이 그 역사 500년을 앞두고 시작되어야 한다는 당위성이 제기됩니다. 도대체 예수의 눈(觀)으로 세상을 보며 살아간다는 것이 무엇을 말하는 것일까요? 예수 살기 없는 예수 신앙은 그토록 다른 것들과 구별되기를 좋아하며, 계시 종교임을 자랑했던 기독교를 한갓 '종교 이념'으로 전락시킬 수 있습니다. 한때 자본주의를 잉태한 기독교가 자랑거리였으나 이제는 기독교의 존재 양식 자체가 자본주의화 되어 세상과의 변별력을 잃고 스스로의 향방을 잃었으니 걱정이 큽니다. 그 구체적 현상이 '슬퍼하는 자들과 울라'는 말씀에 대한 냉담이며, 수천억을 들인 교회 건축일 것이고, 망발을 일삼는 교회 권력자들일 것이며, 급기야 교회의 크기가 목사의 크기를 좌우하는 현실일 것입니다. 히틀러 당시 아우슈비츠 사건을 통해 수많은 유대인이 학살당했으나 정작 죽은 것은 그들 죽음에 동조한 기독교였듯이, 세월호 참사로 드러난 개신교의 실상은 기독교의 민낯을 맘껏 세상에 드러내고 말았습니다. 이런 상황에서도 개신교 교단 내 장로교 어느 한 종파는 기독교를 행위 없이도 '오직 믿음'만으로 구원받을 수 있는 종교'라 천명했으니 교회를 향한 세상의 우려가 하늘을 찌르고 있습니다.

오늘 성서의 말씀은 하나님의 의義가 새롭게 나타났다 하였습니다. 그것은 이전의 율법과는 전혀 다른 것이지요. 여기서 율법은 당대를 지배하던 로마법도 포함됩니다. 하나님의 의義는 차별을 만든 이전의 법法과 달리 모두에게 평등함을 역설했습니다. 종교개혁자들은 이 새로운 법, 하나님의 의에 근거해 중세를 근대로 바꿔낼 수 있었습니다. 종교개혁이 새로운 세상, 서구 근대를 열었다는 말입니다. 하지만 오늘 교회는 종교개혁의 신앙원리를 다시 타락시켰습니다. 오늘 설교에서는 종교개혁 3대 원리가 어떻게 새롭게 이해되어야 할 것인지를 말할 것입니다. 종교개혁 500년을 우리 시대에 부끄럽지 않게 맞으려면 좀 더 신학적 사유가 필요한 까닭입니다. 우선적으로 '오직 믿음'은 중세 천 년을 이끈 가톨릭교회를 비판하는 원리로서 훌륭했습니다. 업적/보상 원리에 근간한 중세 가톨릭교회라는 역사적 현상에 대한 당대의 신학적 해결이었기 때문입니다. 하지만 '오직 믿음'은 중세를 넘어 로마서가 쓰여진 역사적 현실에서 다시 읽혀야 옳습니다. 한마디로 종교개혁자들의 시각으로부터 로마서를 자유롭게 할 필요가 있다는 말입니다. 이럴 경우 로마서는 '행위 없는 믿음'을 가르치고, 말한 적이 없습니다. 믿음만 갖고 구원받는다고 말하지 않았습니다. 오히려 '믿음 없는 행위'를 걱정하고 염려했던 책이 바로 로마서입니다. 그리스도 안의 존재(Sein in Christo)라는 새 위상位相을 얻었음에도 여전히 당시를 지배하던 로마식 가치관에 젖어 사는 것을 문제시했습니다. 오늘 우리가 기독교인으로 부름 받았음에도 여전히 세상적 가치에 따라 삶을 살고 있다면 그것이 바로 바울이 염려했던 '행위 없는 믿음'의 실상입니다. 실제로 바울의 가르침을 받아 기독교인이 된 사람들은 스스로 노예를 풀어주었고, 여성에 대한 남성의 가부장적 폭력을 포기하는 방식으로 로마 체제와의 결별을 선언했습니다. 문제는 오늘 우리가 그리할 수 있는가 하는 것입니다. 그것이 새롭게 나타난 하나님 의義를 믿는 자의 삶의 양식인 탓입니다. 그렇게 오늘 우리가 염려할 것은 '오직 믿음'이 아니라 '믿음 없는 행위'라 할 것입니다.

'오직 은총' 역시 동일합니다. 그간 우리는 은총의 낙관주의를 말하며 하나님의 전지전능함의 교리를 신봉해왔습니다. 인간의 자유의지를 강조하는 감리교를 교조적 장로교에서 문제시했던 역사가 있을 정도였지요. 물론 은총에도 그리스도의 구원을 강조하는 적색 은총이 있고, 자연이 주는 녹색 은총이 있건만, 지금껏 교회는 적색 은총의 차원에서 인간과 하나님 간의 절대적 차이만을 강조해왔습니다. 이는 희랍 철학의 절대적 영향으로서 은총이 항시 인간의 이성이나 자유와 대비되었던 탓입니다. 어거스틴 이후로 은총은 절대화되었고, 개신교의 경우 '신앙 유비Analogia fidei'란 말로 정식화되었습니다. 하지만 20세기 들어 아우슈비츠 경험과 JPIC 대회를 통해 은총은 탈脫 희랍화된 유대(주의)적 사유의 틀에서 달리 이해되기 시작했습니다. 은총을 '하나님 정의正義'의 차원에서 바라본 것입니다. 한마디로 하나님의 정의가 '은총'이란 말입니다. 주지하듯 세상은 법을 통해 정의를 세우려 하지만 법 자체가 부정의, 탈[脫]법화를 묵인하고 용인하는 경우가 다반사입니다. 세간에서 유전무죄, 무전유죄라는 말이 나도는 것도 이런 현실의 반영인 것이지요. 돈으로 법을 사서 불법을 정당화하는 구조 속에서 법은 결코 정의를 보장할 수 없으며, 이것이 우리 일상의 경험이 되어버렸습니다. 그렇기에 바울은 유대법뿐 아니라 로마법 자체를 부정하였습니다. 그에 따라 사는 것을 육체에 따른 삶이라 불렀습니다. 시리아 사태로 난민이 세상의 주 관심사가 되고 있습니다. 이웃 나라에서 온 난민에 대한 환대, 이것은 법적으로 위법한 것이겠으나 하나님 정의의 실현일 수 있습니다. 비정규직 노동자들의 눈물이 봇물을 이루고 있으며 일자리 자체를 얻지 못한 젊은이들이 결혼도 가정도 포기한 상태로 살고 있는 현실입니다. 자본주의 체제하의 경제 원리를 갖고서는 이런 문제를 해결할 수 없습니다. 더 큰 이득을 추구하려는 돈의 속성 때문이겠지요. 하지만 성서는 하늘나라 비유를 통해 언제 부름을 받든지 동일한 품삯을 주라 했고, 되갚을 능력이 없는 이들을 불러 잔치를 베풀라 하였습니다. 자본주의가 금과옥조로 여기는 경제적 인과관계를 끊고 항시 그 '이상의 것'(More)을 행하라 한 것입니다. 바로 이런 행위가 하나님의 은총에 상응합니다. 하나님의 정의는 이렇듯 법을 넘고 경제를 넘어서 있습니다. 이런 정의는 이 땅에서 아직 실현되지 못했습니다. 실상 이런 삶(정의)은 현실에서 불가능할 수 있겠습니다. 하지만 성서는 그것을 하나님 은총이라 역설합니다. 그래서 옛적 성인은 이렇게 물었지요. '하나님을 사랑하는 자, 너는 정말 무엇을 사랑하는가?'라고. 우리 삶 속에서 불가능한 것(하나님 정의)을 행하는 것, 바로 그것이 은총입니다.

마지막으로 '오직 성서'를 말할 차례입니다. 성서가 하나님의 말씀이 자 계시인 것을 부정하는 기독교인은 아무도 없습니다. 하지만 루터가 앞서 말했듯 성서 속에 하나님 말씀이 있는 것이지 문자 그 자체가 그분 계시라 말할 수 없습니다. 하지만 한국교회는 성서 속 문자에 사로잡혀 성서를 교리로 만들어 버렸습니다. 성서 수호를 넘어 교리 수호까지 외 치고 있으니 변화하는 세상과의 공감과 교감을 점점 더 어렵게 합니다. 성서 66권 안에 하나님의 계시가 완결되어 있다고 믿는 것도 그분을 과 거 속에 한정시키는 일일 것입니다. 만물 위에 계시나 만물 안에 존재하 고 만물을 통해 일하는 그분이 지금도 계시적 사건을 지속적으로 행한 다는 것이 더 큰 믿음일 수 있지 않겠습니까? 따라서 '오직 성서'는 다음 의 세 눈(觀)을 통해 설명되어야 옳습니다. 믿음의 눈, 의심의 눈 그리고 자기발견의 눈이 그것입니다. 성서는 우리에게 우선 믿음의 책입니다. 그렇기에 내가 성서를 읽지만 성서가 오히려 내 삶을 읽는다고 고백할 수 있습니다. 그만큼 성서는 우리에게 하나님을 계시하는 경전인 것이 분명하지요. 하지만 동시에 긴 세월에 걸쳐 쓰여진 성서는 의심의 눈을 거쳐야 '이념'이 아닌 '말씀'으로 우리와 만날 수 있습니다. 수많은 성서비 평의 작업이 필요한 이유도 여기에 있습니다. 성직자에 의한 믿음이 아 니라 신앙의인(信仰義認)인것을 믿고자 한다면 이 역시 감당할 일입니다. 진 정 성도들에게 돌이 아니라 떡을 주려 한다면 의심을 품게 해야 마땅합 니다. 그래서 더 큰 하나님을 만나게 도와야 합니다. 마지막으로 자기 발 견의 눈 역시 긴요합니다. 의심의 눈이 성서 안에서 하나님 말씀을 옳게 발견하려는 노력이라면, 자기 발견의 눈은 교회 울타리 밖에서 하나님 을 찾는 일입니다. 우주에 대한 과학의 발견을 통해 우리는 성서가 담을 수 없었던 새로운 하나님 역사(役事)를 읽을 수 있습니다. 얼마 전 교종은 남미 방문 시 엄청난 말을 남겼습니다. 이웃 종교의 경전 역시 그리스도교의 경전이 될 수 있다 한 것입니다. 보는 관점에 따라 달리 읽히겠으나 필자에겐 확신과 자신 넘치는 발언이라 여겨졌습니다. 절대絶對란 타자를 부정하는 방식으로 존립하지 않습니다. 타자를 품을 수 있는 너른 품속에서만 가능한 언어일 것입니다.

여하튼 종교개혁 500년 역사를 어찌 넘어설 것인가? 이 주제를 붙잡고 치열하게 고민할 시점이 되었습니다. 우리 교회에서도 이번 기회를 통해 개신교 신앙 3대 원리를 갖고 자신뿐 아니라 교회 자체를 다시 복음화시킬 수 있기를 소망합니다.

누가 내게 손을 댔는가?

한계 안에서, 한계로부터

마가복음 5:24-34

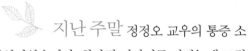지난 주말 정정오 교우의 통증 소
식을 전해 듣고서 좌불안석이었습니다. 희망적 이야기를 바랐는데 그렇
지 못하니 당사자나 교우들 모두 안타까운 것은 마찬가지였겠지요. 교
우들 모두 찾아가 마음 전하며 기도했으니 그 힘으로 어려운 순간이 지
나가리라 생각합니다. 이런 마음으로 설교를 위해 성서를 살폈으나 눈
에 들어오는 본문은 예수께서 환우들을 고치시는 이야기들뿐이었습니
다. 예수의 몸에 손을 살며시 댐으로써 혈우병을 고침 받은 여인의 이야
기처럼 그런 사건이 재현되기를 소망하면서 본문을 수차례 읽었습니다.
그러나 성서가 말한 기적이 문자 그대로 반복될 것을 믿기에는 우리의
이성이 너무 발달했지요. 하나님을 믿으나 그 믿음을 사건화시킬 수 없
는 무력감이 지금 그를 지켜보는 우리의 심정일 것입니다. 하지만 이런

한계 안에서, 그 한계로부터 삶을 다시 시작할 수 있다는 것이 함께 예배를 드리는 의미라 생각합니다. 예배 공동체가 있다는 것은 그래서 우리에겐 중요한 일이지요.

혈우병에 걸린 여인과의 마주침은 당시 유대인의 존경을 받던 회당장 야이로의 딸을 고치러 가는 중에 생긴 일입니다. 유대 지도자였던 야이로는 이렇듯 공공연하게 예수께 부탁할 처지가 아니었습니다. 하지만 지금 그는 백주 대낮 사람들이 모인 곳에서 자신의 체면과 신분을 아랑곳 하지 않고 비난이나 심지어 처벌을 받을 것까지 두려워 않고 무릎을 꿇었던 것이지요. 그 엄청난 순간을 놓치지 않고 지켜본 여인이 바로 본문의 주인공, 혈우병 걸린 여인이었습니다. 예수가 어떤 존재였기에 유대 관원의 신분을 아랑곳하지 않고 살려달라고 애원할 수 있는가를 그녀는 깊게 자문했습니다. 그 결과 여인은 용기를 내어 한 걸음 앞으로 더 나갈 수 있었지요. '내가 지금 예수의 옷에 손을 대기만 해도 나을 수 있겠다'고 생각한 것입니다. 사실 이 여인은 야이로와 달리 사람이 모인 곳에 나타나서는 아니 될 존재였습니다. 하혈이 멈추지 않는 여인은 유대 정결법에 따라 부정한 존재로 정죄된 까닭입니다. 그러나 사람들 틈에 섞여 익명의 존재로서 결정적 순간을 맞이했습니다. 본래 이 여인은 가정도 있었고, 재산도 적지 않았던 듯합니다. 그러나 오랜 병치레로 가족도 떠났고, 재산도 탕진했으며, 결국 경쟁에 뒤처져 사람대접 받지 못하며 살고 있었습니다. 이렇듯 모든 것을 잃고 자신의 종교에서조차 버림받았던 여인은 지금 자신을 버린 유대 공동체의 지도자가 예수께 무릎 꿇는 것을 보고 다른 가능성을 생각할 수 있었습니다. '예수의 몸에 손을 닿기만 하면 나을 것'이란 확신은 지금껏 자신의 삶에서 예기치 못한, 참으로 낯선 일이었던 것이지요. 이처럼 자신의 삶을—심지어 그것이 불행이고 절망일지라도—전혀 다른 시각에서 바라볼 수 있다는 것은 축복입니다. 하지만 그것은 익숙한 것과의 결별을 뜻하는 용기의 다른 말이기도 하지요.

이 지점에서 저는 다소 생뚱맞지만 낙타에 대한 이야기를 하고 싶습니다. 어찌 낙타라는 동물이 그 좋은 생존 환경을 놓아두고 사막이란 척박한 땅에서 살게 되었는가를 말씀드리려 하는 것이지요. 지구 상에 사막만큼 살기 힘든 곳도 찾기 어려울 것입니다. 생존에 필수적인 물 부족은 물론 먹이 자체를 구할 길이 없는 곳이지요. 한낮은 달구듯 뜨겁다가도 밤이 되면 견딜 수 없을 만큼 추위가 닥치고, 모래 폭풍으로 방향을 잃기가 다반사인 최악의 환경입니다. 본래 북아메리카에서 그곳 들소들과 함께 살던 낙타가 사막으로 간 것은 생존전략을 달리했던 까닭입니다. 사막은 스스로 견뎌낼 수 있는 내성만 키우면 조급할 필요도, 경쟁자(포식자)를 두려워할 필요도 없는 공간이었습니다. 낙타는 경쟁자들이 우글거리는 곳에 머물기보다는 고열을 이겨내는 기후 적응력과 양분 저장 능력을 통해 자신만의 내성을 키워 스스로를 사막 환경에 최적화시켜낸 것입니다. 그는 수분과 체온 조절을 자유자재로 함으로 땀 한 방울도 낭비하지 않고, 열량 소모를 최소화시킬 수 있었습니다. 이를 위해 달릴 줄 알지만 달리지 않는 것이 낙타가 지닌 초연, 진중함의 모습(성격)입니다. 이런 자신의 내성 덕분에 낙타는 풍요로운 들판과 숲을 다른 동물에게 양보할 수 있었지요. 이처럼 경쟁하며 사는 여타의 동물들과 달리 최악의 환경에 최적화되는 방식으로 자신을 변화시켜온 낙타가 우리 인류에게 주는 교훈이 적지 않습니다.

주지하듯 사람들은 어떤 방식으로든지 자신의 한계를 극복하고 넘어서려 합니다. 그것을 잘하는 사람을 사회는 유능하다 칭송하며 한계에 머무르는 사람을 낙오자로 폄하합니다. 종교조차도 능력이란 우상을 신봉하고 그를 축복이라 가르치고 있지요. 그러나 낙타의 삶이 보여주듯 한계 안에서 자신의 내성을 키우는 것이 '남에게 이롭고 나에게도 좋은 것'(利他自利) 일 수 있습니다. 오늘의 교회가 여전히 '믿는 자에게 능치 못할 것이 없다'고 말하나 정작 성서의 시작은 인간이 자신의 한계 내에서 살 것을 요구하고 있지요. '사람들 눈에서 억울한 눈물을 흘리지 말 것과 동물을 피 채로 먹어서는 안 된다'는 노아와 맺은 언약이 바로 그를 적시합니다.

오늘 본문에서 저는 혈우병 걸린 여인에게서 다소 과장된 듯싶으나 낙타의 삶을 읽을 수 있었습니다. 지금껏 그녀는 돈을 갖고 자기 가족의 힘으로, 때론 의사의 능력을 빌어 자신의 병을 고치려 했고, 처지를 달리 만들고자 기를 썼습니다. 이는 오늘 우리가 일상적으로 살아가는 방식이고 위기에 처했을 때 택하는 평균적 의식을 반영합니다. 그녀는 지금은 정결법에 어긋난 죄인이자 병자의 신분이나 12년간이나 이런 방식을 택하여 자신의 한계 자체를 넘고자 애썼던 우리와 같은 지극히 평범한 존재였습니다. 하지만 그녀는 유대인 회당장 야이로의 '무릎 꿇음'을 보고 밖을 향하던 열망, 분노 그리고 좌절을 접고 자신을 다시 돌아보았습니다. '그의 옷에 손을 대기만 해도 내가 나을 터인데' 하는 그녀의 심정은 물론 예수에 대한 절대 신뢰의 표현일 것입니다. 하지만 동시에 아니 그보다 더 중요한 것은 그런 믿음을 갖게 된 그녀의 내면적 전환, 곧 사막적 삶을 살아낼만한 최적의 '내성'입니다. 12년간의 모진 경험 속에서 절망과 좌절에 익숙해졌으나 다시 나을 수 있겠다는 믿음이 생겨났던 것입니다. 자신의 현실을 전혀 다른 방식으로 바라볼 수 있었다는 말입니다. 그렇기에 예수는 내가 너를 고쳤다고 말하지 않았고 '네 믿음이 너를 치유했다'고 말씀하셨지요. 언제나 그렇듯 문제는 내 자신이고 내 자신에게서 해결책이 나올 뿐입니다. 분노가 아닌 평정심, 내적 자유가 비록 사막과 같은 환경 속에서라도 살아낼 수 있도록 하는 힘일 것입니다. 이것이 바로 본문에서 찾아야 할 하늘 뜻이 아닐까요?

본문에 또 다른 중요한 대목이 있습니다. 여인이 예수에게 손을 대자 예수는 자신의 힘이 빠져나간 것을 아시고 누가 그리했느냐고 물으셨다는 내용입니다. 수많은 사람이 예수를 에워쌌으나 정작 예수께 손을 댄 여인은 혈우병자 한 사람뿐인 것도 주목할 사실입니다. 다른 이들에게 예수는 구경거리였으나 이 여인에게 그는 능력을 나누는 존재가 된 것입니다. 그녀가 손을 내밀었을 때 예수는 그 손을 잡았고 여인의 마음과 공감하셨던 것이지요. 하지만 오늘 우리에게 예수는 눈앞에 현존하는 존재가 아닙니다. 성령이 함께한다고 하나 보이지 않기에 손을 갖다 대고 싶어도 그런 실체가 없어 안타깝습니다. 바로 이 지점에서 저는 예배 공동체로서 교회의 중요성을 다시 생각해 봅니다. 성서의 말씀대로라면 교회는 그리스도의 몸이라 고백해야 하겠지요. 당시 예수가 오늘 우리에게 교회의 형태로 존재한다는 말입니다. 모든 것을 잃은 절망의 상태에서 이전과 다른 방식으로 살겠다고 내민 손, 그 손과 접촉할 수 있는 힘이 교회의 존재 이유란 것이지요. 내미는 손, 그와 접촉함으로 우리는, 교회는 자신의 능력을 잃을 수도 있습니다. 예수께서 자신의 능력이 나간 것을 아셨듯이 우리도 우리의 힘이 소진될 수 있음을 각오해야만 합니다. 예수의 능력이 소진되어 그녀를 고쳤듯이 오늘 우리도 우리 것을 잃고 빼앗기고 거룩하게 낭비해야 구원의 소식을 선포할 수 있습니다. 교회는 예수께서 여인에게 하셨던 말씀, "딸아 네 믿음이 너를 구원하였다. 안심하고 가라. 자유하고 건강하여라"는 말을 이어가야 할 공동체입니다. 비록 사막과 같은 삶의 환경이 지속될지라도 그곳을 살아낼 수 있는 힘(내성)이 네 안에 있으며, 그를 길러 내라고 선포하는 공간이라는 것입니다. 바로 이 일을 위해 예배도 있고, 선교도 하며, 세상과 다른 봉사의 차원이 있는 것입니다. 다른 동물들에게는 사막이 최악이나 낙타에겐 그곳이 최적의 환경이었듯 예수는 이 여인에게서 '살아낼 것'을 요구하셨습니다. 성서가 말하는 치유가 육체적 차원뿐 아니라 영적, 정신적 차원의 구원과 무관치 않은 것도 이 때문입니다. 하지만 이는 예수의 힘도 소진되어야 가능한 일이었습니다. 교회 공동체가 내성을 기르는 힘을 갖고 있는가라는 물음과 직결됩니다. 예수는 지금도 "누가 내게 손을 대었는가?"를 물으시며 자신의 힘을 나누고자 하십니다. 그리고 그의 몸인 교회를 통해 그 일을 지속하라고 명령하시지요. 자신의 한계 밖을 살고자 하는 무모함이 아니라 한계 안에서 그로부터 사유할 수 있는 힘을 주시려는 까닭입니다. 이처럼 본문이 말하듯 한계 안에서, 한계로부터의 사유야말로 참된 신앙의 길인 것을 깨쳐야 할 것입니다.

실패한 제자들 그리고 그 이후

마가복음 9:33-37

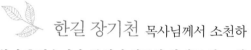 한길 장기천 목사님께서 소천하신지도 벌써 8년이란 세월이 흘렀습니다. 부친이 위중한 상태를 알고 한국에 왔던 장위헌 목사의 전화를 받고 급히 경희대병원으로 달려가 이제 막 운명하신 목사님의 몸을 만지며 슬퍼하던 일이 엊그제 같은데 강산이 변할 만큼 시간이 흘렀습니다. 그분이 남긴 족적, 그가 품었던 뜻과 이루고자 했던 과제가 결코 작지 않았는데, 세상을 보나 교계를 보나 시간은 거꾸로 흐르는 듯합니다. 영락교회에서 중등부 회장직을 마치고 친구 이필완 목사의 손에 이끌려 찾은 평동교회, 그곳에서 만난 장기천 목사님, 그분으로 인해 신학교를 찾고 신학의 길을 가게 되었으니 제 인생은 그분 덕에 존재할 뿐입니다. 당신의 호가 한길이었듯이 우리도 그분을 보고 그 길을 가고자 했으니 우리는 뜻으로 하나가 된 가족이었습

니다. 하지만 우리는 실패한 제자가 되고 말았습니다. 목사님께서 걷고자 한 길, 그 한길은 예수께서 걸었던 길, '호도스_{Hodos}'였으나 당시 예수의 제자들처럼 우리 역시 그 길을 걷지도 따르지도 못했습니다. 예수의 제자가 되지 못하고 성직자, 교인, 신도로만 존재했던 탓입니다. 우리가 몸담은 감리교회가 시간이 흐를수록 세상의 조롱을 받으며 세월호 참사를 겪으면서는 국가를 향해 백성들은 이것이 국가인가를 묻고 있습니다. 이제 누구도 교회를 신뢰치 않고 국가를 믿지 않게 되었습니다. 그럴수록 예수와 같은 길, 그 길을 걷고자 했던 목사님은 우리 눈에 예사롭지 않았고 지금도 그가 품었던 뜻을 살려내고 싶고 그래야 한다고 믿습니다. 비록 40년 목회의 절반 이상을 헌신한 동대문교회가 흔적도 없이 사라졌고 그래서 모두가 아파하지만 그분이 품었던 뜻과 얼이 살아있다면, 아니 그것을 살려낸다면, 우리에게 그 정신이 있다면 결코 슬퍼할 일도 아닐 것입니다. 이 아픔을 통해 우리는 교회가 뜻과 얼의 공동체인 것을 새삼 느껴야 마땅합니다. 예수의 길, 그 뜻과 얼의 실종으로 교회가 무너진 것으로 우리 미래 역시 같은 운명에 처하지 않기를 기도해야 할 것입니다.

오늘 읽은 마가복음서의 내용은 예수의 생애 마지막 일주일 중 수요일에 벌어졌던 사건입니다. 첫 복음서를 기록한 마가는 예루살렘에 입성하는 예수의 마지막 일주일의 흔적에 큰 비중을 두었습니다. 열 여섯 장의 내용 중 마지막 일주일에 대한 기록이 전체의 4할 정도의 분량입니다. 주지하듯 3년간 예수를 따르며 그로부터 많은 것을 배운 제자들이었습니다. 예수는 그들과 더불어 유월절을 맞아 예루살렘으로 발길을 향하셨습니다. 하지만 그 길은 죽음의 길이었습니다. 그런 방식으로 예수는 제자들에게 십자가를 지는 삶을 가르치려 했던 것이지요. 유대 종교 지도자들과 로마 권세에 의해 죽을 것을 알았음에도 하나님 나라의 열정을 품고 모두의 자유와 해방 곧 구원을 위해 그 길 '호도스'를 걸으셨던 것입니다. 그럼에도 제자들은 마지막 일주일, 그 시점까지도 예수를 몰랐고, 그가 가는 길을 알지 못했습니다. 예수의 제자들 간에 누가 높은가를 두고 논쟁이 벌어졌다는 오늘 본문이 바로 이런 사실을 적시합니다. 예루살렘에 이를 시時, 예수가 유대인의 왕이 될 것이고 그러면 자신들이 예수의 측근이 되어 권세를 잡고 세상을 휘두를 수 있다고 믿었던 것입니다. 바로 이런 사건이 예수 생애 마지막 일주일 한가운데서 벌어졌다는 것은 참으로 기막힌 일입니다. 이것이 바로 실패한 제자도의 모습입니다. 하지만 동시에 이것은 실패한 예수의 모습이기도 했습니다. 이에 마가는 이어지는 글에서 두 번에 걸쳐 소경 눈뜨는 사건을 강조합니다. 소경이 눈을 떠 세상을 다시 보듯이 제자들 또한 눈을 떠 예수를 다시 보고 그가 가는 길을 달리 볼 수 있기를 소망한 까닭입니다. 그 모습이 바로 예수의 죽음을 준비하고자 옥합을 깨트려 향유를 붓던 여인의 이야기로 나타나고 있지요. 제 기억으로 장기천 목사님은 이 본문을 가장 사랑하셨고 이 여인의 이야기를 신학자 틸리히의 말을 빌어 수차례 설교하셨습니다. 이 여인은 예수의 이야기가 전파되는 곳마다 함께 전해지는 축복을 받은 것입니다. 마지막 순간까지 누가 높은가를 두고 논쟁하는 제자들과 예수 죽음을 알아채고 자신의 모든 것을 쏟아 붓고 헌신한 여인을 대비시키며 저자 마가는 지금 우리들에게 누가 제자인가를 묻고 있는 것입니다. 교회 생활 오래했다고 제자가 되는 것이 아닐 것입니다. 목사님과 인간적으로 가깝다고 해서 그분을 잘 알았다고 말할 수 없을 것입니다. 공생애 3년간을 함께하던 제자들은 정작 제자가 되지 못했습니다. 이 점에서 지난달 4월 9일 순교 70년을 맞은 신학자 본회퍼는 이런 말을 남겼습니다. "예수의 제자를 만들 수 없는 교회는 예수를 한갓 이념이나 신화로 전락시키는 것"이라고 말입니다.

저는 살아생전 감독님을 따랐던 많은 목사님들을 잘 알고 있습니다. 그들은 감독님을 앞세워 선한 뜻을 펼치고자 했을 것입니다. 하지만 감독님 사후에 적어도 제가 보기에는 '한길'과 나눴던 꿈과 뜻을 잃었습니다. 오늘 본문의 제자들처럼 그들 역시 누가 높은가에 마음을 빼앗겼던 것 같습니다. 그의 제자들 역시 다수가 감독이 되었지만 교계 현실은 조금도 나아지지 않았습니다. 지금 이 자리에 함께 한 우리도 마찬가지입니다. 목사님과 친하고 그를 누구보다 많이 안다고 자부하겠으나 그의 뜻과 얼을 잇는 사람이 눈에 띄지 않습니다. 인간적으로 가까운 것과 뜻을 나눈다는 것은 결코 동일할 수만은 없습니다. 8주기를 맞이하여 설교하는 저에게도 이 물음이 떠나지 않아 고통이자 고민입니다. 어떻게 그의 제자가 될 것인지 앞으로도 깊이 고통하며 살 것입니다. 그렇기에 해를 거듭하며 드리는 한길 장기천 감독 추모예배를 통해 우리들의 눈 역시 다시 떠질 것을 소망합니다. 예수 사후 40-50년이 지난 시점에서 마가는 자신의 공동체에게 실패한 제자도를 가르치고 싶지 않았습니다. 또한 제자들로 인한 예수의 실패를 전하고 싶지 않았을 것입니다. 그리하여 그는 장님 눈뜨듯 제자들 눈 역시 다시 떠졌음을 강조했습니다. 하여, 옥합을 깨트린 여인의 이야기가 이어졌고 그것이 우리의 이야기가 되기를 바랄 것입니다.

그래도 장기천 목사님에 대한 소중한 기억을 간직한 아주 적은 사람들이 이곳에 모였습니다. 그분의 평생 길벗이었던 김영혜 사모님이 계시고 그의 뜻을 잇고자 애쓰는 이한식 목사님이 계시는 영성교회에서 살아생전 한길의 가르침으로 다른 삶을 살고자 애썼던 사람들이 모인 것입니다. 아주 작은 그루터기 같은 모임입니다. 한때 우리는 그루터기란 이름 하에 예배를 드린 적도 있었습니다. 말라 사라진 듯하나 뿌리의 생명력을 품은 그루터기, 외형적으로 초라하나 잠재력을 지닌 그루터기의 상징력을 갖고 한길의 꿈과 뜻을 부활시키고자 모인 것입니다. 세상이 아니 우리 교계가 점차 한길 장기천을 잊고 있습니다. 그를 폄하하는 소리도 간간이 들립니다. 한국 기독교, 감리교회의 미래를 위해서라도 새롭게 평가되고 조명받아야 할 신앙의 거목임에도 말입니다. 그래서 종종 많이 속상하고 가슴이 저려옵니다. 일찍이 함석헌은 역사는 처음이 있어 마지막이 있는 것이 아니라 오히려 마지막이 있어 처음이 있다 하였습니다. 그렇습니다. 지금껏 한길 그분이 있어 우리가 있었지만 이제는 우리가 있어 그분의 존재를 다시 각인시켜내야 합니다. 우리들 그루터기가 힘을 발휘해야 할 때입니다. 말라죽느냐 아니면 줄기와 잎을 소생시키는가의 갈림길에 우리가 서 있습니다. 우리가 온전히 그리스도의 제자가 될 때 한길 장기천은 우리 자신은 물론 교회와 이 땅을 살렸던 존재로 평가될 것입니다. 그날이 바로 부활의 날인 그 순간을 기대하며 기도합니다.

여호와께서 내 고통을 들으셨다

이스마엘과 이스라엘

창세기 21:8-19

긴 본문을 읽었습니다. '여호와께서 내 고통을 들으셨다'라는 말로 오늘의 제목으로 삼았습니다. 이 제목에 '이스마엘과 이스라엘'이라는 부제를 첨가하고도 싶습니다. 아직 저는 이스라엘을 다녀오지 못했습니다. 그런 상황에서 한국의 7대 종교 단체가 함께 만든 단체 KCRP^{Korean Conference of Religion for Peace}를 통해 2주간 레바논, 시리아, 요르단 그리고 두바이까지 방문하고 돌아왔습니다. 원래는 사우디, 이란 지역을 방문할 예정이었으나 정부에서 신변 위험을 이유로 허락하지 않아 덜 위험한 지역으로 방향을 정한 것입니다. 중동 거리에는 기아차, 현대차 등 한국 자동차가 넘실대고, 호텔 안에는 많은 제품이 LG 것으로 채워져 있었습니다. 길에서 만난 사람들은 우리의 모습과 말하는 소리를 들으며 중국도 아니고 일본도 아니고 '코리아'라고 알아봤습니다. 고개를 끄덕이면 엄지손가락을 치켜세우며 코리아 최고, 원더풀이란 말을 하면서 기쁘게 웃어주었습니다. 특별히 시리아 지역에서 받은 인상이 강렬했는데, 무엇보다 순박하고 소박한, 아름다운 사람들의 모습을 보면서 많은 감동이 되었습니다. 그들의 문화와 종교, 내면을 충분히 알지 못하지만 그 사람들이 갖고 있던 마음을 인상 깊게 새겼습니다. 십자군 전쟁 이래로 기독교 서구는 아랍의 이미지들을 날조했고 2차 대전 이후 영국과 프랑스가 중심이 되어 이슬람 국가들을 자기들 마음대로 재편함으로써 필연적인 분쟁 지역으로 만들어 놓았지요. 그런 관계로 그들은 같은 알라(神)를 믿고 모하메드를 예언자로 섬기고, 쿠란을 하나님의 말씀이라 여기면서도 상호 불신하며, 러시아, 미국, 프랑스, 영국을 따르는 국가들로 나누어져 결코 하나가 되지 못하는 안타까운 현실에 처해 있습니다. 이스라엘과 갈등하는 그들의 모습은 여기서 느끼는 것보다 훨씬 더 실감 나게 다가왔습니다. 같은 아브라함의 뿌리임에도 불구하고 말입니다. 최근 이곳이 IS의 본거지가 되었으니 기막힌 일입니다.

지금의 이라크 지역에 살던 아브라함은 고향을 떠나 가나안 땅으로 가라는 하나님의 명령을 듣습니다. 이후 하나님은 역시 모세에게 출애굽하여 가나안 땅으로 갈 것을 명령했지요. 가나안은 광범위한 지역으로서 지금의 레바논, 시리아, 요르단과 물론 이스라엘을 포함하고 있습니다. 이 지역은 사막 지역 내에 있으나 유독 푸르름을 선사하는 강과 호수와 오아시스가 있는 곳이었습니다. 문명을 발생시켰으며, 우가리트어라고 하는 최초의 언어가 생긴 곳이었습니다. 그래서 이곳을 기원전 2천 년부터 4천 년 동안 수많은 제국들이 정복하려고 애를 써왔습니다. 이

지역은 지금껏 제대로 된 국가를 이루지 못한 채 4천 년 동안 수많은 강대국의 지배하에 있었습니다. 하지만 이스라엘 사람들에게 가나안 땅은 하나님이 명령하신 땅이었습니다. B. C. 586년 이후 이곳 사람들이 바벨론, 앗수르, 희랍, 로마의 지배를 받으면서 쫓겨났고, 종국에는 나라 없는 백성이 되었으며, 그들이 떠난 그곳에 긴 세월 동안 팔레스타인 사람들이 살게 되었습니다. 국제법상 팔레스타인 국가가 되어버린 그 지역에 이스라엘 민족들이 다시 들어와 하나님의 법을 앞세워 팔레스타인 사람들을 내쫓고 자신들의 옛 땅을 찾겠다고 했기에 오늘의 중동의 문제가 불거진 것입니다. 한때 타임지는 이 사건을 두고 '정의의 두 차원two standards of justice'을 말하면서 해결의 어려움을 고민한 적이 있습니다. 국제법상의 문제와 이스라엘 민족이 주장하는 하나님의 법 간의 갈등 때문이겠지요.

저는 10여 일간 중동 지역 몇 곳을 돌면서 시아파, 수니파 종교 지도자들과 만났고, 평화 운동가들과 더불어 대화했으며, 요르단 대학 총장과 더불어 이슬람학이 무엇인지를 토론했습니다. 이런 심각한 갈등의 뿌리를 생각하면서 저는 오늘의 본문을 택했습니다. 이들 간 갈등의 뿌리를 성서적으로 추적해 들어가면서 '이스라엘'이라는 말과 이슬람의 근원이 되는 '이스마엘'이라는 말이 본래 함께 공존했었음에 주목했습니다. '이스라엘'은 얍복강변에서 야곱이 하나님의 사람(천사)과 싸워 이기는 과정에서 얻은 새로운 이름입니다. 야곱이 얻은 새로운 이름이 오늘의 '이스라엘'이 된 것입니다. 이스라엘이라는 말은 '하나님과 싸워 이겼다'는 뜻입니다. 하나님과 겨뤄 이겼기에 이 세상의 누구와 겨루어도 질 수 없다는 의미도 함축하고 있는 듯합니다. 그런 반면 오늘 우리가 길게 읽은 본문에는, 하갈의 아들 이스마엘이라 불리는 한 아이의 이야기가 나옵니다. 이스마엘은 '하나님이 내 고통을 들으셨다'는 뜻입니다. 하나님과 겨루어 싸웠다, 그래서 이겼다라는 '이스라엘'과 하나님이 내 고통을 들으셨다라는 '이스마엘', 이 두 말을 갖고서 오늘의 중동사태를 정리할 수 있었습니다.

90세가 되도록 아이를 낳지 못한 아브라함은 부인의 몸종 하갈을 통해 아기를 낳게 되었습니다. 그가 이스마엘입니다. 그러나 이 아들은 하나님의 약속의 아들이 아니었다고 성서는 말합니다. 하나님이 원하시는 방식이 아닌 방법으로 임신한 이스마엘과 그의 어미 하갈은 쭉정이와 같았고, 풍전등화의 삶을 견뎌야 했습니다. 성경에는 임신한 하갈이 사라를 홀대했다고 나와 있지만 아마 사라 또한 하갈에 대한 미움이 컸을 것입니다. 이삭을 기다렸던 사라의 입장에서 이스마엘의 출생은 불편한 일이었습니다. 급기야 하갈은 임신한 몸으로 집에서 쫓겨나 광야를 떠돌았습니다. 생존을 위해 도망간 것이지요. 저는 이번 여행에서 광야를 실감 나게 체험했습니다. 이틀 동안 광야에서 밤도 보냈습니다. 버스로 끊임없이 달려가도 거듭거듭 광야요 사막이었습니다. 풀 한 포기 없는 곳이었죠. 돌아올 때 비행기로 두바이까지 두 시간이 걸렸으나 아래는 그야말로 사막뿐이었습니다. 일 년에 200mm의 비도 오지 않는 곳, 40도 이상의 땡볕만 비치는 곳, 그곳은 죽음의 공간이었습니다. 그런 곳으로 하갈은 임신한 상태로 내몰렸습니다. 그것은 죽음과도 같은 것이었습니다. 이때 하갈이 하나님께 울부짖습니다. 울부짖는 과정에서 하갈은 하나님의 사람을 만났습니다. 그가 말하길 "하나님이 하갈의 절규를 들었고, 아들의 이름을 '이스마엘'이라고 하라"고 했습니다. 왜 이스마엘이었던가요? 하나님께서 하갈의 고통을 들으셨기 때문이었습니다. 죽음의 땅에서 그녀는 하나님의 축복을 받은 것입니다. '네 씨가 크게 번성할 것이다. 다시 말하면, 너에게도 미래가 있을 것이다. 너에게서 태어난 아들이 큰 민족을 이룰 것이다'라고 말씀하신 것입니다. 앞서 말했듯 하나님과 겨루어 이겼다는 '이스라엘'이라는 말과 하나님께서 내 고통을 들으셨다는 '이스마엘'의 어원을 생각하면서 21세기 오늘의 시점까지 여전히 하나님과 싸워 이긴 유대교와 하나님께서 고통을 들으셨다는 이슬람의 갈등을 이해하고 싶었습니다.

사실 이슬람 문명은 12세기 이전까지 유럽 내 기독교 문명보다 훨씬 앞서 있었습니다. 유럽 문명이 이슬람 문명의 덕을 보지 않았더라면 오늘날처럼 발전하기 어려웠을 것입니다. 그러나 2차 대전을 거치면서 서구의 '분리시켜 지배하는divide & rule' 정책으로 그들 본연의 모습을 잃어버리게 되었습니다. 녹색 황금이라고 불린 석유가 그들에게 행복을 가져다주지도 않았습니다. 말씀드린 대로 아랍 국가 간에도 상대방을 신뢰하지 못한 채 서로 싸우며, 고통받으며 살고 있습니다. 그들이 사는 지역은 지독히 덥기에 살 곳이 못 되는 것 같습니다. 석유는 그들 삶에 오히려 독이 되고 말았습니다. 석유 값이 오를수록 이슬람의 독재는 기승을 부렸고 이슬람 여성들의 사회참여, 교육 정도는 한층 더 낮아졌습니다. 지금 이슬람 국가들은 왕권 봉건제국으로, 1인 독재로, 자본주의로, 프랑스의 종속국가로서, 서로 각기 다른 체제의 나라들이 되어버리고 만 것입니다.

얼마 전 제레미 리프킨은 이제 '아메리칸 드림'은 지나갔고 '유러피언 드림'을 말할 시대가 되었다는 논지를 밝힘으로써 많은 사람의 주목을 받았습니다. 민족과 언어와 문화와 종교가 다름에도 불구하고 유럽이 점차 한 국가로 통합되어가는 지금 이렇듯 나눠진 이슬람 국가들의 현실이 무척 가슴 아팠습니다. 하여 그곳 지도자들에게 물어보았습니다. 민족, 언어, 문화, 종교가 다름에도 불구하고 유럽연합EU을 만들어 내는 유럽을 보며 어떤 생각이 드는가를 질문했습니다. 유러피안 드림이 꽃 피고 있는데 당신들은 같은 신, 같은 쿠란, 같은 예언자, 같은 언어를 쓰고 있음에도 불구하고 하나가 될 꿈을 꿀 수조차 없는가 하고 말입니다. 꿈을 꾸기에는 상대방에 대한 그들의 피해의식이 너무도 컸습니다. 같은 민족일지라도 믿지 못했고, 같은 아랍인조차 신뢰치 못하는 자신들의 처지를 안타깝게 생각했습니다. 마침, 저희가 방문했던 시기는 라마단이 시작되는 시점이었습니다. 모스코에서 경험한 라마단의 충격은 아주 뜻깊었고, 감동적이었습니다. 해가 떠 있는 동안 금식하며 지나는 라마단은 본래 고통 중에 있는 형제를 기억하는 것이 목적이었답니다. 하나님께서 내 고통을 들으셨다는 것이 이스마엘이고 그것이 이슬람의 기원이었다면, 그들은 라마단을 통해 이웃의 고통을 들으려 했고, 이웃의 고통을 자신들의 고통으로 생각한 것입니다. 실제로 라마단 기간 동안 가장 많은 부의 분배가 일어나며, 이런 경제적 활동을 통해 사람들 간의 교제와 왕래 역시 가장 활발하답니다. 라마단에 대한 그들의 자부심이 참으로 대단했습니다. 하나님께서 내 고통을 들으셨다는 이스마엘의 경험을 라마단을 통해 계승하고 있었던 것입니다. 라마단이 지속되는 한 서구에 의해서 야기된 자신들의 고통 역시 극복될 수 있을 것이라는 믿음을 우리에게 전해주었습니다.

하나님과 싸워 이겼다고 고백하는 '이스라엘'의 뜻보다는 하나님께서 고통을 들으셨다는 '이스마엘'이 우리에게 있어서 희망이 된다고 생각해 보았습니다. 하나님과 싸워 이기는 종교는 너무나 강대해 보입니다. 너무도 교만해져 있습니다. 하나님과도 싸워 이길 정도이니 어떤 세상과 싸워도 이길 수밖에 없다며 자만할 것입니다. 그러나 쫓겨서 광야로 내몰려 생존 자체가 힘든 곳에서 울부짖은 하갈의 신음을 하나님께서 들으셨고 이스마엘을 통해 큰 민족을 이루겠다는 하나님의 약속은 하갈에게 미래가 있다는 이야기였습니다. 고통 속에서 미래를 이야기했던 '이스마엘'이라는 이름 속에서 우리는 우리의 실존을 되돌아보고 앞으로 관계 맺을 이슬람 문명의 실체도 생각할 수 있었습니다. 저는 이슬람 국가들이 적어도 '하나님께서 나의 고통을 들으셨다'는 메시지를 갖고, 이웃의 고통을 생각하며 금식하고 인위적으로 생긴 장벽을 극복하려고 힘쓸 경우 성서의 약속대로 그들 역시 큰 민족을 이루어 유러피언 드림 이상의 이슬람 드림을 실현하리라 믿습니다.

광야는 죽음의 땅입니다. 고통만이 있을 뿐입니다. 그 고통 속에서 미래를 약속받았습니다. 우리 인간의 실존도 마찬가지입니다. 우리의 삶도 광야로 내몰릴 때가 많이 있습니다. 죽음의 땅, 미래를 보장받을 수 없는 곳으로 말입니다. 그런 곳에서 우리가 할 수 있는 일은 울부짖는 일뿐일 것입니다. 하갈은 그 울부짖음 속에서 하나님의 소리를 들었습니다. 하갈이 고백한 하나님은 '보시는 하나님'이었습니다. 울부짖음을 듣고 우는 자를 보신 분이었습니다. 저는 죽음의 땅인 사막이 향후 인류 문명을 위해 큰 기여를 할 것이라 생각했습니다. 사막이 에너지의 보고가 될 수도 있겠다는 기대입니다. 죽음의 땅이었던 사막이 문명 창조의 동력이 될 것이란 말입니다. 하나님은 죽음의 땅인 사막(광야)에서 미래를 약속했습니다. 우리는 지금 '이스라엘'만 알고 있습니다. 하지만 '이스마엘'의 하나님 역시 알아야 할 것입니다. 이스라엘의 하나님만으로 기독교를 올바르게 이해할 수 없습니다. 다시 한 번 광야의 의미, 여인의 절규, 여인에게 허락된 미래를 생각하면서 또 우리가 마주한 문제들 역시도 '이스마엘'의 하나님을 근거로 살펴볼 필요가 있을 것입니다.

약속과 뜻

뜻을 찾는 민족

로마서 9:1-13

지난 주간에 횡성 시골에 머물면서 자연의 변화를 느껴보았습니다. 아직 채 녹지 못한 얼음 밑으로 맑은 물이 힘차게 흘렀고, 버들강아지가 핀 것도 눈에 뜨였으며, 철 지난 덤불 밑을 살펴보니 벌써 쑥도 많이 고개를 쳐들고 땅 위로 모습을 드러냈습니다. 추운 겨울을 뒤로하고, 따뜻한 봄이 시작된 것입니다. 교회력으로는 사순절이 되었고, 오늘은 또 3월 첫날로서 교회사적으로나 민족사적으로나 중요한 삼일절 예배를 드리게 되었습니다. 3월 1일, 삼일절을 이렇게 주일예배로 드리게 되는 경우가 흔치 않은데 오늘이 그런 날이 되었습니다. 올해는 3·1독립선언 90주년이 되는 해입니다. 그래서인지 개신교 안에서도 보수와 진보적인 교단들이 힘을 합쳐 90주년 기념예배를 드렸습니다. 여하튼 3·1절을 기념하는 마음가짐이 90주년이라고 하는 세월 탓에 뭔가 예년과는 다른 분위기를 자아냅니다. 민족 독립을 애타게 선언하던 당시의 상황이 오늘의 상황과 크게 다르지 않은 것도 한 이유일 것입니다. 강대국의 팽창에 맞서 해방과 자주독립을 위해서 일어났던 중국의 5·4운동, 인도의 반제국(영국)운동, 터키의 독립운동이 3·1운동의 자극 속에서 시작되었으니, 3·1절이 얼마나 의미 깊은 것인가를 새삼 느끼게 됩니다. 그럼에도 우리 정부는 3·1절의 열망과 희생을 밑거름으로 하여 생겨난 상해임시정부의 정당성을 훼손하는 말들을 쏟아내고 있습니다. 임시정부는 민족 영토 바깥에 세워졌고 당시 일본에 의해 주권이 상실된 상황에서 생겨났다는 이유를 들면서 말입니다. 미 군정이 한국 민주주의의 뿌리라고까지 말할 정도가 되었으니 3·1절을 지키면서 염려되는 일이 한둘이 아닙니다. 사실 세계화 시대 속에서 '민족'이라고 하는 말은 지키기도 어렵고, 버리기도 어려운 버거운 말이 되었습니다. 민족을 이야기하면 국수주의자가 되어버리고, 또 이걸 포기하면 세계화 과정에서 뿌리 뽑힌 존재들이 되는 탓입니다. 자주독립, 공화주의, 비폭력의 가치를 내걸었던 3·1절 당시를 생각하며 '민족'의 문제를 설교를 통해 생각해보고자 합니다.

사도 바울은 정신적으로나 물질적으로나 유대-이스라엘이라는 삶의 지평을 떠나있던 사람이었습니다. 당시 바울은 오늘의 말로는 코즈모폴리터니즘cosmopolitanism, 범시민주의자였습니다. 유대인이었지만 희랍 문화가 집대성된 지역에서 헬라 교육을 받았고 그의 활동 범위도 당시로서는 '세계'를 뜻하는 지중해 연안으로부터 아프리카까지였습니다. 그야말로 민족을 넘어선 세계인의 모습을 한 사람이었습니다. 세계적이고 보편적인 의식을 가진 바울이 없었다면, 갈릴리 지역에서 일어난 예수 운동은 팔레스타인 지역 안에 갇힌 종파로 전락되어 버렸을 수도 있었습니다. 그런 그가 유대 민족을 향한 애절한 연민을 오늘 본문에서 토로합니다. 자신에게 큰 근심과 염려가 있는데 그것은 자기 동족인 유대인들이 그리스도 예수를 모른다는 것이었습니다. 자신의 설교로 이방인들이 그리스도 복음을 수용하여 믿고 있는데 정작 예수 그리스도를 배출했던 유대 민족이 예수를 거부한다는 것이 자기에게 큰 고통이었던 것이지요. 아마도 바울의 이야기는 이렇게도 비유될 수 있겠습니다. 자신의 가족은 뒷전으로 하고 바깥 일에만 관심을 갖던 한 가장이 뒤늦게 황폐해진 자기 가정을 보며 고통스럽게 생각하는 마음일 것입니다. 그래서 그는 자기 자신이 예수 그리스도에게서 끊어질지라도 언약과 약속의 백성이었던 이스라엘 동족이 예수를 알게 되었으면 좋겠다고 생각했습니다. 그들이 예수를 믿게만 된다면 예수 그리스도로부터 버림받아도 좋다고 바울은 절규했습니다.

본문을 읽으면서 주목한 구절이 있습니다. 바울이 그토록 이스라엘 민족을 사랑하고 안타까워했지만 그럼에도 불구하고 이스라엘 출신이라고 해서 모두가 이스라엘 사람은 아니라는 사실입니다. 이스라엘 혈통이라고 해서 이스라엘 민족이 될 수는 없다는 것이지요. 이스라엘 민족에게는 혈통보다 더 중요한 것이 있는데, 그것은 보이지 않고 잡히지 않으나 삶에 있어서 리얼리티reality인 약속이라는 것입니다. 이들 민족에겐 혈통보다는 삶에 있어 부정될 수 없는 현실(reality)로서 '약속'이란 것이 중요했습니다. 그래서 그는 이스라엘 사람은 '약속'의 자녀여야 한다고 역설합니다. 아브라함의 씨라고 해서 아브라함의 자손이 아니라 하나님의 약속을 믿는 존재만이 이스라엘 민족이라고 하였습니다. 민족주의가 혈통에 빠질 경우 폐쇄적이고 국수주의로 변질되어 버립니다. 그런데 바울은 혈통보다 더 중요한 것으로 약속을 말하고 있습니다. 약속이란 아직 이루어지지 않은 무엇일 것입니다. 그 실현을 위해서 많은 세월을 참고 기다려야만 하는 그것이겠지요. 약속을 지켜야 하는 탓에 불이익이 생기고 불편함이 따르며 고통 역시 생겨나겠지만 그래도 붙잡아야 할, 지켜야 할, 간직해야 할 무형적인 유산인 것입니다.

모세는 하나님의 십계명을 받고자 호렙산에 올랐습니다. 오랜 시간 모세가 내려오지 않자 아론을 따르던 사람들은 현실적인 이유를 들어 신적인 형상을 만들고자 했습니다. 그래서 '약속'을 대신하여 금송아지 형상을 만들어 섬겼습니다. 약속은 기다려야 하는 것이고 인내를 필요로 하는 것이며 말씀했던 분의 신실함을 믿어야 하는 것인데 백성들은 약속을 저버렸던 것입니다. 바울이 지적하는 바는, 이스라엘 민족은 본래 약속을 지닌 민족이라는 사실입니다. 약속을 버린 민족은 이스라엘 혈통이라 하더라도 이스라엘인이 아니라는 것이 바울의 결론입니다. 이스라엘 민족을 사랑하기 때문에 그들을 위해서 자기를 버릴 생각까지 했음에도 불구하고 그의 결론은 냉철했습니다. 하나님께서는 야곱을 사랑하고 에서는 미워했다는 것입니다. 보수적 교리주의자들은 이 말을 차용하여 예정론으로 발전시켰습니다. 날 때부터 하나님의 사랑을 받은 자가 있는가 하면, 날 때부터 저주받은 사람들이 있다는 교리적인 언술로 이 말을 전용한 것입니다. 하지만 이것은 어불성설입니다. 중요한 것은 약속이 사람들 속에 있는가의 여부입니다. 그렇다면 3·1절을 지나는 우리에게 '약속'이라는 말은 어떻게 이해되면 좋을까요.

우리는 이스라엘 민족이 아니기에 구약의 역사를 갖고 있지 않습니다. 그렇다면 약속이 없었던 우리 민족의 역사는 암흑의 역사이겠습니까. 선교사들이 100여 년 전 복음을 전해주었기에 그때부터 우리에게 약속이 생겼고 믿음이 생겨난 것일까요. 언젠가도 말씀드린 기억이 납니다만 이화여대 기독교학과에 재직했던 현영학 교수님은 이런 말씀을 남겼습니다. 하나님은 선교사의 등에 업혀올 만큼 장애를 입지 않으셨다는 것입니다. 그분의 말을 직접 옮기자면 "하나님은 병신이 아니다"라는 것입니다. 하나님이 세상을 지으신 분이라면 우리 민족의 못난 역사 속에서도 하나님은 살아 계셨다 말하는 것이 옳을 것입니다. 이스라엘 민족의 '약속'에 해당되는 것이 우리에게 있다면 그것은 '뜻' 혹은 '얼'이라는 말이겠습니다. 우리 민족을 추동했던 뜻과 얼, 그것이 없으면 한국적인 혈통을 지녔다 하더라도, 대한민국 사람이라 하더라도 결코 한국인이 될 수 없습니다.『뜻으로 본 한국역사』에서 함석헌 선생은 이렇게 말씀합니다. '조선조 500년 역사에서 단 한 사람, 성삼문의 의로운 죽음이 없었다면, 또 죽기 위해 이 땅에 왔던 이순신, 그가 없었다면 우리 민족의 역사는 얼마나 초라했을까'라고요. 한국 근현대사만 보더라도 한국 민족의 순수한 뜻과 얼은 동학혁명에서, 3·1절에서, 임시정부에서, 우리 민족의 매 역사 속에 굽이굽이 이어져 왔습니다. 그렇기에 우리 민족의 역사도 뜻의 역사였습니다. '뜻'이 없었다면 이 민족의 역사는 사실 아무것도 아니었을 것입니다.

이스라엘 민족의 '약속'에 해당하는 이 '뜻'의 정체는 과연 무엇이겠습니까. 이 분야를 전공하는 전문 학자들은 한결같이 '뜻'의 본질을 다음처럼 설명합니다. 포함삼교包含三敎, 접화군생接化群生, 홍익인간弘益人間으로 말입니다. '포함삼교'란 이 땅의 역사가 거듭되면서 수많은 정신(종교)들이 유입되나 다양한 무형의 자산을 상호 갈등과 대립으로 몰아가지 않고 품어내는 원정신이 우리 속에 있다는 것이고, '접화군생'이란 그 정신이 사물이든 자연이든 사람이든 간에 만나는 과정에서 일체를 살려내는 역할을 한다는 것이며, '홍익인간'이란 그로써 세상 모두가 널리 이롭게 된다는 것입니다. 서양은 물론 한문을 같이 사용하는 일본과 중국과 견주어 보더라도 한국 사람들의 이름 속에 이런 정신세계가 잘 나타나 있습니다. 한 개인의 이름에 이렇듯 높은 뜻을 부여한 민족은 이스라엘과 한국밖에 없다는 것이 지론입니다. 제 이름도 세 번씩이나 바뀌어졌습니다. 저희 아버님이 처음에 제 이름을 '두홍'이라고 지었답니다. 그러다가는 조금 미련한 듯 보인다 하여 '명철'이라고 개명했습니다. 이제는 이름이 너무 가볍다 여겨 마지막으로 지은 것이 '정배'(正培)라는 것인데, 정의를 북돋아라, 의의를 북돋우며 살라는 의미를 담고 있습니다.

이 나라에 기독교가 들어왔다면 그가 할 일이 무엇이겠습니까? 이 민족이 꿈꿔왔지만 끊임없이 좌절된, 그러나 좌절하면서도 가슴 속에 품었던 그 '뜻'을 표출시키고, 가시화시키는 일일 것입니다. 저는 설교 모두冒頭에 3·1운동의 사상적 기초로서 '자주독립'과 '공화주의'와 '비폭력'을 말씀드렸습니다. 독립이란 스스로 서는 것이죠. 모든 것을 받아들이되 주체로 살아가는 방식을 말합니다. 공화주의란 대한민국 헌법 1조에 나타난 것으로 모두가 공적인 일에, 사회구성원들 간의 통합에 마음을 쓰겠다는 상생의 정신일 것이며, 비폭력은 세상 모두를 두루 이롭게 하는 홍익인간의 정신이라 보아도 좋을 것입니다. 말씀드렸듯이, 3·1운동의 정신이 중국의 5·4운동과 인도는 물론, 이집트와 터키의 독립운동의

촉발제가 되었다는 것은 3·1운동의 뜻과 얼이 단지 우리 것만이 아니라 인류 보편적인 것이었음을 증명합니다. 당시는 서구 열강 제국주의자들 간에 영토 쟁탈이 벌어지던 시대였습니다. 그럼에도 불구하고 약한 소수 민족인 우리 선조들은 인류 보편적인 정신(뜻)을 세상에 드러낼 수 있었습니다. 이렇듯 비폭력적인 저항정신이 오늘 우리에게 계승되지 않는다면, 우리는 혈통으로는 한국인일지라도 한국인일 수 없을 것이고, 이것이 약속을 잊는다면 이스라엘 민족일 수 없다는 사도 바울의 이야기와 중첩될 수 있습니다. 바울의 말대로라면 약속을 잃어버린 민족은 더 이상 하나님의 백성이 될 수 없는 것입니다.

3·1운동이 귀하고 값진 것은 바로 민주공화국이라고 하는 헌법, 이 정신을 기초로 임시정부를 세웠던 까닭입니다. 하지만 친일과 독재의 미화를 위해 이런 정통성을 부정하려는 어처구니없는 시도가 생겨나고 있습니다. 임시정부의 정통성을 부정하는 것은 3·1운동 정신 그리고 우리가 '뜻'의 민족인 것을 스스로 부정하는 것이라고 생각합니다. 민주공화국을 버리겠다는 것은 공적(公的)인 의식의 포기를 의미할 것입니다. 한국의 정치는 공적인 정당체제를 포기하고 사당화 되어가고 있고, 공교육 역시 실종된 지 오래며, 사익 창출과 개인적 신분 상승만을 목적하는 사교육이 창궐하고 있습니다. 조동중의 족벌 언론은 공적 기관임을 잊은 채 족벌 자본을 극대화하는 정치 사회적인 환경을 만들고자 혈안입니다. 이는 대한민국 헌법 1조의 민주공화국에 대한 배반이자 3·1 정신의 뜻과도 위배됩니다. 한 신문 기고가가 이런 칼럼을 썼습니다. 3·1운동은 결코 휴화산이 아니라고 말입니다. 오늘 우리는 민족 속에 간직되어 온 '뜻'을 잃어버리도록 강요받고 있습니다. 식품 주권도 남에게 내주

었고, 남북관계의 주도권도 강대국에게 빼앗겼으며, 노블레스 오블리주가 없는 귀족 체제, 오로지 거기에 편입될 목적으로 상생의 정신도, 홍익인간의 정신도, 비폭력도 고사시켜버린 것입니다. 그 옛날 이스라엘 백성들이 그랬듯 보이지 않는 '약속'을 신뢰하기보다 보이는 기득권과 혈통에 목을 매며 우리 역시 '뜻'을 잃고 살아가고 있는 것입니다. '우리는 최후의 일인까지 최후의 일각까지 평화적으로 싸우겠다'라고 했던 3·1 운동의 마지막 이야기를 잊어서는 아니 될 것입니다. 최후의 순간까지, 최후의 한 사람이 남을 때까지 '뜻'을 가지고 고민하고 애써야 합니다. 이것이 바로 사도 바울이 '약속을 잃어버린 민족은 이스라엘 민족이 될 수 없다'라고 말한 의미로서 저에게 읽혀졌습니다. 3·1 정신을 휴화산이 아니라 활화산으로 만드는 일이 우리의 몫이 된 것입니다. 사도 바울이 예수 그리스도에게서 끊어질 각오를 했던 것처럼 우리 또한 소중한 모든 것을 걸고서라도 이것을 지켜내야겠지요.

약속을 잃어버린 민족은 이스라엘 사람이 아니었습니다. 자기 민족을 그렇게 사랑하던 바울이었지만 뜻을 잃어버린 민족을 민족으로 여기지 않았습니다. 우리는 뜻을 잃어버리도록 강요 당하고 있습니다. 그럴수록 '나는 야곱을 사랑하고 에서를 미워한다.' 이 말의 의미가 과연 무엇인지 3·1절을 맞이해서 다시 한 번 생각해야 할 것입니다. '뜻'을 잃는다는 것은 하나님을 상실하는 것과 다르지 않습니다. 보이지 않는 그것이 있음으로써 민족의 역사는 지속될 수 있었습니다. 갑오혁명으로, 3·1 정신으로 그리고 임시정부, 민주화 투쟁으로 이루어졌던 근대 역사를 지속시켜야 옳습니다. 이것들이 없었다면 이 민족의 역사가 과연 무엇이겠습니까? 하나님은 오늘 우리에게 묻습니다. '뜻' 없이 무릎 꿇고 사는 것,

그것이 사는 게 아니라고 말입니다.

이제 3·1절 90주년입니다. 얼이 없는 '얼빠진 인간', 얼빠진 민족이 되어서는 아니 될 일입니다. 얼과 뜻을 찾아 지키는 것으로서 우리는 신앙인의 길에 들어설 수 있습니다. 한국인과 기독교인은 같이 가는 수레의 두 바퀴일 수밖에 없다는 것이 저의 확신입니다.

이삭의 질문

제물은 어디 있나요?

창세기 22:1-12

새 천 년을 맞이해 첫 번째로 삼일절 기념예배를 드리고 있습니다. 지금으로부터 불과 80년 전 조상들이 빼앗긴 조국의 주권을 되찾고자 지위고하, 학력 유무, 남녀 불문하여 독립만세를 부르다 다치고, 목숨을 잃고, 옥고를 치렀던 사실을 경건한 마음으로 기억해야 할 것입니다. 당시 3·1만세의 주역이었던 민족대표 33인 중 16명이 기독교인이었으며, 그분들 가운데 일곱 분이 감리교신학대학교 출신 목사님이었다는 사실은 자랑스럽기도 하지만 오늘의 우리를 무척 부끄럽게 합니다. 일제의 탄압과 회유정책에 많은 분들이 변절하였으나 감리교 신석구 목사님의 경우 끝까지 자신의 신념을 지켰던 분으로 기억됩니다. 그분은 당시 선교사들이 가르쳐 주었던 보수적·정교분리적 믿음의 방식 때문에 고민하다가 독립선언서에 가장 늦게 서명하셨습니다. '기독교 신앙인이 다른 종교인들과 함께 일할 수 있는가?', '기독교 신앙인이 정치적인 문제에 개입해도 좋은가?'라는 물음이 신석구 목사님에게 해결되지 않았던 것이지요. 이 모든 것은 당시 선교사들이 이 땅 기독교인들에게 주입했던 보수적 신앙 내용이었습니다. 기도 중 그분은 민족의 독립을 위해서라면 불교인, 동학교도들과 함께 일할 수 있으며, 정치적인 일에도 개입할 수 있다는 확신을 얻었고, 그 신념을 마지막까지 지켜내셨습니다. 이것은 사도 바울이 로마서에서 '나 바울은 내 민족 유대인을 위해서라면 하나님과의 관계가 끊어져 버려도 좋다'고 했던 그 애절한 민족 사랑과도 맥이 닿습니다. 3·1운동 사건이 일어난 그 날 전국적으로 9,394명이 감옥에 투옥되었는데, 그중 3,373명이 기독교 신자였다고 합니다. 이것은 당시의 기독교인들의 비율로 본다면 엄청나게 많은 숫자였습니다. 이 중에는 54명의 목사, 127명의 전도사 그리고 63명의 장로가 속해 있었습니다. 당시 훌륭한 기독교 신앙인은 민족의 애국자였고, 민족을 사랑하는 이는 거지반 기독교 신앙인이었음을 알 수 있습니다. 기미년 3·1독립운동 100주년을 앞두고 새 천 년을 맞아 첫 기념 예배를 드리고 있는 오늘의 기독교인들은 이런 신앙을 계승하고 있는지 묻습니다. 오늘 우리는 이 나라, 이 민족을 위하여 무엇을 할 수 있는가? 이 민족은 지금 무엇 때문에 힘들어하고 좌절되어가는 것인가를 질문해야 할 것입니다.

교회 절기에 의하면 우리는 다음 주부터 사순절을 맞습니다. 이번 3·1절 예배가 조금 일러서 그렇지 해마다 3·1절 예배는 사순절 기간과 함께 시작되었습니다. 이 기간에 교회는 진리를 위한 금욕적 삶을 사신 예수의 모습을 기억하며 지낼 것을 호소해왔습니다. 자발적으로 자신이 즐기는 오락과 놀이를 삼갔고, 좋아하는 음식도 가급적 먹지 않았으며, 사치스러운 옷을 입지 않은 방식으로 예수의 고통에 참여해왔습니다. 사순절 기간 중에 우리가 할 일은 크게 보아 단식과 속죄입니다. 속죄란 회개를 뜻하는 것이겠지요. 자신이 하나님의 아들로 불리워진 존재임을 잊고 현실에 안주했던 삶에서 벗어날 것을 요구받는 것입니다. 지금 오고 있는 하나님 나라를 간절히 기대하면서 습관적으로 행했던 신앙의 모습을 털어내고, 욕망에 따라 바람에 흩날리는 것처럼 살아온 삶을 되돌아보라는 것입니다. 무엇이 우리를 38년 된 앉은뱅이 병자처럼 요행만 바라며 현실에 주저앉도록 했는가에 대한 반성입니다. 단식이란 일정 기간 동안 곡기를 끊는 것을 의미합니다. 음식으로부터 멀어지는 일을 배우고 실행에 옮긴다는 것은 고통입니다. 그러나 이런 고통 속에서 기독교 전통은 하나님의 평화를 배우도록 권면하였습니다. 자신을 위하는 것이 아니라 하나님의 요구에 맞는 삶을 위해 자신과 더불어 투쟁하라는 것입니다. 하나님의 평화를 위해, 하나님 나라를 소망 중 기다리면서 자신의 욕망대로 살지 않고 자신의 옛 습관을 벗고자 하는 것이지요. 삶을 부자유하게 만들었던 실체를 분명히 밝히고 그것과 더불어 힘든 씨름을 하라는 것입니다. 오늘의 본문 말씀이 3·1절 예배와 사순절의 의미를 관계시켜 이해하는 데에 큰 도움이 됩니다.

하나님은 아브라함의 믿음을 시험하시려고 100세가 되어 얻은 아들 이삭을 제물로 바치라고 요구하셨습니다. 이런 식으로 인간을 시험하는 것이 때론 너무 가혹한 것처럼 느껴지지만 신앙의 차원에선 이해할 여지가 있고, 이런 위기를 경험하는 것이 신앙적 삶에 있어서 결코 무의미한 것이 아니기에 본문 말씀대로 성서를 읽어 보겠습니다.

행복에 겨워 늦둥이 아들과 지내던 자신에게 하신 기막힌 말씀을 듣고 아브라함은 수없이 번뇌하면서 나귀에 짐을 싣고 몸종들과 함께 이삭을 데리고 모리아 산으로 향했습니다. 산 가까이 이르자 아브라함은 몸종들과 나귀를 그곳에 두고 이삭에게 장작을 짊어지워 산 정상으로 올랐습니다. 아브라함의 손에는 불과 칼이 들려 있었습니다. 어렴풋이 상황을 짐작한 이삭은 아버지에게 묻습니다. 불도 있고 나무도 있고 칼도 있는데 정작 바칠 제물은 어디 있느냐고. 아마 이 순간 아브라함은 이삭의 얼굴을 제대로 쳐다보지 못했을 것입니다. 하나님이 제물은 따로 준비해 두었을 것이라 얼렁뚱땅 둘러대었겠지요. 제단을 만든 아브라함이 이삭을 포박하여 그를 제물로 드리려 할 때 '이삭에게 손대지 말라'는 하나님의 음성이 들렸고 수양 한 마리가 준비되어 있었다고 성서는 기록하고 있습니다.

덴마크의 철학자이며 신학자인 죄렌 키에르케고르는『공포와 전율』이란 책에서 아브라함과 이삭 사이에 오간 대화의 속뜻을 다음처럼 읽어냈습니다. 자신을 제물로 바치려는 아버지 아브라함을 보며 이삭은 '하나님, 이 아비가 제 아비가 아니라 하늘에 계신 하나님께서 저의 아비가 되어 주십시오'라고 했다는 것입니다. 그 말을 들은 아브라함 또한 '하나님 감사합니다. 이 아이가 저를 아비라 여기지 않고 오로지 당신을 아버지로 알게 하시니 몸 둘 바를 모르겠습니다'라고 답했습니다. 이러한 이야기의 오감을 키에르케고르는『공포와 전율』이란 책 속에서 '신앙의 사건'으로 이해하였습니다. 물론 키에르케고르의 상상입니다만, 그는 신앙이란 이렇듯 공포와 전율 속에서 자신을 제물로 바치는 것이라 생각했습니다. 하나님의 평화를 위해 제물을 밖에서 찾지 않고, 제물이 어디 있는가를 묻지 않고 자신을 제물로 바치는 일을 신앙이라 생각한 것입니다. 바로 이것이 사순절의 신앙이자 십자가에 대한 믿음이라 믿습니다. 한문자 자기 '我'는 손에 창을 들고 있는 형상을 하고 있습니다. 인간이란 존재는 남을 찌르며 살 수밖에 없다는 것이지요. 이러한 자기를 불살라 버려야 참된 자아가 생겨날 수 있을 것입니다. 다석 유영모 선생이 우리 말 '깨끗하다'를 깨어져서 끝이 나야 진짜로 새로움이 생겨난다는 의미로 풀어낸 것도 같은 맥락에서입니다.

저는 오늘 자신을 민족의 제물로 바쳤던 살아있는 신앙인 한 분을 소개하려고 합니다. 감신대 전신인 협성여자신학교 출신이며 심훈의 『상록수』 소설의 주인공이었던 최용신이 바로 그분입니다. 문화체육부는 최용신을 새 천 년 2월의 인물로 정하였고, 그분을 추모하는 학술모임을 준비하고 있습니다. 이처럼 정작 한국 사회는 최용신 선배를 새롭게 평가하고 조명하려는데 우리가 속한 감리교는 그분에 대한 어떤 기억도 자료화시키지 못하고 있는 것 같습니다.

1930년 초 여성 의식과 민족의식 그리고 기독교 정신을 부여잡고 25세의 나이로 죽기까지 그분은 한국의 민족을 위해 기꺼이 제물이 되었습니다. 루씨여학교를 졸업하며 쓴 논문 "교문에서 농촌으로"란 글에서 최용신은 이렇게 말합니다. "좋은 중등 교육을 받은 우리가 화려한 도시 생활만 동경하고 안일의 생활만 꿈꾸어야 옳은 것인가? 농촌으로 돌아가서 문맹 퇴치에 노력하여야 옳을 것인가. 거듭 말하노니 우리 서로 손을 잡고 농촌으로 달려가자." 그분은 신학교 졸업을 1년 앞두고 학교를 박차고 나가 농촌 여성들에게 모세의 출애굽 이야기를 들려주었고 독립에의 염원을 갖도록 했으며, 자수를 가르치면서 한국 지도를 무궁화 옷으로 꾸미도록 할 만큼 민족 사랑을 가르쳤습니다.

그분은 여성 교육을 현모양처로 만들기 위한 교육으로 생각하지 않았고 한 사람의 독립된 인간으로서 여성을 인류 사회의 동등한 구성원으로 키우려 했습니다. 이를 위해 최용신은 이른 시기부터 새벽기도를 실천하였습니다. 그는 자신의 동료들에게 굳은 믿음을 잃지 않으려면 새벽기도를 계속하라 격려하였습니다. 열심히 기도하는 기독교적 삶은 그녀의 민족 사랑과 여성 활동의 원동력이 되었던 것이지요. 그녀가 남긴 몇 안 되는 글 중에 이런 기도문이 있습니다. "거룩하신 주여, 이 몸을 주님을 위해 바치나이다. 여호와여 이 몸은 남을 위하여, 형제를 위하여 일하겠나이다. 여호와여 살아도 주를 위해 살고, 일하여도 의를 위하여 일하옵고, 죽어도 다른 사람을 위하여 죽게 하소서. 여호와여 이 몸을 주께 바치오니 이 아침 공기가 신성하고 깨끗함같이 내 마음을 새롭게 하여 주소서." 이런 애국·애족 활동, 농촌 계몽 활동이 열매를 맺어갈 무렵 일제의 간섭과 탄압이 극에 달하여 학생들을 흩어놓았고, 후원자들의 수를 강제로 줄였으며, 급기야 최용신을 옥에 가두기도 했습니다. 그럴 때마다 그녀는 이렇게 한국 사람들에게 호소하였습니다. "여러분, 곡식을 심으면 일 년 계가 되고, 사람을 기르면 100년 계가 된다고 하였는데, 이 강산을 개척하고 이 겨레를 발전시킬 농촌의 어린이를 길러주소서. 뜻 있는 이여 우리 농촌의 아들과 딸의 눈물을 씻어주소서." 이런 삶을 살다가 피로와 탄압 그리고 육체적 질병이 겹쳐 1935년 25세의 나이로 이 세상을 떠난 최용신, 그녀는 분명 민족을 위해 스스로 제물이 된 여인이었습니다.

기미년 3·1독립운동의 실패로 모두가 절망하여 피안적 신앙 저 높은 하늘만 쳐다보고 있었을 때 최용신은 스스로 민족의 제물이 되어 하늘나라를 침노하는 자가 되고자 하였습니다. 지난 두 천 년을 마감하고 새로운 천 년을 시작하는 지금 우리의 자화상, 우리 민족의 운명은 어떠합니까? 세계화, 신자유주의 이념 하에 경쟁만을 부추기는 경제, 위선과 거짓으로 가득찬 정치, 깊은 수렁 속에 빠져드는 교육 어느 것 하나 제대로 된 것이 보이질 않습니다. 종교, 기독교마저 사회를 구원하고 사회에 빛이 되기는커녕 'P.D수첩'이나 '그것이 알고 싶다' 프로그램에 단골 메뉴가 될 정도로 사회의 문젯거리가 되고 있는 실상입니다. 과연 자신의 몸을 바쳐 제물이 되었던 옛 신앙인들, 옛 선인들의 죽음을 헛되이 하고 있는 것이 아닌지요. 이 땅을 '헬조선'이라 하며 많은 젊은이들, 전문 직종의 사람들이 조국을 버리고 이민의 길을 선호하게 되었는가를 물어야 할 것입니다.

오늘 우리가 드리는 '예배'란 무엇인가요. 과거 사건을 기억하여 미래를 책임지고, 그래서 하나님께 영광을 돌리려는 거룩한 행위가 아니겠습니까. 회개를 요구하고 하나님 나라의 도래를 선포한 예수를 기억할 일이며 최용신, 신석구 님 등 위대한 이 땅의 신앙인들을 되살려야 할 것입니다. 그래서 잘못되어가는 조국을 위해서 자신을 제물로 드리는 신앙적 삶을 살아내야만 합니다. 개인의 이기심만을 부추기는 자본주의 사회가 민족과 국가의 개념을 흩어 놓고 있습니다. 국수주의자는 곤란하지만 민족애가 희미해지면 안 될 것입니다. 삼일절 기념예배를 드리면서 사순절을 맞게 되는 오늘 우리는 무엇을 속죄하시렵니까? 무엇을 위해 어떻게 단식하시겠습니까? 역사의식과 민족혼을 가지고 이 땅을 하나님이 원하시는 곳으로 만들기 위해 힘써 일합시다.

우리의 믿음 없음을!

마가복음 9:14-29, 누가복음 17:5-7

한 해의 꼭 절반을 살았던 6월 마
지막 주를 횡성에서 보내고 7월 첫 주를 맞게 되었습니다. 학교에서 가
르치는 일을 하다 보면 시간이 학기 단위로 흘러가는 듯 착각에 빠질 때
가 있습니다. 이렇듯 수없이 가고 오는 시간의 흐름 속에 내맡겨 살고 있
으나 어느 한순간만큼은 시간을 끊는 삶, 시간 속에서 영원을 만나는 사
건을 기다려 보기도 합니다. 이를 서구 신학자들은 '계시' 혹은 '믿음'이라
했고, 다석多夕 같은 동양적 사상가는 '가온찍기' 혹은 '시간 제단(시간을 끊는
다)이란 말로 불렀습니다. 하지만 지난 한 주간 횡성에서 여러분들을 떠
나보낸 이후 오히려 저는 '믿음 없음'의 실상을 뼈저리게 느끼며 한 주간
을 보내야 했습니다. 흔히 책을 통해서 배우기도 하나 사람을 통해서 더
많은 것을 얻기도 하는 데, 지난 한 주간 홍천에서 목회하는 후배이자 제

자들의 삶을 통해서 저는 오늘 성서가 말하듯 "우리의 믿음 없음을 도우소서", 혹은 "용서하소서"라고 절규할 수밖에 없었습니다.

　첫 본문은 예수의 제자들과 율법학자들이 말 못하는 벙어리 귀신 들린 아이를 놓고 논쟁하는 과정에서 예수께서 어쩔 수 없이 그 현장에 참여하는 모습을 보여주었습니다. 아마도 이 아이를 고치기 위해 제자들도 힘썼고 율법학자들도 앞서 수고를 했던 모양입니다. 그러나 누구도 고치지 못하자 아이 아버지는 급기야 예수께 살려 달라 청원하고 있던 것이지요. 물불 가리지 않고 자신의 몸을 던지고 자학하며 날뛰는 귀신들린 아이를 예수는 자신 앞에 불러 세웠습니다. 하지만 예수는 귀신을 쫓아내지 못한 제자들을 '믿음 없는 세대'라 한탄했고 '할 수만 있다면' 아이를 불쌍히 여겨 고쳐달라는 아비의 간청에도 그의 '믿음 없음'을 지적하며 야단을 쳤습니다. 그러자 아이의 아버지는 자신의 '믿음 없음'을 용서해 주길 바라며 당신이 아이를 고칠 수 있음을 믿겠노라고, 아니 믿는다고 고백하였지요. 이후 예수는 아이로부터 벙어리 귀신이 나올 것을 명하셨고, 이후라도 다시는 그에게 들어가지 말 것을 귀신에게 당부하셨습니다. 아이가 정상을 되찾은 이후 제자들이 예수께 "왜 우리는 귀신을 쫓아낼 수 없었습니까?"를 묻습니다. 예수의 답은 의외로 간단했습니다. '기도로만 할 수 있을 뿐'이라고 대답한 것입니다. 그러나 정작 본문에서는 예수의 기도가 드러나 있지 않았습니다. 오로지 악한 귀신과 대면하며 그에게 소리쳐 아이로부터 나갈 것을 명하는 소리만 있을 뿐입니다. 하지만 이것이 기도라고 한다면, 이것을 일컬어 기도라고 했다면 우리는 본문 속에서 아주 중요한 뜻을 찾을 수 있습니다.

두 번째 읽었던 본문 역시도 믿음을 주제로 했습니다. 예나 지금이나 사람들은 믿음을 얻기 위해 마음을 썼던 모양입니다. 수없는 교리, 신조가 있으나 그가 말하는 바를 믿기란 참으로 어려운 일입니다. 성서가 믿으라는 것을 자기 수준으로 합리화시켜 수용할지라도 여전히 부족감을 느낄 뿐입니다. 제자들도 그러했던 것 같습니다. 마치 믿음을 누가 누구에게 줄 수 있는 것처럼 자신들에게 믿음을 더해 달라고 예수께 부탁했던 것이지요. 하지만 예수의 대답은 이에 대한 적절한 답변이 아니었습니다. 여전히 그들의 '믿음 없음'만을 지적하고 있을 뿐입니다. 겨자씨만 한 믿음이 있다면 '뽕나무를 뽑아 바다에 심을 수 있다'고 했습니다. 많은 사람이 이 말씀을 읽지만 누구도 이 말씀을 믿지 않습니다. 불가능한 것임을 알면서도 그러려니 하며 읽을 뿐이겠지요. 믿을 수도 없고, 믿어지지도 않으며, 안 믿자니 믿음이 없는 것 같은 이런 현실에 있는 것이 우리의 모습입니다. 그럼에도 이 두 본문 속에서 주목하고 싶은 것은 여전히 우리의 '믿음 없음'에 대한 절규입니다. 저는 이 말씀의 의미를 홍천에서 목회하는 목회자들을 통해 저 자신의 고백으로 삼았습니다.

저는 벙어리 귀신 들려 난리 치는 아이 앞에서 어찌할 줄 모르는 아비를 보며 그를 오늘 우리의 현실과 중첩시켜 보았습니다. 여기서 벙어리 귀신이란 부모 세대와 소통할 줄 모르고 자기 인생을 고집하는 우리 가정의 자녀들이라 생각하면 아니 될까요. 그리고 정작 쩔쩔매며 이곳저곳 도움을 청하는 아버지는 자식이 실상 '모든 것 중의 모든 것'이 되어버린 우리 시대 부모의 자화상이라 생각했습니다. 이미 알고 있듯 한 신학자는 하나님을 우리의 궁극적 관심과 등가로 보았지요. 한때 하나님을 '높이'의 차원에서 숭배한 적도 있었고, '멀리'에서 오는 희망이라 고백한 적도 있었으나, 얼마 전부터는 삶의 '깊이'에서 발견되는 궁극적 관심으로 여겼던 것이지요. 그래서 가족 안에서 자식은 어느덧 우리들의 미래이자 내세가 되었고, 궁극적 관심, 곧 신이 되어 버렸습니다. 그러나 그것은 실상 본문이 말한 귀신과 다를 바 없습니다. 마치 귀신들린 아이처럼 우리의 자식들은 통제 불능한 상태가 되었고, 소통할 수 없는 존재가 되었으며, 스스로 설 수 없는 미숙아가 되어 버린 것입니다. 그럴수록 부모는 오로지 자식을 위해 살아가야 할 운명을 걸머지게 되었습니다. 이처럼 귀신 들린 자식으로 인해 쩔쩔매는 아비가 너무 불쌍하고, 그를 살려보겠다고 애쓰는 제자들이 한없이 안타깝지만 이들에게 정작 예수는 '믿음이 없다'고 꾸짖고 나무라셨습니다. 종국에는 그들의 입에서 자신들의 '믿음 없음을 용서하라'는 간절한 회개를 이끌어 내었습니다. 겨자씨만한 믿음조차 없이 인생을 살았음을 스스로 발견토록 하신 것입니다.

돌이켜 보면 우리는 하나님은커녕 자식에 대한 믿음도 없었습니다. 그들이 인생을 잘 개척하며 살 수 있을 것이란 확신 대신 우리의 앞선 생각, 때론 기대와 욕심이 그들 인생을 덧칠한 적도 많았습니다. 지금은 땅위를 처절하게 기는 애벌레 같으나 그 속에 언젠가는 펼쳐질 날개가 있음을 보지 못했고, 설령 보았더라도 그들의 때를 기다리지 않았으며, 성글지 못한 그것을 남들보다 앞서 끄집어내려고만 하였지요. 남과 달리된 자식을 자랑하며 사는 것이 중요한 것이 아니라, 오히려 자식들이 부모를 자랑할 수 있도록 우리 스스로가 잘살아야 함에도 말입니다. 그렇기에 부모들은 아이들 때문에 고통당한다 하나 실상은 자식들이 어른세대로 인해 망가져 가는 것이라 생각됩니다. 예수께서 믿음이 없는 세대라 칭하신 대상이 바로 제자들이었고, 정작 아비였음이 이를 말하고 있지 않습니까? 조급한 나머지 아이들의 미래, 바라는 것들의 실상을 기다릴 수 있는 '긴 호흡'을 갖지 못한 우리가 할 고백이 바로 '믿음 없음'에 대해 용서를 구하는 일이 아닐는지요. 이제 저에게 이런 깨달음을 안겨 준 제자 목사들의 이야기를 할 차례가 되었습니다.

지난 월요일 홍천에서 저는 제게서 배운 감신 82학번 목사들을 여럿 만났습니다. 모두 후생가외後生可畏라는 말에 적합한 이들이나 그중 한 사람을 소개해 보겠습니다. 그는 예수처럼 가난한 이(노동자)들의 목자로서 삶을 살기로 작정하고 목회를 시작했습니다. 그러나 그들의 헌금으로 사는 것에 마음이 편치 않았습니다. 인제에 가까운 홍천 변방 고향으로 내려와 선친이 하던 소금 구워 파는 일로 소박하게 가계를 꾸려 나갔습니다. 마을 사람들이 그의 삶을 인정하여 마을 지도자로 선택했고, 마을 산들이 골프장 부지로 막 개발되는 것을 반대하는 일에 시골 사람을 대신해 앞장을 섰습니다. 당일 목사님을 만난 것도 홍천군청 시위장에서였지요. 함께 군수를 만났고, 골프장 공사로 마을이 두 동강 나고 인심心이 갈라지는 현실을 막아달라고 더불어 항변하였습니다. 이런 삶을 살면서도 그는 세 명의 자녀와 남이 맡긴 두 아들을 함께 키우고 있었습니다. 어느 아이는 중학교만 졸업했고, 혹은 고등학교를 자의로 중퇴한 자식도 있었습니다. 이 과정에서 충분히 대화했고, 아이의 의사를 존중했으며, 미래에 대한 책임도 스스로 질 수 있도록 가르쳤답니다. 매일 아침 기도회로 시작하여 오전에 함께 공부했고, 오후는 실컷 놀았으며, 놀다 지치면 배우고 싶은 것을 충분히 익혔답니다. 모든 것을 스스로 할 수 있어야 한다는 삶의 기본 원칙을 지키면서 말이지요. 큰 딸인 아이는 고등학교 중퇴 이후 3년간 아시아 각지를 여행했고, 현지에서 일하며 경비를 충당했습니다. 그곳에서 번 돈으로 시골에서 버겁게 살아가는 부모를 여행 중인 아시아 어느 지역으로 초청하기도 했답니다. 귀국 후 그는 서울예전 문예창작학과 수시 모집에 수석으로 합격하여 전액 장학금을 받고 학교에 다니고 있습니다. 옛날 과거 시험처럼 논제를 주고 글을 쓰는 것이 시험의 전부였기에 그 딸아이는 자신의 여행 경험을 바탕하여 최고의 글쟁이 가능성을 내비쳤던 것이지요. 맏이가 그리 사는 모습을 보며 동생들 역시 사내나 여자아이 모두 비슷한 삶의 여정을 따르고 있다는 것이 그와 동료 목사들의 공통된 이야기였습니다.

상세히 설명할 수 없어 안타깝지만 이들 목사를 만나 이야기를 들으면서 첫 번째 터져 나온 제 내심의 소리가 '믿음 없음을 용서 하소서'란 것이었습니다. 같은 하늘에 살면서, 같은 현실에 직면해서 이처럼 달리 살 수 있는 힘, 용기가 어디서 나오는지 알고 싶었습니다. 자식을 부모가 아닌 자식 스스로에게 맡길 수 있었던 힘과 용기가 바로 믿음이라는 사실을 새삼 깨닫게 된 것입니다. 하나님을 믿는 자는 자기 아들 속에 잠재된 힘을 믿을 수 있습니다. 자신의 여건, 배경을 믿는 것이 아니라 비록 겨자씨처럼 보이지 않으나 그가 일굴 미래를 지금 여기서 충분히 긍정할 수 있는 힘, 바로 그것이 믿음이란 생각입니다. 이런 믿음을 가졌기에 그들 속엔 귀신이 자리할 여지가 없습니다. 스스로 설 수 있는 자식이 있는 한 쩔쩔매는 아비의 모습도 더 이상 찾을 수 없습니다. 아이를 귀먹고 말 못하게 만드는 귀신은 이들 목사 집안에는 얼씬거릴 여지가 없게 된 것입니다. 하나님을 믿고, 자신을 믿었으며, 자식을 믿었기에 귀신은 처음부터 그들 속에 자리할 생각조차 할 수 없었는지 모르겠습니다. 이것이 바로 '그 아이에게서 나가라 그리고 다시는 그에게 들어가지 말라'는 본뜻이 아니었겠습니까? 이런 의미에서 기도란 귀신을 쫓아내는 일이자 스스로 서는 일이기도 합니다. 우리 자신을 옥죄며 자식들을 귀먹고 말 못하게 만드는 일이 다시 반복되지 않도록 하는 일이 바로 기도란 것이지요. 본문의 아비처럼 직면한 현실에 여전히 쩔쩔매며 당당히 맞설 수 없다면 지금 우리가 할 일은 자신들의 믿음 없음에 대해 용서를 구하는 것입니다. 그렇기에 기도 없이는 누구도 귀신을 몰아낼 수 없다고 예수가 말씀하신 것이겠지요. 기도할 수 있는 믿음이 있다면 우리는 뽕나무를 뽑아 바다에 던질 수 있어야 할 것입니다.

다시 프로테스트

시월의 프로테스탄트

누가복음 24:5-6

자연이 주는 혜택, 조상들의 은덕을 맘껏 생각하며 긴 연휴를 보내고 일상으로 돌아왔습니다. 이제 우리의 시계는 어느덧 한 해 최고의 계절인 10월을 향하고 있으나 일상과 주변 현실은 우리를 편안케 놓아두질 않습니다. 청산되지 못한 친일로 인해 식민지 근대화론이 다시 고개를 쳐들고 있고 국정원의 정치개입이 전례가 될 수 없다는 판단하에 백성들이 다시 거리로 나서고 있으며 수없이 제 목숨을 버렸음에도 누구도 귀 기울여 주지 않기에 죽기를 각오하고 굶고 있는 남은 자들의 절규가 하늘을 찌르는 상황입니다. 이런 현실을 보고 들으면서도 홀로 자족하거나 아무리 자기 문제가 중하다 하더라도 이에 함몰되어 있을 수는 없는 노릇입니다. 지금 서울에는 이 시대 최고의 철학자 두 사람이 사자후를 토하고 있지요. 지젝과 바디유, 이 두 철학자는 의외로 사도바울을 좋아하는 학자들로서 체제를 벗어난 불온한 사유를 이 땅의 젊은이들에게 전하고 있습니다. 새로운 질서(체제)를 상상하고 창조하는 것이 철학의 실천적 과제라 토로합니다. 10월은 또한 우리 자신을 교회의 현실 앞에 정직하게 맞닥뜨리게 할 것입니다. 어느덧 자기 모순적 천덕꾸러기가 되어 버린 교회들이 자신을 향해 다시 프로테스트해야 될 때이지요. 오늘의 말씀대로라면 더 이상 하나님을 죽은 자(무덤)들 속에서 찾지 말고 공생애를 시작했던 갈릴리를 기억하라는 것입니다. 사실 오늘 교회는 하나님의 무덤처럼 변해 버렸습니다. 살아계신 분을 만나는 곳이 아니라 죽은 분을 제사 지내는 형세입니다. 이런 이유로 우리도 10월 첫날에 한국교회 현실을 언급하지 않을 수 없습니다. 교회의 현실을 같이 아파하고 그에 프로테스트하기 위함입니다. 오늘 설교는 이런 문제의식하에 '작은 교회가 희망'이라는 메시지를 선포하는 자리에서 며칠 전 읽었던 글을 재구성한 것입니다. 아시듯 우리는 '작은 교회가 희망이다'란 주제하에 신학적 입장을 달리해온 목회자, 신학자들과 함께 한국교회의 미래를 걱정하며 대안을 모색 중입니다. 10월 19일 온 종일 이런 가치를 지향하는 교회들의 박람회가 개최될 것입니다. 대략 60여 개의 참여 교회들이 탈脫성장, 탈脫성직, 탈脫성별 등 3개의 '脫'을 공유하며 함께할 예정입니다. 이는 다가올 종교개혁 500년이 되는 2017년을 옳게 대면코자 함이겠지요. 그렇다면 먼저 하나님 무덤이 되어버린 교회가 아닌 성서적이고 복음적인 교회의 역사적 형태부터 알아야겠습니다.

일반적으로 교회는 하나님 나라와 등가는 아니나 그와 상응하는 가치와 권위를 지닌 세속기관이라 불립니다. 따라서 세상과 구별될 필요는 있겠으나 방주와 같은 고립된 이미지를 벗겨내는 것 역시 빠를수록 좋은 일입니다. 그래서 혹자는 교회의 존재 이유를 일컬어 세상 안에 있되 세상 밖을 사는 사람들의 공동체라 부르기도 하지요. 이 땅에서 불가능한 가능성(새로운 체제)을 실험하는 공간, 새로운 수도원 운동이 되기를 바라고 있습니다. 그렇기에 종종 신앙은 불가능한 것에 대한 열정과 같게 이해됩니다. 하지만 자신들 만의 문법(언어)에 갇혀 정작 세상(俗)적 가치를 선호하는 것이 오늘의 교회의 모습이지요. 거듭 강조하지만 일찍이 본회퍼는 이런 삶을 살지 못하는 제자 없는 현실교회를 일컬어 기독교를 이념 혹은 신화로 만들고 있다고 비판했습니다. 요즘 영성이란 말이 회자되나 그것 또한 기존 틀 아래서 실용적 차원에서 요구될 뿐 삶 자체를 달리 만드는 것(제자 되기)과는 유관치 않습니다. 제자가 실종되었듯 하나님 나라를 닮아있는(유비적) 교회의 부재 역시 당연한 결과이겠지요. 향후 10-20년 안에 개신교 인구가 지금의 절반 수준인 400만으로 줄 것이란 경고도 몇몇 대형 교회에게는 낯설게 들리는 것 같습니다.

언제부터인가 예수 삶을 강조하는 '역사적 예수'에 대한 관심이 교회들의 따가운 눈총을 받으면서도 점차 확산되고 있습니다. 예수 삶의 구체적(역사적) 형태를 발견하는 것은 중요한 일입니다. 그렇지만 현실 교회들은 이를 불편하게 생각합니다. 역사적 예수는 오늘날 교회가 지키려는 교리적 차원과 상당히 다른 까닭입니다. 교회에서 선포되는 신앙의 그리스도가 잘못된 것은 아니되 믿음과 은총의 '오직Sola'의 논리가 오히려 중세기의 면죄부보다 더 타락한 것도 또 다른 이유가 될 것입니다. 소위 목사의 크기를 교회의 크기에 견주는 것만큼 교회 공동체를 모독하는 일은 없습니다. 이는 역사적 예수의 인격과 그의 삶 자체를 무시하는 처사일 것입니다. 하지만 역사적 예수만으로 교회 공동체 문제가 해결될 수 없는 것도 사실입니다. 신앙의 눈(전승)이 있을 때 비로소 역사적 예수와의 관계가 성립되는 까닭이지요. 그렇기에 우리에게 신앙을 가르친 역사적 공동체로서 초대 교회 모습이 더욱 중요합니다. 하지만 먼저 초대 교회에 대한 오해부터 종식시킬 필요가 있습니다. 그것은 초대 교회가 단일한 형태였다는 생각과 그것이 오늘 우리가 믿는 것과 같은 교리와 신조의 공동체라는 교회적 가르침입니다. 오히려 초대교회는 다양한 신학과 삶을 지닌 공동체였고, 당시 로마 체제가 감당하기에는 가치관적으로 전혀 달랐고, 전혀 다른 삶의 양식을 창출하였습니다. 초대교회가 특별한 교리를 가지고 세상과 달리 했던 것이 아니라, 그들이 만든 새로운 체제를 통해 변별되었던 것이지요. 당시 교회들의 형태도 무수히 달랐고 저마다 전혀 다른 삶을 기획하였으나 오로지 예수 삶을 따르는 것이 그들의 '공통감共通感'이었기에 가능했던 일이었습니다.

한 신학자는 이런 역사적 공동체를 언더그라운드 교회라 통칭하였습니다. 오늘까지 지속되는 로마의 국교가 된 교회 형태와 구별하기 위해서입니다. 제국의 종교가 되어버린 기독교가 예언자적 삶을 포기했듯 오늘 대다수 교회들 역시 세례받는 것(예수 믿기)을 평화주의자가 되고 가난한 자들을 환대하는 삶을 사는 것과 무관하게 여기고 있습니다. 기독교가 로마의 국교가 된 당시 교회처럼 지금 여기서도 획일적 교리, 신조들만이 강조되고 있습니다. 이제는 교회에 가는 것이, 불가능한 것을 향한 열정(하나님 나라) 때문이 아니라 몸과 마음의 안정과 개인적 내적 평화를 위해서인 것도 부정할 수 없는 현실입니다. 영육의 차원을 분리시켰고 정치를 교회로부터 추방시켜 버린 것도 로마 시대 기독교와 닮아 있습니다. 하지만 언더그라운드 교회에서는 이와 달랐고 달라야 했습니다. 그곳에는 소위 복음의 정치학이란 것이 있었던 까닭입니다. 부활 이후의 예수 공동체는 예수를 따름(행동)으로서만 그를 알 수 있다고 믿었던 탓이지요. 초기 예수 공동체에선 무엇을 믿을 것인가가 아니라 무엇을 할 것인가에 대한 말뿐이었고 그 기록이 바로 우리 앞의 복음서였습니다.

복음의 정치학은 당시 체제를 불편하게 했고 그들의 존재를 위협하기도 했습니다. 천국을 겨자씨로 비유한 것은 가장 작은 것이 모든 것을 품을 수 있는 까닭이지만 그의 빠른 성장이 사람들을 불편하게 했던 탓이라 보는 성서학자들도 있습니다. 되갚을 수 있는 능력이 없는 사람을 초대하여 잔치를 베풀었고 일한 시간과 관계없이 누구에게나 하루 살 품삯을 주었으며 성전을 무너지라 했고 안식일 법을 무력화시킨 예수는 분명 체제가 요구하는(Status quo) 존재는 아니었지요. 당시 종교 체제에 있어 예수는 낯설고 불편했고 거추장스러운 존재였을 뿐입니다. 하지만 복음의 정치학은 주기도문이 말하듯 하늘의 정의를 이 땅에 심고자 했기에 때론 과격했지요. 기독교 체제를 유지, 지탱하는 것이 최대의 관심사가 된 현실 교회의 예수상과 크게 달랐습니다. '신앙의 시대'로 불리는 초대교회는 실상 오늘날 통용되는 사도직이란 개념도 없었습니다. 남녀를 막론하고 주어진 은사(카리스마)들만이 존재할 뿐 수직적 성직제도는 아주 후대의 산물이지요. 또한 당시 교회는 예수 운동으로 존재했기에 반제국주의적 색채가 짙었고 그래서 정치적일 수밖에 없었습니다. 예수 추종자들은 로마가 멸망할 것을 굳게 믿고 그와는 다른 삶의 방식을 택할 수밖에 없었습니다. 로마의 폭압에 대해 버티고 견디며 참는 것만이 자신들이 감내할 부분이었던 것이지요. 이들을 지탱한 것은 일치된 신조가 아니라 예수를 추종하는 진정한 제자도였습니다. 그들에게 예수가 주님이란 고백은 단순 신조(교리)적 차원의 지적 승인이 아니었고 로마(세상)가 세상의 주인이 아니라는 것이자 그들 삶의 양식과 전혀 다른 대안적 삶의 실천이었습니다.

바로 이런 역사 공동체의 모습에서 우리는 '작은 교회가 희망'일 수 있는 이유를 다시 프로테스트의 실상으로서 세 종류의 '脫' 속에서 찾고자 합니다. 무엇보다 '脫'성장은 획일성이 아니라 다양성과 유관하며 '믿기'가 아니라 '살기'의 차원을 중시합니다. 또한 '脫'성장은 성숙을 이름하는 바, 오늘과 같은 소수의 획일적 대형 교회가 아닌 다수의 다양한 카리스마 공동체를 지향합니다. 초대 공동체 안에서부터 시작된 해석(공동체)의 다양성은 결코 부정될 것이 아니라 더욱 긍정되어야 할 사안이지요. 언제든 '하나'의 획일적 가치를 추동한 것은 제국주의적 기독교였습니다. 문제는 저마다 다른 해석 공동체 안에서 보편적 가치, 곧 예수 삶의 에토스를 실현시키는 일—'제자 되기'—입니다. 따라서 카리스마 공동체는 필연적으로 '脫'성직으로 귀결될 것입니다. 종교개혁의 원리 중, 지나쳐서 문제가 된 것도 있지만, '만인 제사직론' 같은 것은 아직 시작도 하지 못했습니다. 이는 역으로 평신도에게 성직자의 자각을 요청하는 무거운 주제가 될 수 있습니다. 일찍이 함석헌은 이 땅에 들어온 교회가 성직자 중심의 종교로 변질된 것을 깊이 우려하였지요. 우리 사회 속에 종교의 이름을 걸고 생활하는 성직자의 수가 너무 많은 것이 큰 문제입니다. 저마다 경쟁이 되다 보니 스스로를 거룩타 하며 신비화하고 권위적으로 변질되고 있지요. 그렇게 되어야 신도들을 권위에 종속시킬 수 있다고 믿는 까닭입니다. '脫'성별 역시 기독교 성숙의 잣대이자 민주사회의 역량을 반영합니다. 우리는 지금 중세가 아닌 기독교 이후 시대를 살고 있습니다. 특정 종교인으로 살고 있으나 뭇 타자를 존중하며 그들과 평화롭게 공존함을 배우는 시민사회의 구성원이기도 한 것이지요. 그러나 아직까지 기독교는 종종 여성을 자신들이 보유한 최후 식민지처럼 관계하고 있습니다. 어느 교단을 막론하고 여성 목회자(전도사)들에 대한 인식이 일천하며 교회 내 잡일은 여신도들의 몫인 경우가 많지요. 바울의 동역자들 중에서 과반수에 가까운 이들이 여성이었다는 사실은 깊이 숙고할 주제입니다.

결국 세 형태의 '脫'은 '다시 프로테스트'를 위해 오늘의 예수 제자들이 걸머져야 할 과제가 되었습니다. 이것은 오늘 이곳에 모인 우리에게 작은 교회로서 존재해야 할 이유를 제공합니다. 대형 교회는 脫지역화된 세몰이 '조직'으로 기능하나 작은 교회는 지역 안에서 가치 지향적 삶을 선택할 수 있기 때문입니다. 지역에서 뿌리 뽑혀진 모습, 이것은 우리 겨자씨 교회의 현실 문제이기도 하지요. 당시 교회가 세상과 다른 기준으로 삶을 살았고 그래서 그들을 불편하게 만들었듯이 오늘 우리도 스스로의 삶에 대해 다시 프로테스트를 해야 마땅한 일입니다. 평등적 질서로 세상을 위협했던 예수운동이 어느덧 위계질서를 지닌 폐쇄적 조직, 신조를 강조하는 율법화된 공동체로 변질되어 세상(제국)에 길들여져 있는 것에 먼저 소스라치게 놀라야 가능한 일일 것입니다. 교회가 세상을 불편하게 하기는커녕 이/저세상을 두루 잘 살 수 있다는 종교적 탐욕을 전하고 있음을 프로테스트해야 할 것이지요.

오늘의 교회상이 이렇듯 변질된 것은 기독교가 이 땅에 잘못된 방식으로 정착된 것에서도 원인을 찾을 수 있겠습니다. 이 땅의 종교 문화와 제대로 만났더라면 한국교회가 서구적 형태와 변별될 수도 있었을 터인데 그리되지 못한 것입니다. 어느 종교든 긍/부정적 측면이 있는 것인데 불행히도 제도화된 교회의 부정적 측면과 이 땅의 부정적 종교현상이 접목되고 말았습니다. 주지하듯 한국교회 안에는 성서적 그리스도인 像보다는 제각기 무속적, 유교적 그리고 불교적 기독교인들이 많은 듯 보입니다. 저마다 명시적 기독교들이긴 하지만 우리 내면엔 다(복수)층의 종교성이 자리한 이치입니다. 좋은 것들도 많으나 불행하게도 그들 내면을 지배하는 것은 부정적인 이 땅의 종교성들이었습니다. 예컨대 무속적 기독교인들은 대단히 기복적(현세 지향적) 특성을 지녔고, 유교적 기독교인들의 경우 기독교의 가부장적 가치를 강화시켰으며 불교적 성향의 기독교인들은 현실에 초연하고 부정하는 탈정치적 신앙 양식을 표출하고 있음을 봅니다. 혹자는 이것을 한국적 기독교의 모습이라 폄하하고 제 종교들과의 단절 내지 투쟁을 기독교 본연의 과제라 인식하나 이것은 잘못된 평가입니다. 이런 부정성은 기독교에도 비非본질성이 있듯 본래 이 땅의 주인이었던 종교들의 일면일 뿐 전부가 아니며 오히려 이들 종교에서 우리는 초대교회 가치를 강화시킬 수 있고 새 시대에 필요한 누룩과 같은 요소를 찾을 수 있어야 할 것입니다. 이런 가치 지향적 만남을 위해 우리는 향후 또 하나의 '脫'을 지향해야 할 것인바, 그것은 바로 '脫'서구입니다. 그 바탕에서 교회론의 '한국적' 의미를 생각하는 것이 프로테스트의 마지막 과제라 생각합니다.

지난해 가톨릭교회는 바티칸 공의회 50주년을 기념하였습니다. 한국천주교에서도 바티칸 공의회의 개혁적 의미를 반추하며 오늘의 상황에서 그 뜻을 잇고자 노력한 것입니다. 제가 알기로 이들의 주된 관심사가 교회의 복음화였습니다. 교회가 먼저 복음화되지 못한다면 세상의 복음화는 생각조차 할 수 없다는 것이 이들의 생각이었지요. 어느덧 프로테스탄트의 의미를 상실한 우리 개신교에게 '교회 복음화'를 주제화한 한 가톨릭교회는 타산지석입니다. 역사적 공동체로서의 교회의 본 모습을 되찾아 그에 근거한 3개의 '脫'을 시도할 수 있을 때 비로소 '프로테스탄트'의 위상이 다시 생겨날 수 있을 것입니다. 이제 10월을 맞아 민족과 교회의 역사를 생각하며 우리 자신에 대해서부터 '다시 프로테스트'하는 삶이 생겨나기를 기대해 봅니다. 그로부터 두 번째 종교개혁의 여명이 떠오를 것을 믿습니다. 끝으로 다음 두말을 남기며 오늘 설교를 마감하겠습니다.

만일 그리스도께서 이곳에 계신다면 그가 하지 않을 것은 기독교인이 되는 것이다(마크 트윈).

거룩한 것에 대한 충성을 포기 할 때, 우리는 우리의 존엄성을 잃게 된다. 우리의 존재는 사소한 것으로 전락 한다(아브라함 헤셀).

울타리를 허무는 교회

누가복음 9:49-50

우리 교회는 신년 초 지난 십여 일간을 분주하면서도 참으로 허전하게 지내야 했습니다. 마음을 추슬러 보지만 저희 목전에서 숨을 거두신 오재식 선생님의 모습이 강하게 마음속 깊이 각인 된 까닭입니다. 살아생전 옆에 계실 때 어렴풋하게 알았던 선생님의 면모를 장례식을 치르면서 그를 기억하는 지인들의 증언을 통해 여실하게 보게 되었으니 감사한 일입니다. 선생님은 한국 기독교와 지난했던 근현대사에 있어 생각보다 훨씬 더 큰 존재였고 우리보다 하나님께 몇 발자국 앞서 나가신 분이었습니다. 그가 부재했더라면 NCCK로 대표되는 한국 기독교의 위상은 더없이 초라해졌을 것입니다. 흔히들 노인 한분이 세상을 떠나면 도서관 하나가 사라지는 것과 같다 하는데 선생님의 소천은 도서관 몇 개가 붕괴되는 사건이 아닐 수 없습니다. 다행히도 몇몇 교우들이 선생님의 임종 직전 그 생각과 뜻을 자신에게 나눠 달라 기도했다 하니 그 도서관은 결코 실종되어 버리지는 않을 것입니다. 예수의 제자들이 스승의 십자가 처형 후 사방으로 흩어졌으나 살아생전 그가 했던 말씀을 기억하고 용기 내어 처형현장으로 발길을 옮겼듯 이곳에 남아있는 우리 역시 오재식 선생님이 남겼던 귀한 말씀을 기억하며 뭇 현장現場을 사랑하고 그곳으로 발길을 옮길 수 있었으면 좋겠습니다. 그것이 선생님의 마지막 하관예배를 주관했던 겨자씨교회가 감당할 과제이겠지요.

이렇듯 선생님을 기억하면서 우리는 겨자씨교회 창립 7주년 기념예배를 드리고 있습니다. 마음은 아직 무겁고 슬픈데 겨자씨 공동체를 통해 선생님을 만났던 우리는 교회의 창립을 참으로 기뻐해야 할 것입니다. 교회 공동체를 지속하는 일은 그 규모가 크든 작든 많은 수고가 필요한 일입니다. 어려운 결단 속에 교회 공동체를 일궈 헌신했던 당시의 교우들께 감사한 마음을 표해야 할 것입니다. 지난 7년간 난관도 있었고, 의기소침한 일도 적지 않았으나, 그만큼 기쁘고 즐거우며 감사한 일도 있었다는 것이 교우들의 고백입니다. 교회를 세워본 경험이 없었기에 부딪치면서 배웠고 그로 인해 상처도 받았으나 영적 성장도 이뤄낸 것입니다. 함께 교회를 시작했으나 지난 7년 세월 속에 앞서 세상을 떠난 이들도 있었지요. 이 시간 그분들의 수고를 고이 기억할 일입니다. 또한 시작은 같이 했으나 이런저런 사정으로 함께 공동체에 속할 수 없었던 분들도 이제는 상당수가 되었습니다. 이런 일들은 종종 남아있는 우리 자신을 되돌아보는 기회를 만들 수 있습니다. 우리의 부족함을 가감없이 드러내는 계기로 삼자는 것이지요. 하지만 이런 부족에도 불구하고 공동체의 식구가 되어준 더 많은 분들이 있다는 것에 우리는 머리 숙여 감사를 올립니다. 여타 교회와 형식도 구조도 다른 겨자씨 교회에 정착한다는 것은 스스로 열린 마음이 없었다면 결코 쉬운 일이 아니었습니다. 처음 시작할 당시보다 더 많은 새로운 교우들로 교회 공동체가 구성된 것은 교회의 미래를 예감토록 합니다. 나중 된 사람이 먼저 된다는 성서의 말씀이 있듯이 처음 시작한 분들이 뿌린 씨앗을 더 열심히 키워내는 소임을 감당해 주시길 바랍니다.

　이제 창립 7주기를 맞아 겨자씨 공동체는 좀 더 구체적으로 달라질 것을 스스로 결의했습니다. 그간 막연했던 평신도 교회의 정체성을 좀 더 구체적으로 가시화시켜 내고자 한 것이지요. 오늘 우리 주변에서 '예수는 Yes, 교회는 No'라 답하는 수많은 이들을 만날 수 있습니다. 교회의 울타리가 너무 높고, 그 속에 시대와 불화하는 가치서열(하이라키)적 구조가 대세이며, 그 중심에 성직이란 이름 아래 교권을 전횡하는 성직자가 위치한 것에 대한 반감의 표시라 하겠습니다. 그들 중에 용기 있게 교회를 떠난 사람도 있으나 대다수는 침묵한 채 편치 않은 교회 생활을 지속하고 있는 것이지요. 물론 며칠 전 언론에 소개되었듯 교우들 수가 적정선에 이르면 자발적으로 교회를 분가시켜 스스로 '중심'을 탈殿하는 민주적 교회 공동체도 더러 있으나 극히 예외적 경우라 생각합니다. 공룡처럼 비대할 대로 비대해지는 것이 소위 성장을 추구하는 교회들의 생리이기 때문이지요. 이 점에서 겨자씨 공동체는 처음부터 쉽지 않았으나 모험적인 이상을 품고 기성교회와 다른 길을 걷고자 했고 이제 더욱 구체화되길 바라고 있습니다. 누구도 소외됨 없이 자신의 카리스마(능력)에 따라 자발적으로 공동체를 섬기며 민주적 의사결정에 따라 교회의 할 일을 정하고 그 과정에서 영적 치유를 더불어 느끼자는 것이요. 일정 기간 교회에 적응하여 구성원이 되면 어떤 구별 없이 교회 일에 참여할 수 있다는 것이 핵심 내용일 것입니다. 지금까지는 소수의 친밀 공동체로 머물렀기에 다소간 절차에 소홀했고 형식을 홀대한 감이 없지 않으나 이를 보완하면서 교회 창립 10주기를 내다보아야 할 것입니다.

저는 교회 창립 7주년을 맞이하여 교회의 화두를 '열림' 즉 어떤 형태의 울타리, 담장을 허무는 것에 두고자 합니다. 울타리를 허무는 일이 겨자씨교회가 지향하는 평신도 교회의 핵심이란 것이지요. 오늘 본문 말씀을 생각해볼 때가 된 것 같습니다.

예수 일행이 길을 가다가 어떤 이들이 귀신을 추방하는 현장을 지켜보게 되었습니다. 더구나 그들은 예수 이름을 빌어 그 일을 하고 있는 것이었지요. 제자들은 분노하여 그 일을 못 하게 막고자 했습니다. 하지만 예수께서는 말리지 않았습니다. 자신의 일을 반대하지 않은 사람은 오히려 자신을 지지하는 사람이라 하며 그들의 행위를 용납하신 것입니다. 우리는 종종 교회 안에서 '오직…로만(Only)'이라 말을 많이 듣습니다. '교회 안에만 구원이 있다'는 것이 대표적인 경우일 것입니다. 그 외에도 오직 믿음, 오직 예수 등 수없는 경계 짓기가 교회 안에서 성행하고 있지요. 요즘은 정치판에서도, 경제이론들 사이에서도 회자되고 있는듯 합니다. 이 모두는 자기동일성을 강화하는 것으로 그 의도와는 별도로 '사람 잡는 정체성'으로 귀결되곤 합니다. 이럴 경우 교회는 하나님의 감옥이자 무덤이 될 수밖에 없습니다. 오늘 본문에서 예수의 관심은 자신이 했는지 아닌지에 있지 않았고, 사람에게서 귀신을 추방하는 일 그 자체에 있었습니다. 누구라도 사람을 해방시키고 치유한다면 그들은 자신과 반대되는 경우가 아니라 오히려 자신을 적극 지지하는 같은 편이란 생각이었던 것이지요. 이 점에서 강정마을 구럼비를 목숨 다해 지켰던 송강호 박사의 말은 오늘 성서의 말씀과 닿아 있습니다.

> 하나님의 일은 그리스도인만이 하는 것이 아니에요. 하나님의 일이니 그리스도인끼리 하자고 말하는 사람은 아직도 하나님의 일이 무엇인지 모르는 사람이에요. 편견을 넘어 살아 역사하시는 하나님을 볼 수 있어야 합니다. 제도화된 교회, 불의에 침묵하는 교회, 권력과 결탁하는 교회가 우리를 하나님 나라로 이끄는 것이 아니지요. 정의, 평화 그리고 생명이란 가치가, 그 가치의 빛이 우리를 하나님의 길로 이끄는 것이지요.

이 점에서 교회는 무엇보다 세상과 소통해야 옳습니다. '우리끼리'란 생각은 교회의 가치에 합당치 않은 것입니다. 바로 오늘 누가복음의 말씀이 이를 웅변하고 있는 것입니다. 사람을 고치고 자유하게 하는 일, 그것이 먹는 문제든, 법의 문제든, 제도이든 간에 인간을 억압하는 마귀로부터의 자유, 그 일에는 교회 안팎이 따로 없고 '끼리 정체성'은 오히려 독이 되는 것이지요.

이렇듯 열림을 지향하는 교회, 울타리를 치우는 교회는 공동체 안에서도 다른 모습을 띠어야 마땅한 일입니다. 우리는 앞서 겨자씨교회가 하이라키 구조를 벗고 저마다의 카리스마(능력)로 참여하는 만주적인 자발적 공동체가 되기를 바랐습니다. 이를 위해 우리는 이미 2,000년간의 기독교 전통, 그 울타리를 스스로 허물어 버렸습니다. 철저하지 못한 부분도 아직 남아 있으나 시간을 두고 해결될 문제입니다. 성직자가 그냥 신앙인이 되어 살아 보고 평신도가 성직자의 자의식을 갖고 사는 중에 서로 간 경계를 허무는 연습이 반복되어야 할 것입니다. 나아가 우리 상호 간에도 보이지 않는 계층의식, 차별의식도 철저하게 검증받을 일입니다. 그렇기에 우리가 살고 있는 세상의 실상과 다르게 하나님께서 약한 자를 들어 강한 자를 부끄럽게 하신다는 말씀이 통용되는 공간을 만들어 낼 책임이 있습니다. 오재식 선생님께서 자서전 『내게 꽃으로 다가오는 현장』에서 말씀하셨듯이 현장의 고통 속에서 뭇 사람들을 일으켜 세웠으나 그들이 오히려 자신을 일깨웠으며 구원시키는 주체가 되었다고 겸손하게 고백할 수 있어야 할 것입니다.

하지만 이를 위해 겨자씨 공동체는 교리에 대한 믿음을 강요하지 않을 것입니다. 교리는 종종 그렇듯 신앙공동체 안팎을 나누는 장애물(울타리)이 될 수 있습니다. 교회 공동체 안에서도 누군 더 좋고 많으며 누군 부족한 사람으로 평가되는 경우도 생겨나지요. 기성 교회가 강요하듯 신앙이 교리를 인정하고 판단하는 기준은 결코 아닐 것입니다. 기독교 전통 아래서 믿음, 곧 신앙은 항시 이해를 추구하며, 이해를 동반하는 것이었지요. 감리교 창시자 요한 웨슬리 역시 인간 이성(의 역할)을 부정하는 것은 종교 자체를 부정하는 것이라 말한 바 있었습니다. 물론 기독교 초기 변증가들이 활동할 즈음 "불합리하기에 믿는다"는 말이 통용된 적도 있었습니다. 하지만 긴 역사 속에서 기독교 전통은 '이해를 추구하는 신앙'(Faith seeking Understanding)을 정설로 택했습니다. 따라서 우리 공동체 역시 '열림'을 화두로 삼는 한 치열하게 공부하고 연구하는 일을 게을리하지 않을 것입니다. 이해가 되고 납득이 될 때까지 묻고 토론하는 것은 열린 공동체가 잘할 수 있는 일이겠지요. 앞으로는 경우에 따라 설교에 대해서도 묻고 토론하는 기회를 가질 생각입니다. 질문과 침묵이 묵과된다면 그 역시 울타리가 둘러쳐진 결과인 탓입니다. 그럼에도 선한 사마리아 인의 이야기가 말하듯 강도 만난 '현장'이 있다면, 현장으로 판단되는 곳이 있다면 제사장처럼, 유대 랍비처럼 핑계하며 그 자리를 지나치지 않겠다는 결단도 요구할 것입니다. 그 역시 지나칠 충분한 이유가 있었음에도 강도 만난 이에게 머물렀던 사마리아인의 마음을 품고자 하는 것입니다. 제사장과 랍비는 육화된 그리스도 신비를 놓침으로 최선을 최악으로 만든 사람들이었으나, 사마리아인은 영생에 대한 답을 얻을 수 있었기 때문입니다. 의당 우리의 이웃은 교회 안팎에 모두 공존합니다. 우리 공동체 안에서 화급한 경우가 있다면 우선 물심양면으로 그 곁에 다가서야 할 것입니다. 그래서 누구도 홀로 슬프거나 외롭지 않도록 해야겠지요. 아울러 지금보다 더 많이 우리 밖을 살피는 큰 마음, 개인과 사회를 품을 수 있는 그리스도의 마음으로 성장하는 꿈도 포기하지 않아야 할 것입니다. 겨자씨 공동체가 여럿 중의 하나임은 틀림없으나 뜻을 품었다면, 그리고 생각하는 교회가 된 탓에 또한 큰 선생님들과 더불어 생활했던 흔적으로 진정한 그리스도 공동체가 되었으면 하는 바람이 작지 않습니다.

남은 자의 책무

신뢰의 그루터기가 되라

이사야서 10:20-23, 11:10-16

흥인지문 위 언덕에 솟아있던 교회가 세월호처럼 졸지에 흔적도 없이 사라져 버렸습니다. 간혹 교회 건물이 음식점이 되고, 상가로 변하는 모습을 보았으나 이렇듯 그 자취를 감추고 보니 그 허망함이 더욱 큽니다. 더욱이 한 사람의 지도자를 잘못 만나 교우들이 사분오열 찢겨졌고, 서로 원수가 되었으며, 낙심하여 흩어졌으니 지금 우리의 정황은 옛적의 슬픈 이스라엘 백성을 닮았습니다. 오직 소수의 사람만이 엄동설한을 견딘 채 이곳에 남아 스러져가는 동대문교회를 바라보며 애통해 하고 있습니다. 모두의 조롱거리가 되었고 너희 잘못 탓이라 손가락질도 당하고 있습니다. 김학순 할머니가 다녔던 교회, 한국교회의 역사 몇 페이지를 담당할 만큼 많은 이야깃거리를 지녔던 교회, 가장 좋은 예언자적 설교를 들을 수 있었던 교회, 이런 곳에 몸담으면서 교회를 어찌 이 지경으로 만들었느냐는 것입니다. 당시 이스라엘 백성도 이런 모습이었습니다. 그들은 하나님의 선민으로 부름받았던 민족이었습니다. 다른 이들과 구별되는 율법을 지녔으며, 출애굽이라는 놀라운 역사 경험을 갖고 있었던 유례없는 존재들이었습니다. 하지만 그들은 바벨론 포로가 되었습니다. 하나님의 법궤도 빼앗겼고, 자신들 왕 역시 두 눈을 뽑힌 채로 끌려갔고, 수많은 제사장들 그리고 노인, 아이, 불구의 몸을 지닌 자들만이 유대 땅에 남아 울부짖던 것이었지요. 자신들의 찬란한 역사, 자부심을 송두리째 앗아간 그들의 슬픈 노래(哀歌)를 시편 곳곳에서 만날 수 있습니다. 수많은 사람이 지배국의 폭정으로 죽었고, 사방으로 도망쳤으며, 더 이상 역사 속에서 자신들의 미래를 가늠할 수 없었던 것입니다. 지금 동대문교회에 몸담았던 이들의 모습이 조금도 이와 다르지 않습니다. 언제까지 이렇듯 길거리 예배가 지속되어야 할지 모를 일입니다. 이 사람, 저 사람 우리의 미래를 넘보며 의지할 곳 없는 우리를 돕는다는 미명하에 자신들의 이익을 취하려 합니다. 그럼에도 꿋꿋하게 동대문교회 정신을 지키고 백여 년의 역사를 지닌 이 언덕을 거룩하게 보존하려는 소수의 사람들을 남겨주셔서 참으로 고맙습니다. 하나님의 미래는 남겨진 자들로 인해 다시 세워질 것입니다. 곳곳에 흩어진 자들이 다시 모여올 날을 믿으며, 절망이란 감정과 싸워 이겨내야 마땅합니다.

오늘 이사야서가 우리에게 가르치는 바는 바로 '남은 자 사상'입니다. 그들은 자신들을 나무의 뿌리라고 여겼습니다. 비록 가지도 말라 죽었고, 마지막 잎 새까지 다 떨어졌으며, 열매는 더 이상 꿈도 꿀 수 없었으나 뿌리만 살아 있다면 미래가 다시 찾아올 것이라 믿었습니다. 아시듯 뿌리는 땅속 깊은 곳에 묻혀 보이지 않습니다. 더욱 깊게 아래로 묻혀야만 새로운 물줄기와 접할 수 있을 것이고, 새로운 생명을 대지 밖으로 내보낼 수 있습니다. 땅속으로 더 깊이 묻히는 것 바로 그것이 오늘 우리가 감당할 몫입니다. 더욱 고통스러운 밤을 보내야 우리가 동대문교회의 생존을 위한 그루터기가 될 수 있다는 말입니다. 하지만 불행하게도 함께하던 이들 중 몇몇이 뿌리를 썩은 물줄기에 갖다 대고 말았습니다. 더 깊이 땅속을 파 내려가지 못하고 얕게 흐르는 오염된 물로 생명을 움트게 할 것이라 쉽게 판단한 것입니다. 하지만 그런 뿌리로는 생명을 살릴 수 없고 오히려 뿌리조차 말라 죽게 할 것입니다. 앞으로도 수많은 감언이설, 회유, 협박이 난무할 것 같습니다. 교회를 복원시킨다는 명목으로 자신이 주는 물을 마시라고 우리를 꼬일 수도 있습니다. 적당히 타협하여 더 이상 고생치 말라는 위로도 줄 것 같습니다. 그러나 그것은 우리를 신뢰의 그루터기로 만들 수 없습니다. 그래서 지금까지 보다도 지금부터가 남은 자들에게 있어 더욱 중요합니다. 이미 우리는 충분히 목말라 있습니다. 어느 물이라도 마시고 싶을 만큼 지쳐 있고 부서질 만큼 건조해진 상태입니다. 주위 사람들이 우리에게서 더 이상 희망을 느낄 수 없을 만큼 그렇게 초라해져 있습니다. 과거의 식구들조차 남은 자들의 고통을 외면하는 듯합니다. 한계상황에 이르렀다는 느낌에 절망이 밀려올 수도 있을 것입니다. 그러나 지금 이 순간이 중요합니다. 이스라엘 민족이 울부짖으면서도 말라빠진 그루터기에서 새순이 돋기를 소망했듯이, 우리 역시도 그리할 일입니다. 우리가 하나님에 대해 절망하지 않는 한 그분도 우리의 손을 놓지 않을 것입니다. 아무리 보잘것없어도, 보이지 않더라도 뿌리가 나무의 중심입니다. 남은 자가 새로운 세상의 주인 될 것을 믿어 의심치 말고 오늘 하루도 이겨내야 마땅합니다.

지금 온 나라가 세월호 참사로 상중에 있습니다. 참으로 비극적인 일이었으나 그로써 이 땅의 부끄러운 실상이 만천하에 드러나게 되었습니다. 동대문교회의 붕괴 역시 한국교회의 적나라한 실상을 보여준 또 하나의 참사였습니다. 세월호처럼 구조될 시간적 여유가 충분히 있었음에도 감리교단은 매 순간 그 책임을 다하지 못했습니다. 하여, 그가 감독이건, 감리사이건 간에 옳게 치리하지 못한 책임을 져야 마땅합니다. 혹시라도 사실 은폐를 위해 돈이 오간 정황이 밝혀진다면 하나님의 거룩을 훼손한 죄를 물어야겠지요. 향후라도 동대문교회의 정통성을 훼손하는 방식으로 문제를 해결코자 한다면 하나님께서 용서치 않을 것입니다. 우리는 정말 감리교단이 이처럼 정치적, 도덕적으로 무능한 집단이었는지 몰랐습니다. 저마다 감투를 쓰고자 하는 욕망 때문에, 대의를 잊고 사소한 이익을 얻고자 했던 탓에 감리교단은 동대문교회를 지키지 못했고, 그 스스로도 정당성을 훼손시켜 버렸습니다. 피땀 어린 교우들의 헌금을 수만 가지 송사를 위해 율사들에게 가져다줄 만큼 무능했고, 타락했음에도 그를 부끄럽게 여기지도 않았습니다. 전 국민이 상중인 이때 목사들의 유럽 여행이 웬 말이며, 집단적 선교지 방문 역시 미뤄져야 마땅한 일이 아니겠습니까? 아무리 계획된 일정이라 해도 시민적 정서와 감정에 어긋난 판단을 해서는 아니 될 일입니다. 한기총 소속 목사의 망언과 사랑의교회 담임자의 말에 대한 백성들의 분노를 다소라도 두려워한다면 의당 삼가야 하겠지요. 목사들이 어느덧 가진 자들의 편에 서 있음을 크게 반성할 일입니다. 세월호가 그렇듯 우리는 정말 동대문교회의 오늘의 모습을 상상조차 할 수 없었습니다. 종로통을 오가며 우뚝 선 동대문교회를 보는 것은 참 즐거운 일이었습니다. 가난한 이들의 벗 되길 소원하며 세워진 교회였고, 민족의 독립을 위해 일하던 교회였으며,

정신대 할머니들 '곁'이 되었고, 누구보다 앞장서 남북한의 평화를 염원했었으며, 민주화의 상징으로 인정받던 곳이 아니었습니까? 이렇듯 좋은 신앙적 유산을 지녔음에도 최고의 설교를 듣고 있다고 자부심을 표하던 여러분들은 어찌하여 보아도 보지 못하고, 들어도 듣지 못하는 사람이 되고 말았습니까? 삯꾼 목자에 대한 성서의 가르침을 어찌 외면하였던 것입니까? 최근 안산 지역의 한 목사께서 하신 말씀을 떠올려 봅니다. 그는 세월호 참사의 책임 중 51%가 정부 지도자의 몫이라면, 나머지 49%는 그에게 표를 몰아준 백성들의 분깃이라 하였습니다. 우리 백성들의 무지와 탐욕이 오늘 참사에 있어 절반의 책임이 있다는 것이지요. 우리 역시도 충분히 신앙적이지 못했습니다. 하나님을 제대로 믿지 않았던 것이지요. 헛된 명예와 이익을 구하며 교회를 드나들었다는 말입니다. 겉은 한없이 화려해졌으나 속이 물러 터진 사람들이 되고 말았던 것이지요. 옳고 그른 것을 판단할 수 있는 힘을 잃었습니다. 지금도 마찬가지입니다. 우리가 제대로 된 남은 자가 되려면, 신뢰의 그루터기로 존재하려면 매 순간 정직하게 하나님 앞에 서서 물어야 할 것입니다.

그래서 동시대를 살았던 예언자 예레미야는 이스라엘의 붕괴, 포로기를 경험하며 하늘을 향해 탄식과 절망하는 백성들에게 준엄하게 회개할 것을 요청했습니다. 자신의 내면을 끊임없이 들여다보고, 반성하며, 회개하는 것이 남은 자의 책무라 한 것입니다. 정말 우리는 동대문교회의 미래를 위해 신뢰와 소망의 그루터기가 되길 원합니다. 많은 이들이 우리 곁으로 돌아올 것입니다. 그럴수록 우리가 의지할 분은 '거룩하신 하나님 한 분뿐'인 것을 더욱 깊게 생각할 일입니다. 이사야서는 오늘 우리에게 '그날은 온다'고 말씀합니다. 그날이 올 때 우리는 전혀 다른 사람이 되어 있어야 할 것입니다. 그래야 새 공동체, 여러분의 동대문교회가 세상에 존재할 이유가 있을 것입니다. 전통을 지키려는 목적만으로는 부족합니다. 그날은 전혀 새로운 것을 우리에게 요구할 것이기 때문입니다. 남은 자로 머물기를 작정한 여러분들에게 '그날'에 대한 희망이 샘솟듯이 넘쳐나기를 기도하겠습니다.